Cymraeg Da

Cymraeg Da

A Welsh Grammar for Learners

Gramadeg Cyfoes ac Ymarferion

HEINI GRUFFUDD

cyhoeddwyd gan Y Lolfa, Talybont
2000

yLolfa

Argraffiad cyntaf: 2000
Ail argraffiad: 2002

Comisiynwyd gyda chymorth ariannol Awdurdod Cymwysterau, Cwricwlwm ac Asesu Cymru.

Lluniau: Elwyn Ioan (cartwnau) a'r awdur (ffotograffau)
Llun y clawr: Keith Morris
Dylunio: Ceri Jones
Golygu: Eiry Jones

Rhif Llyfr Rhyngwladol: 0 86243 503 X

Argraffwyd a chyhoeddwyd yng Nghymru
gan
Y Lolfa Cyf., Talybont, Ceredigion SY24 5AP
ffôn (01970) 832 304
ffacs 832 782
isdn 832 813
e-bost ylolfa@ylolfa.com
y we www.ylolfa.com

Rhagair - *Foreword*

Diolch i'r canlynol am eu cefnogaeth a'u diddordeb wrth gynhyrchu'r llyfr hwn:

Dr Bethan Clement, ACCAC

Dr David Thorne

Eiry Rochford

Liz Saville

Clive Rowlands, Prif Arholwr Safon Uwch Cymraeg Ail Iaith

Robat Gruffudd, Y Lolfa

Eiry Jones, golygydd Y Lolfa

Dr Rhiannon Ifans

Alun Jones, Prif Arholwr Safon Uwch Cymraeg Iaith Gyntaf

Elwyn Ioan

ac i'r athrawon canlynol am dreialu'r gwaith:

Meinir Ebbsworth, Ysgol Uwchradd Aberteifi

Glenys Hughes, Coleg Iâl, Wrecsam

Shoned Wyn Jones, Ysgol Syr John Bright, Llandudno

Ann Lewis, Ysgol Martin Sant, Caerffili

Comisiynwyd gyda chymorth ariannol Awdurdod Cymwysterau, Cwricwlwm ac Asesu Cymru.

Wrth baratoi'r gwaith bûm yn dethol a benthyg o wybodaeth sydd ar gael yn hwylus yn *Gramadeg Cymraeg Cyfoes*, Gwasg Gomer, 1998; Cennard Davies, *Y Geiriau Bach*, Gwasg Gomer, 1987; Peter Wynn Thomas, *Gramadeg y Gymraeg* Gwasg Prifysgol Cymru, 1996; David A Thorne, *Gramadeg Cymraeg*, Gwasg Gomer, 1996 a nifer helaeth o lyfrau eraill. Fi piau'r holl gyfrifoldeb am unrhyw wallau neu wendidau, ond y gobaith yw y bydd y gwaith hwn o ryw fudd i hybu astudio'r Gymraeg yn ein hysgolion.

Mae'r Gymraeg bellach yn dibynnu ar y rhai sy'n ei dysgu yn ail iaith yn ein hysgolion. Bydded i'r fyddin honno amlhau a chryfhau.

Rhagymadrodd - *Introduction*

Nod y llyfr hwn yw rhoi cyflwyniad hwylus i ramadeg y Gymraeg.

Mae modd defnyddio'r llyfr hwn mewn dwy ffordd:
1. Fesul uned, yn ôl lefel anhawster, e.e. Cam 1 Berfau, yna Cam 1 Arddodiaid ac ati. Bydd y ffordd hon yn hwylus wrth gyflwyno'r elfennau gramadegol.
2. Fesul thema ramadegol, e.e. Camau 1 – 20 Berfau, er mwyn cael golwg gyflawn ar y berfau. Bydd y ffordd hon yn hwylus wrth adolygu.

Mae'r llyfr hwn yn defnyddio ffurfiau ffurfiol ysgrifenedig yn bennaf. Rydyn ni'n gallu defnyddio'r iaith ffurfiol wrth ysgrifennu pethau poblogaidd, e.e. papurau newydd, storïau, nofelau, llythyrau, ac ati.

Mae'r llyfr hefyd yn cyflwyno ffurfiau llafar ar y naill law, a ffurfiau ysgrifenedig ffurfiol iawn (neu lenyddol) ar y llall. Dyma esboniad byr o hyn:

 Rydyn ni'n defnyddio'r iaith lafar wrth siarad, ond dydyn ni ddim fel arfer yn ysgrifennu'r iaith lafar. Rydyn ni'n gallu defnyddio'r iaith lafar mewn llythyrau, neu wrth lunio sgwrs mewn storïau.

 Rydyn ni'n gallu defnyddio'r iaith ffurfiol iawn wrth ysgrifennu pethau ffeithiol ac wrth ysgrifennu ar gyfer cynulleidfa arbenigol, e.e. y byd academaidd, byd y gyfraith.

Mae ymarferion yn cael eu cynnwys trwy'r llyfr. Mae modd defnyddio llawer o'r ymarferion hyn yn sail i waith ysgrifenedig neu lafar. Mae'r ymarferion yn cynnwys

 drilio (y tablau) ac efelychu (y tablau, a lle ceir enghreifftiau);

 atebion caeth, sy'n cynnwys llanw bylchau, troi brawddegau'n negyddol ac ati;

 atebion rhydd;

 llunio sgyrsiau, llunio paragraffau amrywiol, trafod pwnc, dadansoddi, crynhoi, darllen a deall, ac ymarferion o sawl math arall.

Wedi pob pum uned mae ymarferion adolygu. Mae rhagor ar gael mewn llyfryn ac ar ddisg sy'n cydredeg â'r llyfr.

Heini Gruffudd

Ionawr 2000

CYNNWYS

1: Yr Wyddor Gymraeg - *The Welsh Alphabet*

Mae rhestrau yn y llyfr hwn yn nhrefn yr wyddor Gymraeg. Dyma'r wyddor Gymraeg draddodiadol:

A	B	C	CH	D	DD	E	F	FF	G	NG	H	I	L

LL	M	N	O	P	PH	R	RH	S	T	TH	U	W	Y

Mae rhaid bod yn ofalus weithiau wrth edrych am eiriau mewn geiriadur, e.e. mae 'ng' (e.e. 'angor') yn digwydd o flaen 'll' (e.e. 'allor'), er bod 'n' yn digwydd ar ôl 'll'.

Erbyn hyn, rydyn ni'n defnyddio rhai llythrennau Ewropeaidd ychwanegol yn yr wyddor Gymraeg, e.e. j ('jam'), k ('kilo'), z ('zinc').

> Does dim egwyddorion gan bobl ifanc heddiw!

2: Y Treigladau - *Mutations*

Treiglad meddal

c	g	p	b	t	d
cath	ei gath	parti	ei barti	tref	ei dref
g	**/**	**b**	**f**	**d**	**dd**
gardd	ei ardd	bwrdd	ei fwrdd	dwylo	ei ddwylo
ll	**l**	**m**	**f**	**rh**	**r**
llaw	ei law	mam	ei fam	rhaff	ei raff

1. Enwau benywaidd unigol ar ôl 'y', ac eithrio 'll' a 'rh': mam y **f**am
2. Enwau benywaidd unigol ar ôl 'un', ac eithrio 'll' a 'rh': merch un **f**erch
3. Ansoddeiriau ar ôl 'un' benywaidd, ac eithrio 'll' ac 'rh': un **f**ach
4. Ansoddeiriau ar ôl enwau benywaidd unigol: mam + bach mam **f**ach
5. 'dau' a 'dwy' ar ôl 'y': y **dd**au, y **dd**wy
6. Ar ôl 'dau', 'dwy': dau **d**îm, dwy **f**erch
7. Ar ôl 'ei'/'i' *(his, him)*: ei **b**en, ei **g**icio, o'i **d**ref
8. Ar ôl 'i'w' *(to his)*: i'w **f**am
9. Enwau ac ansoddeiriau ar ôl 'yn' traethiadol, ac eithrio 'rh' ac 'll', e.e. yn **f**enyw, yn **b**rydferth, yn **rh**eolwr
10. Ar ôl arddodiaid: am, ar, at, gan, heb, i, o, dan, tros, dros, trwy, drwy, wrth, hyd: ar **b**en

11. Gwrthrych berf gryno heb y fannod: Ciciodd e **b**êl. Ceisiodd hi **g**odi.
12. Ar ôl 'dy': dy **d**ad
13. Enwau a berfau ar ôl ' 'th': a'th **d**ad, fe'th **w**elais di *(I saw you)*
14. Berfau ar ôl 'a' *(who, whom, which, that)*: a **w**elodd
15. Berfau ar ôl 'a' *(whether)*: Mae e'n gofyn a **dd**aw hi.
16. Berfau ar ôl 'pwy' a 'beth': Pwy **dd**aeth? Beth **g**afodd e?
17. Ar ôl ansoddeiriau: hen **dd**ynion, prif **d**ref, ambell **w**aith, rhyw **f**enyw
18. Berfau ar ôl 'pan': pan **dd**aeth
19. Enwau ar ôl 'pa': pa **l**iw
20. Berfau ar ôl 'ni', 'na' ac 'oni', ac eithrio 'c', 'p', 't' (gweler treiglad llaes): ni **dd**aw, y dyn na **dd**aw
21. Berfau wrth ddechrau brawddeg negyddol heb ddefnyddio 'ni', ac eithrio 'c', 'p', 't' (gweler treiglad llaes): **W**elais i ddim.
22. Enwau, berfenwau ac ansoddeiriau ar ôl 'neu': da neu **dd**rwg; caru neu **g**asáu
23. Ansoddeiriau ar ôl 'mor' a 'cyn' cyfartal, ac eithrio 'll' ac 'rh': mor **dd**u, mor **ll**awn, cyn **b**oethed, cyn **ll**awned
24. Ansoddeiriau ar ôl 'rhy': rhy dda, rhy lawn
25. Berfau ar ddechrau cwestiwn (ar ôl 'a' gofynnol): **Dd**aw e?, A **dd**aw e?
26. Gwrthrych neu oddrych ar ôl sangiad: Mae yma **l**yfrau.
27. Ansoddeiriau ar ôl 'po': gorau po **l**eiaf
28. Enwau wrth gyfarch: Bore da, **b**lant.
29. Enwau ar ôl 'dacw', 'dyma', 'dyna', 'wele': dyma **l**yfr, dyna **r**yfedd
30. Enwau ar ôl 'sut': Sut **g**ar sy gennych chi?

Does dim treiglad meddal:
1. Enwau ar ôl gradd gymharol yr ansoddair: gwell dyn
2. Enwau ar ôl gradd eithaf yr ansoddair: gorau Cymro
3. Berfau rhediadol ar ôl 'neu': neu dewch
4. Berfau ar ôl ' 'm' (gwrthrychol): fe'm gwelodd i *(he saw me)*
5. Berfau ar ôl ' 'i' (gwrthrychol): fe'i prynais ef/hi *(I bought her/him/it)*

Treiglad trwynol

c	ngh	p	mh	t	nh
cath	fy nghath	pen	fy mhen	tad	fy nhad
g	**ng**	**b**	**m**	**d**	**n**
gardd	fy ngardd	bwrdd	fy mwrdd	dant	fy nant

1. Enwau a berfenwau ar ôl 'fy': fy **nh**ad, fy **ng**weld
2. Enwau ar ôl 'yn' *(in)*: yng **Ngh**aerdydd
3. 'Blynedd', 'blwydd' a 'diwrnod' ar ôl pum, saith, wyth, naw, deng, deuddeng, pymtheng, deunaw, ugain, deugain, trigain: pymtheng **m**lynedd, deng **n**iwrnod, pum **m**lwydd oed

Treiglad llaes

c	ch	p	ph	t	th
cath	ei chath	parti	ei pharti	tad	ei thad

1. Enwau, berfenwau a berfau ar ôl 'a' *(and):* ci a **ch**ath, cysgu a **ch**odi
2. Enwau a berfenwau ar ôl 'â' *(with):* torri â **ch**yllell, peidiwch â **ph**oeni
3. Ar ôl 'gyda': gyda **ch**aniatâd
4. Ar ôl 'tri' a 'chwe': tri **ch**i, chwe **ph**unt
5. Ansoddeiriau ar ôl 'tra': tra **ch**yffredin
6. Enwau a berfenwau ar ôl 'ei' *(her):* ei **th**ad, ei **ch**icio
7. Enwau a berfenwau ar ôl 'i'w' *(to her):* i'w **th**ad
8. Enwau a berfenwau ar ôl 'na': ci na **ch**ath
9. Berfau sy'n dechrau ag 'c', 'p', 't' ar ôl 'ni', 'na' ac 'oni': ni **ch**af, y dyn na **ch**afodd
10. Ar ôl 'tua': tua **ch**ant

Anadliad caled: 'h'

1. Enwau a berfenwau ar ôl 'ei' / ' 'i' *(her):* ei **h**ysgol, o'i **h**amser
2. Enwau a berfenwau ar ôl 'ein': ein **h**arglwydd, eu **h**ysgol
3. Enwau a berfenwau ar ôl 'eu': eu **h**ysgol
4. Enwau a berfenwau ar ôl 'i'w' *(to her):* i'w **h**ysgol hi
5. Enwau a berfenwau ar ôl 'i'w' *(to their):* i'w **h**ysgol nhw
6. Enwau a berfenwau ar ôl 'i'n': i'n **h**ardal ni
7. Enwau a berfenwau ar ôl ' 'm': a'm **h**athrawes

3: Berfau - *Verbs*

CAM I – y Presennol; 'bod' yn y Presennol; 'bod' gyda berfenwau – Sinema/Teledu

rhaglen	*programme*	comedi	*comedy*
antur	*adventure*	arswyd	*horror*
ditectif	*detective*	sebon	*soap*
serch	*love*	gwylio	*to watch*
tramor	*foreign*	edrych ar	*to look at*
mynd i rywle	*to go to somewhere*	mynd at rywun	*to go to someone*

Defnyddio'r Presennol

Rydyn ni'n defnyddio'r Presennol:

i nodi beth sy'n digwydd

Rydw i'n gweithio yn y gegin.

i nodi beth sy'n mynd i ddigwydd

Rydw i'n gweithio yn Abertawe yfory.

'bod' yn y Presennol

rydw i	*I am*
rwyt ti	*you are*
mae e/o	*he is*
mae hi	*she is*
mae Siân	*Siân is*
rydyn ni	*we are*
rydych chi	*you are*
maen nhw	*they are*
mae'r plant	*the children are*

Rydyn ni'n gallu defnyddio **'ti'** wrth siarad â ffrindiau, teulu agos, plant ac anifeiliaid (unigol yn unig).
Rydyn ni'n gallu defnyddio **'chi'** wrth siarad â phawb arall (unigol a lluosog).
Bydd athro neu athrawes, er enghraifft, yn defnyddio 'ti' wrth siarad â phlentyn, ond bydd y plentyn yn defnyddio 'chi' wrth ateb.
Rydyn ni'n defnyddio 'chi' i ddangos parch *(respect)*.
Rydyn ni'n defnyddio berf unigol ar ddechrau brawddeg o flaen enw unigol ac enw lluosog
    Mae'r plentyn yn gwylio ffilm.
    Mae'r plant yn gwylio ffilm.
Rydyn ni'n defnyddio 'mae e' yn y de, ac 'mae o' yn y gogledd.

'bod' a berfenw

rydw i	'n	edrych	*I'm looking*
rwyt ti		gwylio	*you're watching*
mae e/o/hi		siarad	*he/she's talking*
rydyn ni		mwynhau	*we're enjoying (ourselves)*
rydych chi		chwerthin	*you're laughing*
maen nhw		actio	*they are acting*

Eich tro chi!

'bod' a berfenw mewn brawddeg

1		2	3	4	5	6
Rydw	i	yn	gweld	ffilm	yn y sinema	heno
Rwyt	ti	'n	gwylio	drama	yn y theatr	bob nos
Mae	e/o		hoffi	comedi	ar y teledu	bob mis
Mae	hi		casáu	sebon	yn y siop	bob dydd
Mae	Huw		prynu	fideo	yn y tŷ	heddiw
Rydyn	ni		recordio	rhaglen		yfory
Rydych	chi		dewis		i'r sinema	nawr
Maen	nhw				i'r theatr	rŵan
Mae'r	plant		mynd			

Eich tro chi!

Trefn y frawddeg
I wneud brawddeg, dewiswch eiriau o golofnau 1, 2, 3, 4, 5 a 6.
Does dim rhaid defnyddio geiriau o bob colofn. Rydyn ni'n gallu dewis geiriau o golofnau 3, 4, 5 a 6 i lunio brawddegau newydd
    Rydw i'n gweld ffilm yn y sinema heno.
    Rydw i'n gwylio'r teledu.
    Mae e'n gwylio'r teledu.

Goddrych a gwrthrych
Goddrych *(subject)* yw'r person sy'n gwneud y weithred
    Mae'r **fam** yn golchi'r llestri.
Gwrthrych *(object)* yw'r peth sy'n derbyn y weithred
    Mae'r fam yn golchi'r **llestri**.

Rydw i'n casáu sebon a phast dannedd!

'bod' a berfenw cynorthwyol a berfenw

Dyma'r drefn

Rydw i	yn	gallu	gweld	*I can see*
Rwyt ti	'n	hoffi	gwylio	*You like watching*
Mae e/o/hi		gobeithio	actio	*He/she hopes to act*
Rydyn ni		casáu	gwrando	*We hate listening*
Rydych chi		methu â	chwerthin	*You can't laugh*
Maen nhw		ceisio	mwynhau	*They are trying to enjoy*
Mae'r plant		mwynhau	diogi	*The children enjoy lazing*

Rydw i'n casáu canu'r piano.

Eich tro chi!

Ydw i'n siarad gormod?

Cwestiwn ac ateb

?		*yes*	*no*
Ydw i ?	*am I ?*	ydw *(I am)*	na/nac ydw
Wyt ti ?	*are you ?*	wyt *(you are)*	na/nac wyt
Ydy e/o ?	*is he ?*	ydy *(he is)*	na/nac yw/nac ydy
Ydy hi ?	*is she ?*	ydy *(she is)*	na/nac yw/nac ydy
Ydy Huw ?	*is Huw ?*	ydy *(he is)*	na/nac yw/nac ydy
Ydyn ni?	*are we ?*	ydyn *(we are)*	na/nac ydyn
Ydych chi ?	*are you ?*	ydych *(you are)*	na/nac ydych
Ydyn nhw ?	*are they?*	ydyn *(they are)*	na/nac ydyn
Ydy'r plant ?	*are the children ?*	ydyn *(they are)*	na/nac ydyn

- Rydyn ni'n gallu defnyddio 'na' neu 'nac ydw', 'nac ydyn' (ac ati) wrth ateb.
- Rydyn ni bob amser yn dweud 'nag' yn lle 'nac' wrth siarad.

Enghreifftiau

Ydych chi'n hoffi ffilmiau ditectif?	Ydw.
Ydy hi'n gwylio ffilmiau antur?	Ydy.
Ydy e'n mwynhau opera sebon?	Nac ydy/Nac yw.
Ydyn nhw'n casáu ffilmiau serch?	Nac ydyn.

Negyddol

Dydw i	ddim yn	hoffi		*I don't like*
Dwyt ti		gweld		*You don't see*
Dyw e/Dydy o		dod		*He isn't coming*
Dyw hi/Dydy hi		gwylio		*She isn't watching*
Dydy Siân		edrych		*Siân isn't looking*
Dydyn ni		mynd		*We're not/We aren't going*
Dydych chi		gwrando		*You're not/You aren't listening*
Dydyn nhw		mwynhau		*They aren't enjoying themselves*
Dydy'r plant		dewis		*The children aren't choosing*

Enghreifftiau

Dydw i ddim yn hoffi ffilmiau comedi.
Dydy hi ddim yn gwylio'r teledu heno.
Dydyn nhw ddim yn gwrando.
Dydy'r merched ddim yn mynd.
Ydych chi'n hoffi ffilmiau comedi?
Ydw, rydw i'n hoffi ffilmiau comedi **yn fawr** *(very much)*.
Na, dydw i ddim yn hoffi ffilmiau comedi **o gwbl** *(at all)*.

 Atebwch.

Ydych chi'n hoffi ffilmiau ditectif/antur/serch? Pa rai?
Ydych chi'n ceisio mynd i'r sinema bob wythnos/mis?
Ydych chi'n casáu gwylio ffilmiau comedi? Pam?
Ydych chi'n gwrando ar y radio weithiau? Pryd?
Ydych chi'n gallu derbyn teledu cêbl?
Ydych chi'n gallu derbyn teledu digidol?
Ydych chi'n ceisio gwylio pob opera sebon?
Ydych chi'n gwylio'r teledu bob nos?
Ydych chi'n gwneud ymdrech i wylio rhaglenni S4C?

 Lluniwch y sgwrs rhwng Mari a Keith.
Maen nhw mewn siop fideo ac yn chwilio am ffilm.

Mae Mari'n hoffi ffilmiau ditectif a ffilmiau antur.
Mae Keith yn hoffi gwylio ffilmiau serch a ffilmiau tramor.
Maen nhw'n siarad am eu hoff ffilmiau, eu hoff actorion ac am eu hoff opera sebon.
Dydyn nhw ddim yn gallu dewis ffilm, ac maen nhw'n penderfynu cael pizza yn y tŷ.

Cwestiwn ac ateb gydag 'ydy'

Mae 'ydy?' yn cael ei ddefnyddio o flaen ffurfiau pendant.

enwau priod:	pobl	Ydy Huw'n actio?
	lleoedd	Ydy Abertawe'n chwarae?
'r + enw		Ydy'r ffilm yn dda?
rhagenwau:	e.e. e, hi,	Ydy hi'n hoffi caru yn y sinema?
	e.e. fy + enw	Ydy fy fideo wrth y teledu?
teitlau	e.e. llyfrau, ffilmiau	Ydy *Hamlet* ar y teledu?
pob + enw	e.e. pob drama	Ydy pob drama'n ddiflas?
popeth		Ydy popeth yn iawn?
pawb		Ydy pawb yn hoffi'r rhaglen?

Ateb

yes	*no*
Ydy	Na neu Nac ydy
Ydyn	Na neu Nac ydyn

Brawddegau negyddol yn ateb

'Dydy…ddim' *…is/are not etc, …does/do not etc, …doesn't/don't etc*

Dydy	Siân fy hoff actor e	ddim	yn hoffi'r ffilm yn actio yn y ffilm yn gwrando
	Hamlet		ar S4C

Cwestiwn ac ateb gydag 'oes'

Mae 'oes' yn cael ei ddefnyddio o flaen ffurfiau amhendant, cyffredinol

llawer, gormod, ychydig, digon, rhagor

	Oes llawer o ffilmiau yn y sinema?
enwau heb y fannod	Oes ffilm ar y teledu heno?
angen, rhaid,	Oes rhaid i fi weld y ffilm?
rhywbeth	Oes rhywbeth ar y teledu heno?
rhywun	Oes rhywun yn dod i'r sinema heno?
unrhyw	Oes unrhyw un ar ôl?
peth	Oes peth (llaeth) yn y cwpan?
sawl	Oes sawl ffilm ar y teledu heno?
rhai	Oes rhai yn y siop?

Ateb

yes	no
Oes	Na neu Nac oes
Oes, mae ffilm ar y teledu.	Nac oes, does dim ffilm ar y teledu.

Brawddegau negyddol yn ateb

Does dim *is/are not*

Eich tro chi!

Does dim	digon o fideos tocyn rhai ffilmiau newyddion llawer o ddewis	yn y siop ar ôl yma heno ar y teledu yn y sinema
	rhaid i fi/i mi	ddod

Does neb *there's no-one*

Does neb	yn hoffi yn gwylio	ffilmiau tramor dramâu operâu sebon

Eich tro chi!

Does dim (byd) *there's nothing*

Does dim	(byd)	ar y teledu yn y sinema yn y theatr ar y newyddion yn digwydd

 Llanwch y bylchau, ac atebwch y cwestiynau.

e.e. Ydy Charlie Chaplin yn actio yn y ffilm?
    Ydy, mae e'n actio yn y ffilm.
    /Na, dydy e ddim yn actio yn y ffilm.

1. _____ ffilm yn y sinema heno?
2. _____ hi'n hoffi ffilmiau antur?
3. _____ llawer o bobl yn y sinema heno?
4. _____ 'r newyddion ar y teledu heno?
5. _____ 'r actores yn hoffi dillad?
6. _____ digon o bopcorn yn y bag?
7. _____ rhaid i ni fynd i'r sinema?
8. _____ dy chwaer yn mwynhau ffilmiau?

Rhowch eich barn ar ffilmiau ac operâu sebon.

Dywedwch pa fath o ffilmiau rydych chi'n eu hoffi, a pha fath o ffilmiau dydych chi ddim yn eu hoffi.
Beth yw eich barn *(opinion)* chi am ffilmiau antur, ffilmiau serch, ffilmiau ditectif, ffilmiau arswyd a ffilmiau rhyfel?
Ydych chi'n hoffi actor neu actores arbennig?
Ydych chi'n gweld ffilmiau ar y teledu neu ydych chi'n mynd i'r sinema i weld ffilmiau?
Ydych chi'n gweld ffilmiau bob nos, bob wythnos neu bob mis? Ydych chi'n dewis fideo o'r siop fideo er mwyn gweld ffilmiau?
Pa operâu sebon rydych chi'n eu hoffi?
Meddyliwch am eich hoff ffilm.
    Pwy ydy eich hoff gymeriad ynddi? Pam?
    Oes defnydd da o fiwsig/gwaith camera/sain yn y ffilm?
    Beth ydy'r plot? Oes plot cryf i'r ffilm?
    Beth yw gwendid/cryfder y ffilm?

'bod' + dau ferfenw a rhagenw

(gweler Rhagenwau, Cam 3)

Rydyn ni'n rhoi rhagenw rhwng y berfenwau

Eich tro chi!

Maen nhw'n gorfod	fy	nhalu i	*They have to pay me.*
Mae e'n ceisio	dy	dalu di	*He is trying to pay you.*
Rydw i'n gallu	ei	dalu fe	*I can pay him.*
Rydyn ni'n hoffi	ei	thalu hi	*We like to pay her.*
Maen nhw'n gobeithio	eich	talu chi	*They hope to pay you.*
Ydych chi'n bwriadu	ein	talu ni	*Do you intend to pay us?*
Wyt ti'n moyn	eu	talu nhw	*Do you want to pay them?*

hefyd:

Maen nhw eisiau	fy	nhalu i	*They want to pay me.*

Cam 2 – 'bod' gydag arddodiaid – Yn y tŷ

Enghreifftiau o arddodiaid: â, ar, wrth, dan, o dan, o, i, yn, wrth, am, gan, dros, drwy, heb, ger, at, tan, rhwng.

- Peidiwch â defnyddio ' 'n' yn lle'r arddodiad 'yn' *in*.

'bod' gydag arddodiaid

Eich tro chi!

Rydw i	ar	y	llawr	*I'm on the floor.*
Rwyt ti	wrth	yr	bwrdd	*You're by the table.*
Mae hi	yn	'r	stafell	*She's in the room.*
Mae e	dan		gwely	*He is under the bed.*
Mae Siân	o flaen		tŷ	*Siân is in front of the house.*
Rydyn ni	(y) tu ôl i		llenni	*We are behind the curtains.*
Rydych chi	gyferbyn â		tân	*You are opposite the fire.*
Maen nhw	wrth ochr		sinc	*They are by the sink.*
Mae'r merched	uwchben		ddesg	*The girls are above the desk.*

Enghreifftiau

Mae rhywun wrth y drws.

Mae hi yn y tŷ.

Maen nhw yn y stafell wely.

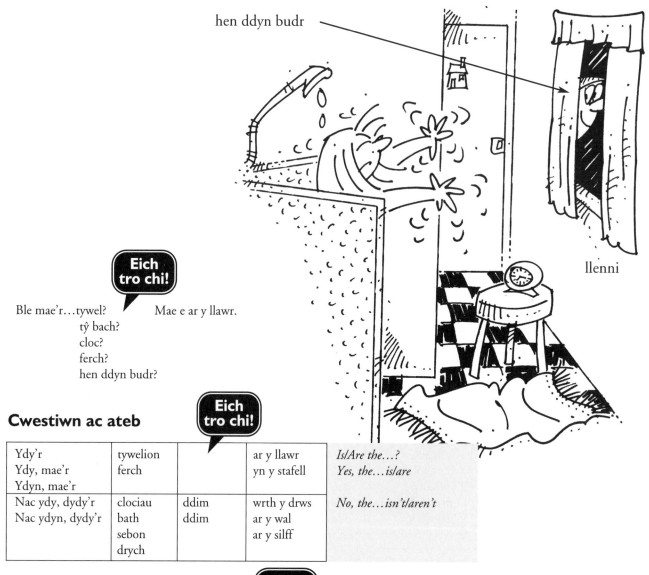

hen ddyn budr

llenni

Eich tro chi!

Ble mae'r…tywel? Mae e ar y llawr.
tŷ bach?
cloc?
ferch?
hen ddyn budr?

Cwestiwn ac ateb

Eich tro chi!

Ydy'r	tywelion		ar y llawr	*Is/Are the…?*
Ydy, mae'r	ferch		yn y stafell	*Yes, the…is/are*
Ydyn, mae'r				
Nac ydy, dydy'r	clociau	ddim	wrth y drws	*No, the…isn't/aren't*
Nac ydyn, dydy'r	bath	ddim	ar y wal	
	sebon		ar y silff	
	drych			

Eich tro chi!

Oes	dŵr	yn y bath	*Is/Are there…?*
Oes, mae	merch	yn y sinc	*Yes, there is/are…*
Nac oes, does dim	cloc	ar y mat	*No, there is/are no…*
	sebon	wrth y bath	*No, there isn't/aren't any…*
	tywelion	ar y gadair	

Berfau atblygol

Wrth roi 'ym-' o flaen berfau, rydyn ni'n gallu creu berfau lle mae'r person sy'n gwneud y weithred hefyd yn derbyn y weithred

golchi	ymolchi	Rydw i'n ymolchi.	*I'm washing (myself).*
dangos	ymddangos		*to appear*

Rydyn ni'n rhoi gwrthrych i'r berfau hyn ar ôl 'â'

gweld	ymweld (â)	*to visit*
lladd	ymladd (â)	*to fight*
gwrthod	ymwrthod (â)	*to reject*
gadael	ymadael (â)	*to leave*
gwneud	ymwneud (â)	*to concern, have dealings*
cymryd	ymgymryd (â)	*to undertake*

- Mae treiglad llaes ar ôl 'â'
  Rydw i'n ymweld â thad Siân.
- Rydyn ni'n defnyddio 'ag' flaen llafariad
  Maen nhw'n ymladd ag Albania.

Yng Ngroeg maen nhw'n torri llestri ar ôl pryd da o fwyd - syniad da!

 Lluniwch frawddegau'n cynnwys y berfau a'r berfenwau uchod.

Trowch y brawddegau hyn yn negyddol.

1. Mae'r dillad ar y llawr.
2. Mae sebon yn y sinc.
3. Rydyn ni'n ymweld â nhw yfory.
4. Maen nhw'n ymadael â'r wlad.
5. Rydych chi o dan ei ddylanwad e.
6. Mae Fred Louis yn ymladd ag Ali Lennox heno

'yw' neu 'ydy'

Rydyn ni'n defnyddio 'yw' i gysylltu dau enw, neu ansoddair ac enw.

Rydyn ni'n defnyddio 'yw' yn y cwestiynau 'Pwy yw...?' a 'Beth yw...?'

Rydyn ni'n defnyddio 'yw' fel hafalnod *(equal sign)*, '='

Athro yw Huw.   *Huw is a teacher.*

Rydyn ni'n rhoi enw priod (pobl a lleoedd), enw amhendant, enw pendant neu ragenw o flaen 'yw'. Dydyn ni ddim yn rhoi enw amhendant ar ôl 'yw'

Mrs Jones yw hi.

Hi ydy Mrs Jones.

Y fenyw yw'r bòs.

Mrs Jones yw'r bòs.

Fe ydy'r bòs.

Menyw yw'r bòs.

Rydyn ni'n gallu defnyddio 'yw' i gysylltu ansoddair ag enw. Dydyn ni ddim yn rhoi'r ansoddair ar ol 'yw'

Coch yw'r paent.   *The paint is red.*

Rydyn ni'n gallu defnyddio 'yw' i ddiffinio pwy yw rhywun

Siân yw'r athrawes.

Rydyn ni'n newid trefn y geiriau yn y frawddeg Saesneg

Athrawes yw Siân.   *Siân is a teacher.*

Nyrs ydy e.   *He is a nurse.*

Ffotograffydd yw hwn.   *This one is a photographer.*

Rydyn ni'n nodi'r swydd ar y dechrau, ac enw'r person neu ragenw ar y diwedd

Ffotograffydd ydy Mohammed.

 Dywedwch beth yw gwaith y rhain.

---

e.e.Ysgrifenyddes yw Mari.

Mari
ysgrifenyddes

Luned
trydanwr

Carys
canwr pop

Delroy
plymwr

Alun
adeiladwr

Mohammed
gyrrwr tacsi

Negyddol

Rydyn ni'n rhoi 'nid' o flaen yr enw

Nid ysgrifenyddes yw Luned.

Luned isn't a secretary

Zac
postmon

Amy
meddyg

Morys
ffermwr

Alun
rheolwr

Halima
technegydd

Louise
teipyddes

Cwestiwn gyda 'Beth yw...?' 'Beth ydy...?'

What is...?

Beth yw Huw?   Ffermwr yw Huw.
Beth ydy Siân?   Athrawes ydy Siân.
Beth yw'r Parc?   Carchar yw'r Parc.

 Gofynnwch beth yw gwaith y rhain, ac atebwch.

Mair	pensaer	Glyn	technegydd labordy
Jenny	peiriannydd	Judy	cantores
Scarlet	llawfeddyg	Liam	tocynnwr
Jim Ball	chwaraewr pêl-droed	Penny	rheolwr banc

Cwestiwn gyda 'Pwy yw...?' 'Pwy ydy...?'

Who is...?

Pwy ydy'r athro?   Huw ydy'r athro.   *It's Huw who is the teacher.*
Pwy yw Mari?   Merch Mrs Jones yw Mari.   *Mari is Mrs Jones's daughter.*

Fe yw'r athro.   *He is the teacher.*
Siân yw'r gyrrwr.   *Siân is the driver.*
Huw yw'r athro.   *Huw is the teacher.*
Mair yw hi.   *It's Mair.*

 Y tro hwn, nodwch enw'r person yn gyntaf wrth ddweud beth yw ei waith.

e.e. Halima ydy'r technegydd.

23

yn y de:	tad-cu	*grandfather*	mam-gu	*grandmother*
yn y gogledd:	taid	*grandfather*	nain	*grandmother*
	cefnder	*cousin (m)*	merch	*daughter*
	cyfnither	*cousin (f)*	wyres	*granddaughter*
	mab	*son*	ŵyr	*grandson*
	brawd yng nghyfraith	*brother-in-law*	modryb	*aunt*
	chwaer yng nghyfraith	*sister-in-law*	ewythr	*uncle*
	tad yng nghyfraith	*father-in-law*	nai	*nephew*
	mam yng nghyfraith	*mother-in-law*	nith	*niece*
	gŵr	*husband*	gwraig	*wife*

e.e.
Tariq – Siân:
Nai Siân yw Tariq.
Tariq is Siân's nephew.

Tracy – Ahmed
Merch Ahmed yw Tracy.
Tracy is Ahmed's daughter.

Siân, Owain – Mr a Mrs Thomas
Plant Mr a Mrs Thomas: yw Siân ac Owain.
Siân and Owain are Mr and Mrs Thomas's children.

Mari – Owain	Owain – Siân
Kylie – Mrs Thomas	Tracy – Mari
Tariq – Mrs Thomas	Mr Thomas – Anwen
Mari – Siân	Siân – Tariq

Amherffaith: 'oedd'

	was/were
Beth oedd Mrs Thomas?	*What was Mrs Thomas?*
Athrawes oedd hi.	*She was a teacher.*
Hi oedd yr athrawes.	***She** was the teacher.*
Athrawes oedd Mrs Thomas.	*Mrs Thomas was a teacher.*

Dyfodol: 'fydd'

fydd	*will*
Beth fydd Alun?	*What will Alun be?*
Gyrrwr fydd e.	*He will be a driver.*
Fe fydd y gyrrwr.	***He** will be the driver.*
Gyrrwr fydd Alun.	*Alun will be a driver.*

'Bod' + enw + 'yn' + enw/ansoddair

Mae ffordd arall o ddweud y pethau hyn hefyd. Mae hi'n bosibl defnyddio'r patrwm hwn:

Mae	Alun	yn	beiriannydd
Roedd	y/'r dyn		dechnegydd
Bydd	y/'r fenyw		bianydd
Buodd	hi	'n	llongwr
			garedig
			ddiog

3.3

Eich tro chi!

Mae'r enw neu'r ansoddair ar ôl 'yn' yn treiglo'n feddal, ac eithrio rhai'n dechrau ag 'll' a 'rh'
Mae Alun yn yrrwr tacsi.
Mae hi'n llawen.
Mae Mrs Ahmed yn garedig.
Rhaid i'r enw ar y diwedd fod yn amhendant
Mae Siân yn athrawes.
Rydw i'n beiriannydd.

Rydw i eisiau bod yn wyddonydd.

25

Ahmed
cogydd
45 oed
hoffi ffilmiau

Derwyn
chwaraewr rygbi
35 oed
hoffi'r wlad

Nia
peiriannydd
32 oed
hoffi cerdded

Renate
cyfieithydd
43 oed
hoffi bwyta

Alis
ysgrifenyddes
22 oed
hoffi darllen

Rhodri
mecanig
24 oed
hoffi dawnsio

Renaldo
darlithydd
27 oed
hoffi nofio

Brigitte
model
19 oed
hoffi disgos

26

'bod' gyda rhagenwau eraill

	I am etc.	*I was etc.*	*I shall be etc.*	*I have been etc.*
Disgybl	ydw i	oeddwn i	fydda i	fues i
Myfyriwr	wyt ti	oeddet ti	fyddi di	fuest ti
Ffermwr	ydy e/hi	oedd e/hi	fydd e/hi	fuodd e/hi
Siopwyr	ydyn ni	oedden ni	fyddwn ni	fuon ni
Peilotiaid	ydych chi	oeddech chi	fyddwch chi	fuoch chi
Athrawon	ydyn nhw	oedden nhw	fyddan nhw	fuon nhw

Eich tro chi!

Brawddegau eraill gyda 'yw' / 'ydy'

berfenw

Pysgota	yw/ydy	fy niddordeb.
Teipio	yw	fy ngwaith.

rhagenw | | **+ ansoddair**

Fe	yw'r/ydy'r	talaf.
Hi	yw'r	orau.

ansoddair

Hir	ydy	pob aros.
Oer	yw'r	gaeaf.
Caled	yw'r	gwaith.

☞ Pwy sy'n gwneud beth?

Gall tiwtor roi darn o bapur i aelodau'r dosbarth yn nodi gwahanol swyddi. Meddyliwch am gwestiynau – hyd at 10 – i holi beth yw'r gwaith rydych chi'n ei wneud.

Ydych chi'n teithio llawer?
Ydych chi'n gyrru car yn y swydd?
Ydych chi'n gweithio yn yr awyr agored?
Ydych chi'n gweithio y tu ôl i ddesg?
Ydych chi'n gallu teipio?
Ydych chi'n hoffi cerdded?
Ydych chi'n defnyddio peiriannau?

Cam 4 – 'sy', 'sydd', 'oedd', 'fuodd', 'fydd' – Gwaith tŷ

tasgau'r tŷ	*household tasks*
morwyn/morynion	*maid/s*
gwas/gweision	*servant/s*

'sy', 'sydd', 'oedd', 'fuodd', 'fydd'

Rydyn ni'n gallu defnyddio 'sy', 'oedd', 'fuodd', 'fydd'
gyda geiriau cwestiwn
i bwysleisio
i ddisgrifio
(gweler Cymalau, Cam 4).
I nodi'r Presennol, rydyn ni'n defnyddio 'sy' / 'sydd'.

I nodi'r Dyfodol *(will)* rydyn ni'n defnyddio 'fydd'.
I nodi'r Amherffaith *(was/were)* rydyn ni'n defnyddio 'oedd'.
I nodi'r Gorffennol *(was/has/had been)* rydyn ni'n defnyddio 'fuodd'.
I nodi'r Perffaith *(has/have)* rydyn ni'n rhoi 'wedi' ar ôl 'sy'.
I nodi'r Gorberffaith *(had)* rydyn ni'n rhoi 'wedi' ar ôl 'oedd'.
I nodi'r Dyfodol Perffaith *(will have)* rydyn ni'n rhoi 'wedi' ar ôl 'fydd'.

Cwestiwn gyda 'Pwy'

Pwy sy…?	*Who is…?*
Pwy oedd…?	*Who was…?*
Pwy fydd…?	*Who will be…?*
Pwy fuodd…?	*Who was (has/had been)…?*

gyda berfenwau

Pwy	sy	'n	coginio bwyd	*to cook food*
	oedd	yn	gosod y bwrdd	*to lay the table*
	fydd	wedi	gwneud y gwely	*to make the bed*
			golchi'r llestri	*to wash the dishes*
			sychu'r llestri	*to wipe the dishes*
			hwfro'r carpedi	*to hoover the carpets*
	fuodd	yn	glanhau'r tŷ bach	*to clean the toilet*

gydag ansoddeiriau

Pwy	sy	'n	ddiog	*lazy?*
	fydd	yn	brysur	*busy?*
	oedd		fodlon	*willing?*
	fuodd			

gydag arddodiaid

Pwy	sy	wrth y drws	*by the door?*
	fydd	yn y gegin	*in the kitchen?*
	oedd	ar y gwely	*on the bed?*
	fuodd		

Pwy sy'n hoffi cig moch?

Cwestiwn gyda 'Beth'

Beth sy…?	*What is…?*
Beth oedd…?	*What was…?*
Beth fydd…?	*What will be…?*
Beth fuodd…?	*What was (has been)…?*

gyda berfenwau

Beth	fydd	yn	digwydd	*happening?/happened?*
	sy	'n	coginio	*cooking?/cooked?*
	oedd	wedi	drewi	*stinking?/stank?*
	fuodd	yn		

gydag ansoddeiriau:

Beth	sy	'n	goch	*red?*
	oedd	yn	lân	*clean?*
	fydd		frwnt	*dirty?*
	fuodd			

gydag arddodiaid:

Beth	sy	ar	y llawr	*on the floor?*
	oedd	o dan	y bwrdd	*under the table?*
	fydd		i swper	*for supper?*
	fuodd			

Ateb

Mae enw yn ddigon, fel arfer

    Pwy sy'n golchi llestri? Martina.

    Beth sy ar y bwrdd? Llysiau.

I ateb yn llawn, rhowch enw yn lle 'pwy' neu 'beth'

    Pwy sy'n trwsio'r car? Pedro sy'n trwsio'r car.

    Beth sy o flaen y drws? Mat sy o flaen y drws.

Gofynnwch beth sy'n digwydd yn y lluniau hyn ac atebwch y cwestiynau.

e.e.   Pwy sy'n golchi'r llestri? Martina sy'n golchi'r llestri.

Siân

Y cogydd

Huw

Belinda

Y rheolwr

Ceri

Pedro

Martina

Siani

Gareth

Barbara

Cwestiwn negyddol ac ateb

Pwy sy ddim…?   Pwy oedd ddim…?
Pwy fydd ddim…?   Pwy fuodd ddim yn…?
Beth sy ddim…?   Beth oedd ddim…?
Beth fydd ddim…?   Beth fuodd ddim yn…?

Enghreifftiau

Pwy sy ddim yn gweithio?   *Who isn't working?*
Beth oedd ddim ar y bwrdd?   *What wasn't on the table?*
Pwy fydd ddim yn helpu?   *Who won't be helping?*
Beth sy ddim yn lân?   *What isn't clean?*

- Rydyn ni'n gallu defnyddio 'heb' gyda berfau yn lle 'ddim wedi'

  Pwy sy heb sychu'r llestri?   Huw sy heb olchi'r llestri.

Ateb

Rydyn ni'n rhoi enw yn lle 'pwy' a 'beth'

  Pwy sy ddim yn golchi'r llestri?   Siân (sy ddim yn golchi'r llestri).

  Beth sy ddim ar y bwrdd?   Llaeth (sy ddim ar y bwrdd).

- Mae brawddegau fel hyn yn frawddegau pwyslais. Rydyn ni'n defnyddio'r patrwm hwn i bwysleisio'r elfen gyntaf

  Pedro sy'n trwsio'r car.   *It's Pedro who's cleaning the car.*

  Siân sy yn y gegin.   *It's Siân who's in the kitchen.*

  Alun sy ddim yn golchi'r llestri.   *It's Alun who's not washing the dishes.*

  Mair sy ddim yma.   *It's Mair who's not here.*

> Mae'r rhain yn rhannu fflat. Dywedwch pwy sy'n gwneud beth a phryd.

e.e. Pedro oedd yn golchi'r llestri ddoe, felly Siani fydd yn golchi'r llestri yfory.

	golchi llestri	hwfro	coginio
Ddoe	Pedro	Huw	Siani
Heddiw	Huw	Siani	Pedro
Yfory	Siani	Pedro	Huw

Cymalau gyda 'sy', 'oedd', 'fydd' neu 'fuodd'

(gweler Cymalau, Cam 4)

Rydyn ni'n gallu defnyddio 'sy' i gyflwyno cymal sy'n disgrifio enw neu ragenw:

  Rwy'n nabod y dyn **sy'n torri'r gwair**.
  *I know the man **who is cutting the grass**.*
  Rydw i'n hoffi'r ferch **oedd yn gweithio yn y gegin**.
  *I like the girl **who was working in the kitchen**.*
  Mae hi'n caru'r bachgen **fydd yn dod yma heno**.
  *She is in love with the boy **who will come here tonight**.*
  Ydych chi'n nabod y fenyw **fuodd yn cadw siop yn y dre**?
  *Do you know the woman **who kept a shop in town**?*

Negyddol

Rydyn ni'n rhoi 'ddim' ar ôl 'sy', 'oedd', 'fydd' a 'fuodd'

  Rwy'n nabod y fenyw **sy ddim yn hoffi gwaith tŷ**.
  Rydw i'n hoffi'r ferch **oedd ddim yn gweithio yn y gwesty**.
  Maen nhw'n helpu'r bachgen **fydd ddim yn coginio heno**.
  Mae hi'n credu'r dyn **fuodd ddim yno**.

Ffurfiol iawn

Rydyn ni'n defnyddio 'sy ddim' ar lafar.
Wrth ysgrifennu'n ffurfiol iawn rydyn ni'n gallu defnyddio 'nad yw' / 'nad ydynt'

goddrych unigol	berf unigol
menyw sy ddim	menyw nad yw
menyw sy ddim yn	menyw nad yw'n

goddrych lluosog:	berf luosog
plant sy ddim	plant nad ydynt
plant sy ddim yn	plant nad ydynt yn

Cwestiwn yn dechrau ag enw/â rhagenw

'ie' / 'nage' yw'r ateb

Ahmed fydd yn coginio?	Ie.
Lucy oedd yn torri gwair?	Nage.
Hi sy'n glanhau'r bwrdd?	Ie.

Ffurfiol iawn

Yn yr iaith ffurfiol iawn, rydyn ni'n rhoi 'ai' o flaen yr enw

Ai Huw sy'n hwfro?	Nage.
Ai Lucy fydd yn glanhau?	Ie.

Iaith lafar

Ar lafar yn y de, rydyn ni'n gallu dweud
Ife Huw sy'n hwfro?

Cwestiwn pwyslais yn dechrau ag enw/â rhagenw

Rydyn ni'n rhoi 'onid' o flaen y goddrych
Onid Huw sy'n hwfro?
Isn't it Huw who's hoovering?
Onid Mary sy'n gweithio heno?
Isn't it Mary who's working tonight?

Iaith lafar

Ar lafar yn y de, rydyn ni'n gallu dweud
Nace Huw sy'n hwfro?

Brawddeg bwyslais: negyddu'r goddrych

Rydyn ni'n rhoi 'nid' o flaen y goddrych
Nid Huw sy'n coginio.
It isn't Huw who's cooking.
Nid Sioned sy'n sychu'r llestri.
It isn't Sioned who's wiping the dishes.

Iaith lafar

Ar lafar yn y de, rydyn ni'n gallu defnyddio 'nace' yn lle 'nid'
Nace Huw sy'n gweithio.

 Lluniwch y sgwrs rhwng Mrs Lewis, rheolwraig y gwesty, a'r staff.

Mae Mrs Lewis, y rheolwraig, wedi dod i'r gwesty. Mae hi'n gweld y sinc yn llawn llestri, bwyd ar y bwrdd, briwsion ar y carped, a photeli cwrw ar y llawr. Mae hi eisiau gwybod pwy sy wedi gwneud beth, a phwy sy ddim wedi gwneud beth! Mae'r gweision a'r morynion – Sarah, Gruffudd, Abdwl a Medi – yn rhoi'r bai (*put the blame*) ar ei gilydd.

Ymateb i osodiad

Rydyn ni'n gallu gofyn cwestiwn sy'n cadw at amser y ferf
Presennol

Mae'r gwesty'n llawn.	Ydy e?
Mae digon o laeth yma.	Oes e?
Mae'r forwyn yn bert.	Ydy hi?
Mae cegin hyfryd yma.	Oes e?

Ar ôl 'ydy' rydyn ni'n rhoi 'e' os yw'r enw'n wrywaidd a 'hi' os yw'r enw'n fenywaidd

Mae'r bwyd yn dda.	Ydy e?
Mae'r stafell yn oer.	Ydy hi?

Ar ôl 'oes' rydyn ni'n rhoi 'e' bob tro

Mae bwyd ar ôl.	Oes e?
Mae merch wrth y drws.	Oes e?

Gorffennol

Daeth e yma.   Do fe?
Daeth hi yma.   Do fe?

Rydyn ni'n gallu ateb yn gadarnhaol ac yn negyddol hefyd
Mae'r gwesty'n llawn.   Ydy/Nac ydy.
Mae bwyd ar y bwrdd.   Oes/Nac oes.
Does dim llaeth yma.   Oes, mae e/Nac oes, does dim.
Dydy'r tywel ddim yn sych.   Ydy, mae e/Nac ydy, dydy e ddim.

Rydyn ni'n gallu ychwanegu gwybodaeth
Mae'r gwesty'n oer.   Ydy, ac mae e'n frwnt.
Mae bwyd ar y bwrdd.   Oes, ond does dim llaeth.

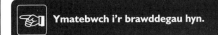 **Ymatebwch i'r brawddegau hyn.**

Chi yw'r weinyddes mewn gwesty oer a brwnt. Does dim digon o fwyd i frecwast, ac mae'r te'n oer. Mae un o'r gwesteion yn cwyno.
1. Mae brecwast ar y bwrdd.
2. Mae'r ystafell yn oer.
3. Does dim llaeth ar y bwrdd.
4. Dydy'r tywel ddim yn lân iawn.
5. Mae'r te'n hen.
6. Dydy'r lliain bwrdd ddim yn sych.
7. Mae'r bwyd yn hen.
8. Mae'r bara'n sych.

Pwy/Beth/Faint + sy?
Dyma sut rydyn ni'n holi am y goddrych.

Presennol: sy	Amherffaith: oedd	Dyfodol: fydd	Gorffennol: fuodd
Pwy sy'n hwfro?	Pwy oedd yn hwfro?	Pwy fydd yn hwfro?	Pwy fuodd yn hwfro?
Beth sy ar y llawr?	Beth oedd ar y llawr?	Beth fydd ar y llawr?	Beth fuodd ar y llawr?
Faint sy'n dod?	Faint oedd yn dod?	Faint fydd yn dod?	Faint fuodd yn dod?

Pwy/Beth/Faint + mae (rydw, rwyt, rydyn ac ati)?
Dyma sut rydyn ni'n holi am y gwrthrych.

Yn y cwestiynau yma, mae 'ei' neu 'eu' yn cael eu rhoi o flaen y berfenw, gan awgrymu'r gwrthrych a fydd yn yr ateb.

Presennol	Amherffaith	Dyfodol	Gorffennol
Pwy mae e'n ei weld?(unigol)	Pwy oedd e'n…?	Pwy fydd e'n…?	Pwy fuodd e'n…?
Beth mae hi'n ei hwfro?	Beth oedd hi'n…?	Beth fydd hi'n…?	Beth fuodd hi'n…?
Beth rwyt ti'n ei wneud?	Beth oeddet ti'n…?	Beth fyddi di'n…?	Beth fuest ti'n…?
Faint maen nhw'n ei wneud?	Faint oedden nhw'n…?	Faint fyddan nhw'n…?	Faint fuon nhw'n…?
Pwy rydych chi'n eu gweld? (lluosog)	Pwy oeddech chi'n…?	Pwy fyddwch chi'n…?	Pwy fuoch chi'n…?

Pwy/Beth/Faint + yw/ydy?
Dyma ffurf cwestiwn ar gyplad

Presennol	Amherffaith	Dyfodol	Gorffennol
Pwy yw'r tad?	Pwy oedd y tad?	Pwy fydd y tad?	
Beth yw hwn?	Beth oedd hwn?	Beth fydd hwn?	Beth fuodd hwn?
Faint yw'r gost?	Faint oedd y gost?	Faint fydd y gost?	Faint fuodd y gost?

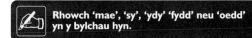 **Rhowch 'mae', 'sy', 'ydy' 'fydd' neu 'oedd' yn y bylchau hyn.**

1. Faint ___ cost y bwyd?
2. Pwy ___ hi'n ei weld heno?
3. Beth ___ ar y teledu heno?
4. Pwy ___ yn chwarae i Gymru'r wythnos nesa?
5. Faint ___ yn edrych ar y gêm ddoe?
6. Beth ___ y sgôr ar ddiwedd y gêm?
7. Faint ___'r bwyd yn ei gostio?
8. Beth ___ hi'n ei wylio heno?

Cywirwch y ferf yn y brawddegau hyn.

1. Beth ydy e'n ei wneud heno?
2. Faint ydy'r bwyd yn ei gostio?
3. Pwy ydy'n chwarae i Gymru?
4. Faint sy'n cost y bwyd?
5. Pwy ydy hi'n ei weld yfory?
6. Beth mae e?
7. Beth ydy hi'n ei lanhau?
8. Faint mae e?

Cam 5 – Gorffennol cryno 'mynd', 'dod', 'gwneud' a 'cael' – Cystadlu

beirniadaeth	*adjudication*	llwyfan	*stage*
gwobr	*prize*	llwyddiant	*success*
y wobr gyntaf	*the first prize*	dod yn olaf	*to come last*
rhagbrawf	*preliminary round/ competition*		

Gorffennol cryno

mynd	dod	gwneud	cael
es i	des i	gwnes i	ces i
est ti	dest ti	gwnest ti	cest ti
aeth e/hi	daeth e/hi	gwnaeth e/hi	cafodd e/hi
aethon ni	daethon ni	gwnaethon ni	cawson ni
aethoch chi	daethoch chi	gwnaethoch chi	cawsoch chi
aethon nhw	daethon nhw	gwnaethon nhw	cawson nhw
aeth y plant	daeth y plant	gwnaeth y plant	cafodd y plant

Rydyn ni'n gallu rhoi 'fe' neu 'mi' o flaen y berfau hyn, ac yn treiglo'r gytsain gyntaf

des i   fe ddes i, mi ddes i
gwnaethon ni   fe wnaethon ni
Fe gafodd e arian.   *He got money.*
Mi wnaeth hi'n dda.   *She did well.*

Mae 'fe' / 'mi' yn gallu diflannu, ond rydyn ni'n treiglo'r gytsain gyntaf

des i   ddes i
gwnaethon ni   wnaethon ni

Ar ôl ffurfiau cryno'r ferf, mae'r gwrthrych amhendant yn treiglo'n feddal

Fe gafodd e docyn.   *He obtained/had a ticket.*

• Cofiwch: mae enwau benywaidd yn treiglo ar ôl y fannod

tocyn (enw gwrywaidd)
Fe gafodd e'r tocyn.   *He obtained/had the ticket.*
gwobr (enw benywaidd)
Fe gafodd e'r wobr.   *He had the prize.*

Ffurfiol iawn

Wrth ysgrifennu ffurfiau ffurfiol iawn, rydyn ni'n gallu defnyddio

mynd	dod	gwneud	cael
euthum	deuthum	gwneuthum	cefais
aethost	daethost	gwnaethost	cefaist
aeth	daeth	gwnaeth	cafodd
aethom	daethom	gwnaethom	cawsom
aethoch	daethoch	gwnaethoch	cawsoch
aethant	daethant	gwnaethant	cawsant

Mae llawer o amrywiadau'n digwydd ar lafar. Dyma rai o ffurfiau llafar y de

cafodd e/hi	fe gas e/hi
cawson ni	fe gethon ni/fe geson ni/celon ni
cawsoch chi	fe gethoch chi/fe gesoch chi/celoch chi
cawson nhw	fe gethon nhw/fe geson nhw/celon nhw

 Rydych chi'n aelod o gôr ysgol Tal-y-llyn. Rhowch hanes eich ysgol yn yr eisteddfod. Defnyddiwch ffurfiau Gorffennol y ferf.

Cael y wobr gyntaf yn Eisteddfod yr Urdd heddiw.
Pedwar côr ar y llwyfan.
Ennill ddoe yn y gystadleuaeth i gorau merched.
Ennill ddydd Llun yn y gystadleuaeth i gorau bechgyn.
Beth ddywedodd Mrs Llywela Hopkin-Jones-Morris, arweinydd y côr?

Cwestiwn ac ateb

Rydyn ni'n treiglo'r gytsain gyntaf

Gawsoch chi docyn? *Did you get a ticket?*
Ddaethoch chi mewn pryd? *Did you arrive in time?*

Ateb cadarnhaol = do
Ateb negyddol = naddo

Ches i ddim lwc!

Wrth ysgrifennu'n ffurfiol iawn rydyn ni'n gallu rhoi 'A' o flaen y ferf. Geiryn gofynnol yw 'A'. Rydyn ni wedyn yn treiglo'r gytsain gyntaf yn feddal

A gawsoch chi docyn? *Did you have a ticket?*

Negyddu'r ferf gryno

Rydyn ni'n treiglo 'c', 'p' , 't' yn llaes. Rydyn ni'n treiglo 'g', 'b', 'd', 'll', 'm', 'rh' yn feddal

ces i	ches i ddim
gwnes i	wnes i ddim
des i	ddes i ddim

Negyddol gyda gwrthrych amhendant

Rydyn ni'n rhoi 'ddim' o flaen gwrthrych amhendant (e.e. heb y fannod bendant)

Chawson ni ddim llwyddiant.	*We didn't have any success.*
Ches i ddim llawer o help.	*I didn't get much help.*
Chafodd hi ddim lwc.	*She didn't have any luck.*

Cadarnhaol	
ces i	wobr
cest ti	lwyddiant
cafodd e/hi	lwyfan
cawson nhw	ragbrawf
Des i	'n gynnar
Daeth e	'n olaf
Gwnes i	gawl
Gwnaethon nhw	lanast

Negyddol		
ches i	ddim	gwobr
chest ti		llwyddiant
chafodd e/hi		llwyfan
chawson nhw		rhagbrawf
Ddes i		yn gynnar
Ddaeth e		yn olaf
Wnes i		cawl
Wnaethon nhw		llanast

Eich tro chi!

Negyddol gyda gwrthrych pendant

Gydag enw priod, teitl, enw lle, y fannod ac enw neu ragenw rydyn ni'n treiglo cytsain gyntaf y ferf.
Rydyn ni'n gallu defnyddio 'mo' yn lle 'ddim'.

Chawson	ni	mo	'r wobr	*We didn't get the prize.*
Ches	i		'r feirniadaeth	*I didn't get the adjudication.*
Chafodd	Huw		'r wobr olaf	*Huw didn't get the last prize.*
Wnaethon	ni		'r gwaith	*We didn't do the work.*
Wnest	ti		'r cyfan	*You didn't do it all.*
Wnaeth	Huw		'r cawl	*Huw didn't make the blunder.*

Eich tro chi!

Rydyn ni'n gallu ychwanegu terfyniad personol at 'mo' (pan fo rhagenw'n wrthrych y ferf)

mohono i	mohonon ni
mohonot ti	mohonoch chi
mohono fe	mohonyn nhw
mohoni hi	

3.5

Chawson ni mohonyn nhw.   *We didn't get them.*
Wnes i mohono fe.   *I didn't do it.*

Ar lafar, rydyn ni'n gallu defnyddio ffurfiau byr
mo fi, mo ti, mo fe, mo hi, mo ni, mo chi, mo nhw

Wnes i mo fe.   *I didn't do it.*
Ches i mo fe.   *I didn't get it.*

Iaith lafar

Ffurfiol iawn

Wrth ysgrifennu'n ffurfiol iawn rydyn ni'n gallu defnyddio'r patrwm hwn

Ni	chefais (i)	docyn.	*I didn't get a ticket.*
Ni	chawsant (hwy)	wobr.	*They didn't get a prize.*
Ni	chafodd Alun	y wobr.	*Alun didn't get the prize.*
Ni	wnaethom	y gwaith.	*We didn't do the work.*
Nid	aeth hi	i'r eisteddfod.	*She didn't go to the eisteddfod*

Mae 'c', 'p', 't' yn treiglo'n llaes ar ôl 'ni'
  Ni chefais i wobr.
Mae 'g', 'b', 'd', 'll', 'm', 'rh' yn treiglo'n feddal ar ôl 'ni'
  Ni ddaeth hi'n olaf.
'Nid' sy'n digwydd o flaen llafariad
  Nid aeth hi i'r eisteddfod.
'Ni' sy'n digwydd o flaen llafariad os oes treiglad meddal
  Ni adawodd hi.

Chafodd hi mo'r wobr gyntaf.
Cafodd hi gam!

Rhowch hanes aflwyddiannus eich côr chi yn yr eisteddfod eleni a'r llynedd.

e.e. 'Chawson ni ddim gwobr…

Rydych chi'n canu i gôr Ysgol Rhydmochyn. Dydych chi ddim yn hapus. Daethoch chi'n olaf.

dim gwobr	dod yn olaf
cyrraedd yn hwyr	dim llwyfan
canu'n wael	mynd yn draed moch
mynd adre'n gynnaf	

 Rhowch ffurf orffennol y ferf yn y brawddegau hyn.

1. Ble (cael) chi ginio heddiw?
2. (mynd) ni i weld y gêm yng Nghaerdydd.
3. (dod) nhw adre'n gynnar.
4. Pryd (dod) chi adre neithiwr?
5. (cael) nhw'r wobr gyntaf yn yr eisteddfod?
6. (gwneud) chi rywbeth yn y dre?
7. Pryd (mynd) chi ar eich gwyliau y llynedd?
8. (dod) i yma ddoe.

 Trowch y brawddegau hyn yn negyddol.

1. Ces i wobr am ganu.
2. Cafodd hi'r wobr gyntaf.
3. Daethon ni adre'n gynnar.
4. Aethoch chi i weld y gêm.
5. Wnaethon nhw fe yn y bore.
6. Des i i'r coleg ddoe.
7. Aeth hi i'r ysbyty.
8. Cafodd e hi am ganu yn yr eisteddfod.

 Lluniwch y sgwrs rhwng Mrs Parry-Jones a'r beirniad.

Cwyno

Mae merch Mrs Parry-Jones wedi dod yn ail yn y gystadleuaeth ganu i ferched dan wyth. Mae hi'n cwyno wrth y beirniad – wedi'r cyfan, mae Lisi Mei wedi dod yn gyntaf ym mhob eisteddfod hyd yn hyn.

 Ysgrifennwch adroddiad i Bapur Bro am hanes yr ysgolion hyn yn Eisteddfod yr Urdd. Defnyddiwch ffurfiau Gorffennol cryno'r berfau 'mynd', 'dod', 'cael', 'gwneud'.

Cystadleuaeth:	Ysgol y Bwlch	Ysgol y Rhyd	Ysgol y Domen	Ysgol y Llan
Dawnsio disgo	1af	3ydd	2il	4ydd
Dawnsio gwerin	1af	3ydd	2il	4ydd
Côr merched	2il	3ydd	1af	4ydd
Côr meibion	2il	3ydd	1af	4ydd
Parti llefaru	2il	1af	3ydd	4ydd
Cân actol	2il	1af	3ydd	4ydd

Geirfa ar gyfer yr ymarferion

dod yn gyntaf	*to come first*
dod yn ail	*to come second*
dod yn drydydd	*to come third*
dod yn bedwerydd	*to come fourth*
dod yn olaf	*to come last*

Dychmygwch pam gwnaeth Ysgol y Llan yn wael.
Pwy gafodd y marciau uchaf (1af = 4 marc,
2il = 3 marc, 3ydd = 2 farc, 4ydd = 1 marc)?
Pwy ddaeth yn olaf bob tro? Pa ysgol gafodd y gwobrau am actio, canu a dawnsio?

1. Trowch y berfau i'r negyddol:
   i.   Rwy'n gweld ffilm ar y teledu bob nos.
   ii.   Rydych chi'n hoffi ffilmiau antur.
   iii. Mae Siân, fy chwaer, yn hoffi ffilmiau serch.
   iv.   Rydyn ni'n mynd i'r sinema bob wythnos i weld ffilm.
   v.   Mae drama yn y theatr yr wythnos nesa.
   vi.   Huw sy'n gyrru heno.
   vii. Rwy'n nabod y ferch oedd yn tîm.
   viii. Cafodd e wobr yn yr eisteddfod.
   ix.   Gwnes i fe'n iawn.
   x.   Ydych chi nabod y merched sy'n dysgu nofio?

2 Ysgrifennwch baragraff yn dweud beth rydych chi'n hoffi'i weld yn y sinema, yn y theatr ac ar y teledu. Ydych chi'n hoffi'r pethau hyn?
   ffilmiau comedi; ffilmiau antur; operâu sebon; dramâu; mynd i'r sinema; mynd i'r theatr

3 Dywedwch pwy sy'n gwneud beth yn eich tŷ chi. Ydych chi'n helpu'n aml? Beth buoch chi'n ei wneud? Dywedwch pwy fuodd yn gwneud y pethau hyn yn eich cartref chi yr wythnos hon.
   torri'r gwair; golchi'r llestri; coginio'r bwyd; edrych ar y teledu; hwfro'r tŷ; trwsio'r car; glanhau'r gegin; gweithio yn yr ardd

4

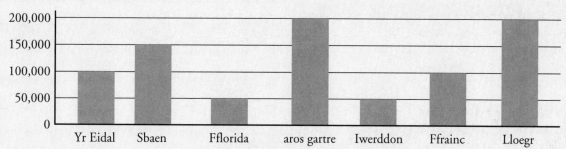

Mae'r graff yn dangos i ble'r aeth pobl o Gymru ar eu gwyliau y llynedd.
Esboniwch y graff. Faint aeth i Sbaen? Faint wnaeth aros gartre? Pa ganran aeth i Fflorida?
Esboniwch pam aethon nhw i'r mannau hyn.

Daeth l.5 miliwn o ymwelwyr i Gymru: 30% o'r Almaen, 25% o America, 15% o Ffrainc a 30% o Loegr. Ysgrifennwch baragraff yn esbonio o ble y daeth yr ymwelwyr i Gymru (y cant = *per cent*).

5 Llanwch y bylchau yn y brawddegau hyn.
   1. _____ i mo'r wobr gyntaf ddoe. (cael)
   2. _____ nhw mo'r llyfr yn y dre. (cael)
   3. _____ chi'r mo'r llestri trwy'r gwyliau. (gwneud)
   4. _____ e mohonyn nhw. (gwneud)
   5. Ches i _____'r wobr, gwaetha'r modd.
   6. Wnaethon nhw _____ fe'n dda iawn.
   7. Chawson ni _____ nhw gyda'r post.
   8. Chawsoch chi _____ hi yn y siop.

Gorchmynnol 'chi'

Rydyn ni'n ychwanegu '-wch' at fôn y ferf i ffurfio'r Gorchmynnol

golchi	golch + wch	golchwch
cicio	cici + wch	ciciwch

Eich tro chi!

Brwsiwch	eich dannedd	bob dydd
Bwytewch	ddigon o lysiau	i gadw'n iach
Yfwch	ddŵr	cyn brecwast
Cerddwch	ddwy filltir	bob bore
Rhedwch	filltir	unwaith yr wythnos
Ewch	i'r gampfa	ddwywaith yr wythnos

 Lluniwch sgwrs rhwng y meddyg ac Alun.

Mae Alun yn pwyso naw deg kilo. Dydy e ddim yn rhedeg nac yn nofio, ac mae e allan o wynt trwy'r amser. Mae e'n mynd at y meddyg. Beth yw cyngor y meddyg?

Rhai berfau cyffredin

Mae ffurf reolaidd y Gorchmynnol ('chi') yr un fath â'r ffurf ferfol

aros	arhoswch
bod	byddwch
bwyta	bwytewch
canu	cenwch, canwch
caru	cerwch, carwch
cau	caewch
cerdded	cerddwch
codi	codwch
cydio	cydiwch
cymryd	cymerwch
cysgu	cysgwch
dal	daliwch
darllen	darllenwch
dod	dewch
gallu	gallwch, gellwch
gwneud	gwnewch
gwrando	gwrandewch

meddwl	meddyliwch
mwynhau	mwynhewch
mynd	ewch
peidio	peidiwch
prynu	prynwch
rhedeg	rhedwch
rhoddi	rhoddwch
rhoi	rhowch
talu	talwch, telwch
troi	trowch
yfed	yfwch

- Does dim gorchymnnol 'chi' na 'ti' gan 'cael'.

 Mae meddyg yn rhoi cyfarwyddiadau i'r claf ar gadw'n iach. Llanwch y bylchau.

E_____ am dro bob dydd cyn brecwast, yna y_____ ddigon o ddŵr. C_____ i'r gwaith, a b_____ ddigon o ffrwythau. G_____ fwyta ychydig siocled os b____chi ddigon o lysiau. P_____ fwyd ffres, nid bwyd tun. O_____ fwyta gormod o fraster. G_____ ar fy nghyngor i, a b____ chi'n gwella'n fuan. D_____ yn ôl i'm gweld cyn diwedd y mis.

Negyddol

Peidiwch â + berfenw

    Peidiwch â rhedeg.

- Mae'r berfenw'n treiglo'n llaes ar ôl 'â'

    Peidiwch â thalu.

- Rydyn ni'n defnyddio 'peidiwch ag' o flaen llafariad

    Peidiwch ag yfed gormod.

Newidiwch y rhain i'r negyddol.

Gwisgwch ddillad cynnes.
Yfwch ddŵr oer.
Bwytewch lawer o siocled.
Gyrrwch i'r gwaith bob dydd.
Rhedwch ddwy filltir y dydd.

Gorchmynnol 'ti'

Rydyn ni'n aml yn ychwanegu '-a' at fôn y ferf

edrych   edrycha

Mewn Cymraeg ffurfiol iawn,
rydyn ni'n aml yn defnyddio bôn y ferf
edrych   edrych

Ffurfiol iawn

Ffurfiau rheolaidd ac afreolaidd rhai berfau cyffredin

aros	arhosa, aros
bod	bydda, bydd
bwyta	bwyta
canu	cana, cân
caru	cara, câr
cau	caea
cerdded	cerdda
codi	coda, cwyd
cydio	cydia
cymryd	cymera, cymer
cysgu	cysga, cwsg
dal	dalia, dal
darllen	darllena
dod	dere, tyrd
gweld	gwela, gwêl
gwneud	gwna
gwrando	gwranda
meddwl	meddylia
mwynhau	mwynha
mynd	cer, dos
peidio	paid
prynu	pryna
rhedeg	rheda, rhed
rhoddi	rhodda, rho, dyro
rhoi	rho
talu	tala, tâl
troi	tro
yfed	yfa, yf

 Rhowch gyfarwyddiadau i'ch brawd ynglŷn â'r meysydd hyn.

3.6

Mae eich brawd eisiau chwarae rygbi i'r coleg, ond dydy e ddim yn ffit iawn. Sut gall e fynd ati i gadw'n heini?

bwyta	codi pwysau	cerdded rhedeg
yfed	nofio	beth i'w osgoi

 Rhowch gyfarwyddiadau.

i.   I fodryb sydd eisiau mynd o'ch tref/pentref chi i'r dref/pentref nesaf.

ii.   I'ch brawd bach sy'n gorfod cerdded adref o'r ysgol.

iii.   I ymwelydd sydd am fynd o neuadd y dref i'r sinema yn eich tref chi.

iv.   I yrrwr sydd ar goll yn eich tref chi. Mae e ar ei ffordd i ddal y fferi i Iwerddon.

Negyddol

Paid â/ag + berfenw

    Paid â bwyta gormod.

    Paid ag yfed bob nos.

Mewn Cymraeg ffurfiol iawn, rydyn ni'n rhoi 'na' (gweler Treigladau) o flaen y ffurf orchmynnol ('nac' o flaen llafariad)

    na chred; na ladd; na wna; nac edrychwch

Iaith ffurfiol

Gwrandewch, copïwch, dysgwch!

Gorchmynnol 'ni'

Rydyn ni'n ychwanegu '-wn' at fôn y ferf

troi	trown
aros	arhoswn
bod	byddwn
bwyta	bwytawn
cael	cawn
canu	canwn
caru	carwn
cau	caewn
cerdded	cerddwn
codi	codwn
cydio	cydiwn
cymryd	cymerwn
cysgu	cysgwn
dal	daliwn
darllen	darllenwn
dod	down
gweld	gwelwn
gwneud	gwnawn
gwrando	gwrandawn
meddwl	meddyliwn
mwynhau	mwynhawn
mynd	awn
peidio	peidiwn
prynu	prynwn
rhedeg	rhedwn
rhoddi	rhoddwn
rhoi	rhown
talu	talwn
troi	trown
yfed	yfwn

 Rydych chi'n trefnu dosbarth cadw'n heini, ac yn rhoi gorchmynion. Rydych yn defnyddio'r berfau hyn.

neidio	codi ein breichiau
cerdded	cicio ein coesau
rhedeg	troi i'r chwith
plygu	troi i'r dde

Dod o hyd i fôn berfau

Gollwng terfyniad y berfenw

-a	bwyta	bwyt	bwytodd
-ed	cerdded	cerdd	cerddaist
-eg	rhedeg	rhed	rhedon
-i	codi	cod	codon
-o	cofio	cofi	cofiais
-u	gwenu	gwen	gwenon

Mae rhai berfenwau'n aros yn gyfan

eistedd	eisteddais
deall	deallais
dangos	dangosais
chwerthin	chwerthinais
cadw	cadwais, cedwais
cyfaddef	cyfaddefais
darllen	darllenais
gofyn	gofynnais

Bonau afreolaidd

Mae bôn rhai berfau'n afreolaidd

addo	addaw-	cyrraedd	cyrhaedd-	gwrando	gwrandaw-, gwrandew-
adnabod	adnabydd-	chwerthin	chwardd-	hau	heu-
amau	amheu-	dal	dali-	llawenhau	llawenha-, llawenhe-
aros	arhos-	dadlau	dadleu-	llawenhe-	
arwain	arweini-	darganfod	darganfydd-	meddwl	meddyli-
atal	atali-	dechrau	dechreu-	mwynhau	mwynha-, mwynhe-
berwi	berw-	derbyn	derbyni-	nesáu	nesa-, nese-
bwrw	bwri-	dianc	dihang-	parhau	parha-, parhe-
bygwth	bygythi-	disgwyl	disgwyli-	rhewi	rhew-
canfod	canfydd-	dweud	dywed-	rhoi	rhodd-, rhoi-
caniatáu	caniata-, caniate-	dwyn	dyg-	sibrwd	sibryd-
casáu	casa-, case-	gadael	gadaw-	taro	traw-
cyfarfod	cyfarfydd-	glanhau	glanha-, glanhe-	trin	trini-
cyffwrdd	cyffyrdd-	gofyn	gofynn-	troi	tro-, troi-
cymryd	cymer-	gorffen	gorffenn-	ymadael	ymadaw-
cynnal	cynhali-	gwau	gwe-	ymweld	ymwel-
cynnau	cyneu-	gweld	gwel-		
cynnwys	cynhwys-				

 Rhowch ffurfiau Gorchmynnol y ferf yn y brawddegau hyn.

1. (dysgu) eich gwaith yn dda!
2. (brwsio) eich dannedd ar ôl brecwast!
3. (glanhau) eich esgidiau cyn mynd allan!
4. (gwneud) dy waith yn y bore!
5. (aros) i fi, wnei di!
6. (cymryd) dy fwyd gyda thi!
7. (peidio) â mynd heb dy frawd.
8. (peidio) ag aros am eich ffrindiau.

Brwsiwch eich dannedd bob bore!

erioed	*ever, never*	eleni	*this year*
y llynedd	*last year*	o'r blaen	*before*

Defnyddio'r Gorffennol

I nodi gweithred sy wedi digwydd un waith yn y Gorffennol

Bues i yn Abertawe.   *I have been to Swansea.*
                       I went to Swansea.

'bues i'

bues i	*I was/have been*
buest ti	*you were/have been*
buodd e	*he was/has been*
buodd hi	*she was/has been*
buodd Siân	*Siân was/has been*
buon ni	*we were/have been*
buoch chi	*you were/have been*
buon nhw	*they were/have been*
buodd y plant	*the children were/have been*

Ffurfiol iawn

Wrth ysgrifennu rydyn ni'n gallu defnyddio

bûm (i)
bu (ef)
buom (ni)
buont (hwy)

Rydyn ni'n aml yn defnyddio 'fe' neu 'mi' o flaen y ferf.
Mae treiglad meddal yn dilyn 'fe' a 'mi'

Fe fuodd Siân gyda ni am wythnos.
Mi fues i yn Sbaen ar wyliau.

fe fues i	fe fuon ni
fe fuest ti	fe fuoch chi
fe fuodd e	fe fuon nhw
fe fuodd hi	fe fuodd y plant
fe fuodd Siân	

Rydyn ni hefyd yn gallu colli 'fe' / 'mi' ond yn cadw'r treiglad

Fues i yno.
Fuodd e yma.

Cwestiwn ac ateb

Rydyn ni'n treiglo'r gytsain gyntaf
?

		Cadarnhaol	Negyddol
		yes	***no***
fues i?	A fûm i?	do	naddo
fuest ti?	A fuost ti?		
fuodd e?	A fu ef?		
fuodd hi?	A fu hi?		
fuodd Huw?	A fu Huw?		
fuon ni?	A fuom ni?		
fuoch chi?	A fuoch chi?		
fuon nhw?	A fuont hwy?		
fuodd y plant?	A fu'r plant?		

Ffurfiol iawn

Negyddol

Rydyn ni'n gallu treiglo'r gytsain gyntaf, ac yn rhoi 'ddim' ar ôl y ferf

Wrth ysgrifennu, rydyn ni'n rhoi 'ni'o flaen y ferf; does dim rhaid treiglo ar ôl 'ni'

fues i ddim	ni bûm (i)	neu ni fûm
fuest ti ddim	ni buost (ti)	
fuodd e ddim	ni bu (ef)	
fuodd hi ddim	ni bu (hi)	
fuodd Huw ddim	ni bu Huw	
fuon ni ddim	ni buom (ni)	
fuoch chi ddim	ni buoch (chi)	
fuon nhw ddim	ni buont (hwy)	
fuodd y plant ddim	ni bu'r plant	

Ffurfiol iawn

Darllenwch y llythyr ac atebwch y cwestiynau.

Hotel Gaudí, Barcelona

Annwyl Ceridwen,

Rwy'n mwynhau wythnos braf yn Sbaen. Wel, dydw i ddim yn Sbaen, ond yng Nghatalwnia. Rydw i'n aros mewn gwesty yn Barcelona. Mae'r tywydd yn hyfryd, wrth gwrs.

Fe fues i ar y traeth ddoe – rwy'n mynd i'r traeth bob dydd – a bues i hefyd yn y marina. Ond dydw i ddim yn treulio pob dydd yn gorwedd ar y traeth. Bues i yn Tarragona ddydd Sul – bues i yn yr amffitheatr (fues i ddim yno'n hir – dim ond am bum munud – bues i ar y traeth wedyn) – a dydd Llun bues i yn Monserrat. Mynachlog yn y mynyddoedd yw Monserrat. Bues i ar y mynyddoedd hyfryd y tu ôl i'r fynachlog. Dydd Mawrth bues i yn amgueddfa Picasso yn Barcelona, yn y bore, ac yn y prynhawn bues i yn eglwys Gaudí. Maen nhw'n adeiladu'r eglwys o hyd. Bues i wedyn ar y traeth, wrth gwrs – mae'r traeth yn rhy boeth yn y prynhawn.

Mae ffrind gyda fi – Antonio – mae llygaid tywyll hyfryd gyda fe. Buodd e yn y coleg yng Nghaerdydd. Fe fuon ni yn Girona ddydd Iau, a dydd Gwener buon ni'n crwydro'r Ramblas. Yn anffodus, fuon ni ddim yn Sitges – mae traeth braf yno.

Wel, mae un wythnos ar ben. Mae brawd gydag Antonio – Miguel. Mae llygaid tywyll hyfryd gyda fe hefyd – mae rhaid i ti ddod gyda fi i Gatalwnia'r tro nesa!

                 Cofion,

                 Angharad

1. Pryd buodd Angharad yn Tarragona?
2. Fuodd hi yn yr amffitheatr yn hir?
3. Ble buodd hi wedyn?
4. Sawl diwrnod buodd hi ar y traeth?

5. Fuodd hi yn y fynachlog?
6. Fuodd hi yn Girona?
7. Ble arall buodd hi?
8. Sut mae hi'n ceisio denu Ceridwen i Barcelona?

Gorffennol 'bod' gyda berfenwau

Rydyn ni'n defnyddio 'bues i' ac ati fel hyn:

Eich tro chi!

Gorffennol 'bod' + goddrych	yn/'n berfol	berfenw	
Bues i Buest ti Buest ti	'n	cerdded teithio cysgu	*I have been walking/I walked/I did walk.* *You have been travelling/You travelled.* *You have been sleeping/You slept.*

- Rydyn ni'n gallu defnyddio'r gair 'fe' a 'mi' o flaen y ferf.
  Fe fues i'n dringo.   *I went climbing/I climbed.*

Cwestiwn

Rydyn ni'n treiglo'r gytsain gyntaf

Fuoch chi'n nofio?	*Did you swim?/Have you been swimming?*
Fuon nhw'n dringo?	*Did they climb?/Have they been climbing?*

Negyddol

Rydyn ni'n rhoi 'ddim' ar ôl y rhagenw/enw

Fues i ddim yn nofio.	*I didn't swim./I haven't been swimming.*
Fuon ni ddim yn dringo.	*We didn't climb./We haven't been climbing.*
Fuodd Ceri ddim yn hwylio.	*Ceri didn't go sailing./Ceri hasn't been sailing.*

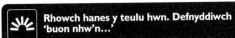 **Rhowch hanes y teulu hwn. Defnyddiwch 'buon nhw'n...'**

 Dywedwch beth buoch chi'n ei wneud yn ystod y gwyliau. Gallwch chi ateb rhai o'r cwestiynau hyn.

Ble buoch chi?
Pwy fuodd gyda chi?
Pryd buoch chi ar wyliau?
Fuoch chi yno o'r blaen?
Ble buoch chi'n aros?
Fuoch chi'n nofio?
Fuoch chi'n hwylio?
Fuoch chi'n dringo?
Fuoch chi'n cerdded?
Fuoch chi'n gwersylla?

- Mae rhaid defnyddio 'bod' i ffurfio Gorffennol 'marw'
  Buodd e farw/Buodd o farw.
  Buon nhw farw.
  Pryd buodd hi farw?
  Buodd hi farw y llynedd.
- Dydyn ni ddim yn gallu dweud 'Mae wedi bod damwain' *(There was/has been an accident).* Mae rhaid dweud 'Mae damwain wedi bod' / 'Bu damwain' / 'Buodd damwain' / 'Cafwyd damwain' / 'Roedd damwain.'

 Newidiwch i'r negyddol.

1. Mi fues i'n nofio yn y môr.
2. Fe fuon nhw'n dringo Tryfan yn y bore.
3. Buodd e'n gyrru car o gwmpas y wlad.
4. Fe fuodd hi'n gwersylla yn ne Ffrainc.
5. Buon ni'n hwylio ar y llyn.
6. Fe fuon ni'n ymweld ag amgueddfa Coca Cola yn Fflorida.
7. Buon nhw gyda'u mam trwy'r gwyliau.
8. Buon ni'n darllen yn y llyfrgell yn ystod y gwyliau.

 Cyfieithwch.

1. I went to Italy last year.
2. We went shopping in Swansea yesterday.
3. There was a nasty accident on the road.
4. They went camping in the summer.
5. Have you ever been sailing?
6. No, but I've been climbing in Snowdonia.
7. Did they go abroad in the holidays?
8. No, they didn't go out of the house.

Es i Brasil yn 1450.

3.8

Cam 8 – y Gorffennol cryno – Gofalu am blant

Y Gorffennol cryno
Rydyn ni'n ychwanegu'r terfyniadau hyn at fôn berfau (gweler Cam 6)

-ais i	codais i	*I got up, I picked up*	-ais i
-aist ti	darllenaist ti	*you read*	-aist ti
-odd e	gofynnodd e	*he asked*	-odd e
-odd hi	arhosodd hi	*she stayed, she waited*	-odd hi
-odd Huw	prynodd Huw	*Huw bought*	-odd Huw
-on ni	edrychon ni	*we looked*	-asom ni
-och chi	gwenoch chi	*you smiled*	-asoch chi
-on nhw	ceision nhw	*they tried*	-asant hwy
-odd y plant	cwynodd y plant	*the children complained*	-odd y plant

Ffurfiol iawn

45

Darllenais i	lyfr	i'r	plentyn
Dysgodd e	wers		bachgen
Rhoion ni	fwyd		plant
Coginion nhw	swper		teulu
Arllwysodd hi	ddiod		
Poboch chi	fara		

Eich tro chi!

- Mae gwrthrych berfau cryno yn treiglo'n feddal
  Gofynnodd hi **g**westiwn. *She asked a question.*

Cwestiwn ac ateb

Rydyn ni'n treiglo'r gytsain gyntaf yn feddal

?	*yes*	*no*
Ddysgoch chi wers i'r ferch?	Do	Naddo

Negyddol

(gweler Cam 5)
Gwrthrych amhendant: rydyn ni'n rhoi 'ddim' o flaen y gwrthrych
  Ddysgais i ddim gwers i'r ferch.
Gwrthrych pendant (e.e. ar ôl y fannod, enw priod, rhagenw): rydyn ni'n rhoi 'mo' o flaen y gwrthrych
  Ddarllenodd e mo'r llyfr iddi hi.
  Welodd John mohono fe.

Lluniwch sgwrs gan ddefnyddio'r ffurfiau hyn.

Buoch chi'n gofalu am blant eich ewythr a'ch modryb pan oedden nhw i ffwrdd ar wyliau. Maen nhw'n dod adre, ac yn gweld bod y plant yn edrych yn frwnt, yn gwisgo hen ddillad, ac mae'r tŷ'n llanast i gyd.

dechreuon ni	coginiais i	edrychon nhw
darllenon ni	peintiais i	gwisgon nhw
ymolchon nhw	chwaraeon ni	dysgon nhw

Ffurfiol iawn

Mewn Cymraeg ffurfiol iawn, mae 'a' yn y bôn yn newid i 'e' o flaen '-ais', '-aist' ac '-wch', e.e.

cadw	cedwch	caru	cerwch
canu	cenais	talu	telais

Mewn Cymraeg ffurfiol iawn, 'chwardd' yw bôn 'chwerthin', e.e. chwarddodd e.

 Rhowch derfyniad cywir y berfau yn y brawddegau hyn.

1. Cod____ i'n gynnar bore ma.
2. Gweith____ nhw'n galed trwy'r dydd.
3. Wel____ chi'r gêm ar y teledu neithiwr?
4. Chwarae____ Cymru'n wael iawn, gwaetha'r modd.
5. Phryn____ i ddim byd yn y dre.
6. Yf____ ni mo'r llaeth – roedd e'n sur.
7. Gof____ ti anfon llythyr at y plant?
8. Dal____ hi i ganu trwy'r nos.

Newidiwch y brawddegau hyn i'r Gorffennol.

1. Rwy'n ysgrifennu llythyr ati hi.
2. Dydy hi ddim yn darllen y llyfr.
3. Maen nhw'n dal i boeni amdana i.
4. Ydych chi'n chwarae i'r tîm cyntaf?
5. Dydy hi ddim yn dysgu'r gwaith.
6. Dydy e ddim yn prynu llyfr.
7. Ydyn nhw'n cyrraedd yn gynnar?
8. Rydyn ni'n yfed popeth.

Rhoddais i sglodion iddyn nhw i ginio bob dydd!

adolygu	*to revise*
mynychu	*to attend*

'gwneud' gyda berfenwau

Mae hi'n bosibl defnyddio ffurfiau 'gwneud' gyda berfau eraill. Rydyn ni'n gallu defnyddio ffurfiau Gorffennol 'gwneud' i lunio Gorffennol berfau eraill. (Mae ffurfiau Gorffennol cryno 'gwneud' yng Ngham 5.)

Gwnes i edrych.	*I looked.*
Gwnaeth e gerdded.	*He walked.*
Gwnaethon nhw fynd.	*They went.*

Mae'r berfenw sy'n dilyn 'gwnes i' yn wrthrych berf gryno, felly mae'n treiglo'n feddal
    darllen Gwnes i ddarllen y nofel mewn awr.
Ar lafar, rydyn ni'n gallu rhoi 'fe' / 'mi' o flaen 'gwnes i'
    Gwnes i   Fe wnes i.   Mi wnes i.
Yn aml ar lafar, rydyn ni'n gollwng 'fe' / 'mi' ac yn dechrau gyda '(w)nes i', wedi ei dreiglo
    Wnes i adolygu cyn yr arholiad.
I nodi'r negyddol, rydyn ni'n dilyn yr un patrwm â 'gwnes i' (gweler Cam 5)
    Wnes i ddim adolygu.
    Wnes i mo'r gwaith.

Dywedwch beth wnaethoch chi heddiw.

Fe wnes i godi'n gynnar…

Defnyddiwch ffurfiau Gorffennol 'gwneud' yn y brawddegau hyn.

1. (gwneud) i + codi'n gynnar.
2. (gwneud) nhw + ddim + mynd i'r ddarlith.
3. (gwneud) chi + mo + y traethawd.
4. (gwneud) hi + ddim + sefyll yr arholiad.
5. (gwneud) ti + mo + yr arholiad yn dda iawn.
6. (gwneud) chi + gwaith i gyd?
7. (gwneud) e + ddim + adolygu o gwbl.
8. (gwneud) i + cerdded i ffwrdd.

Defnyddio rhagenwau

Dyma'r patrwm (gweler Rhagenwau, Cam 3)

fy	treiglad trwynol (i)
dy	+ treiglad meddal (di)
ei	+ treiglad meddal (e)
ei	+ treiglad llaes (hi)
	+ h o flaen llafariad (hi)
ein	+ h o flaen llafariad (ni)
eich	dim treiglad (chi)
eu	+ h o flaen llafariad (nhw)

darllen	Gwnes i ei ddarllen e.	*I read it.*
pasio	Gwnaeth hi ei basio fe.	*She passed it.*
gweld	Gwnaethon ni ei gweld hi.	*We saw her.*
talu	Gwnaethon nhw ei thalu hi.	*They paid her.*

Negyddol gyda rhagenwau

Rydyn ni'n rhoi 'mo' o flaen y rhagenwau mewnol
Wnes i mo'i gweld hi.	*I didn't see her.*
Wnaethon ni mo'i basio fe.	*We didn't pass it.*

Ymateb i osodiad

Wrth ymateb, rydyn ni'n gallu defnyddio 'do fe?' neu 'naddo fe?'
Wnaethon nhw weithio'n galed.	Do fe?
Wnaethon nhw ddim gweithio'n galed.	Naddo fe?

Rhowch ragenwau yn lle'r enwau pendant.

1. Fe wnes i ddarllen **y nofel.**
2. Fe wnaeth e basio**'r arholiad.**
3. Wnaethon ni ddim dysgu**'r gwaith.**
4. Wnaeth hi ddim dal **y bws.**
5. Wnaethoch chi hoffi**'r ysgol?**
6. Wnaethoch chi adolygu**'r berfau?**
7. Wnest ti mo'r **gwaith.**
8. Fe wnaethon nhw fynychu'r **gwersi.**

3.9

Yn y gogledd, ar lafar, rydyn ni'n gallu defnyddio 'ddaru' i sôn am y gorffennol. Does dim ffurfiau eraill gan 'ddaru'. Mae'r berfenw'n treiglo'n feddal

Ddaru mi weld.	*I saw.*
Ddaru ti ddod.	*You came.*
Ddaru fo basio.	*He passed.*
Ddaru hi gysgu.	*She slept.*
Ddaru ni fethu.	*We failed.*
Ddaru chi aros.	*You waited.*
Ddaru nhw fwynhau.	*They enjoyed.*

Mewn cwestiynau, rydyn ni'n gallu dechrau gyda 'ddaru'

    Ddaru chi basio'r prawf?

Atebion: 'do' a 'naddo'.

Yn y negyddol, rydyn ni'n defnyddio'r un patrwm negyddu â berfau eraill

    Ddaru mi ddim gweithio.

    Ddaru mi mo'i weld o.

- Mae 'ddaru' yn ffurf dreigledig ar 'darfu' (digwyddodd).

Iaith lafar

Mae Alun a Karen yn sôn am eu diwrnod yn y coleg ddoe. Dyma'r pethau wnaethon nhw. Lluniwch sgwrs rhwng y ddau.

Karen	Alun
codi'n hwyr	codi'n gynnar
cerdded	dal y bws
mynd i un ddarlith	mynd i bedair darlith
cael sglodion yn y caffe	bwyta cinio yn y ffreutur
sefyll arholiad Cymraeg	sefyll arholiad Ffrangeg
gadael ar ôl awr	aros tan y diwedd
chwarae cardiau yn y lolfa	dal y bws adref
cerdded adre	dechrau adolygu
edrych ar y teledu	mynd i'r gwely'n gynnar

Cyfieithwch y brawddegau hyn.

1. I didn't do it.
2. We didn't work hard last year.
3. He didn't go to the lecture.
4. They stayed until the end.
5. Did they leave after an hour?
6. She didn't like the lecture.
7. He didn't eat it.
8. Did you walk home?

Cam 10 – y Perffaith gyda 'wedi'; 'newydd', 'ar', 'ar fin', 'heb', 'am', 'i' – Chwaraeon

pêl-droed	*football*	cais	*try*
pêl-rwyd	*netball*	sgarmes	*ruck*
pêl-fasged	*basketball*	sgrym	*scrum*
pêl-bluen	*badminton*	cic gosb	*penalty*
sboncen	*squash*	sylwebaeth	*commentary*

Y Perffaith

Rydyn ni'n defnyddio'r Perffaith

    i nodi bod gweithred wedi gorffen/digwydd

    wrth sôn am rywbeth sydd wedi digwydd yn weddol ddiweddar

        Mae Abertawe wedi ennill y prynhawn 'ma.

Weithiau mae'n help meddwl am y Perffaith fel y gorffennol agos

    Mae e wedi dod adre (ac mae e yma).

Ffurfiau'r Perffaith

Presennol 'bod' + 'wedi' *has/have.*

I ddweud *'has'* neu *'have'* mae 'wedi' yn cymryd lle 'yn' / ' 'n' o flaen y berfenw

    Mae hi'n dod. Mae hi wedi dod.

Rydw i	wedi	chwarae	*I have played.*
Rwyt ti		rhedeg	*You have run.*
Mae e		ennill	*He has won.*
Mae hi		colli	*She has lost.*
Mae Huw		sgorio	*Huw has scored.*
Rydyn ni		cicio	*We have kicked.*
Rydych chi		gorffen	*You have finished.*
Maen nhw		dechrau	*They have started.*
Mae'r plant		gadael	*The children have left.*

Eich tro chi!

Beth mae'r bobl yn y lluniau yn ei ddweud?
Defnyddiwch 'wedi' lle mae hynny'n bosibl.

3.10

Defnyddiwch yr eirfa hon yn eich ateb.

llinell	*line*	ystlys	*touchline*
llinell gais	*try line*	pyst	*posts*
dyfarnwr	*referee*	chwibanu	*to whistle*

49

Negyddol

Eich tro chi!

Dydw i	ddim wedi	chwarae	*I haven't played.*
Dwyt ti		sgorio	*You haven't scored.*
Dyw hi		taclo	*She hasn't tackled.*
Dyw e		prynu tocyn	*He hasn't bought a ticket.*
Dyw Siân		sgorio gôl	*Siân hasn't scored a goal.*
Dydyn ni		gweld y gêm	*We haven't seen the game.*
Dydych chi		pasio'r bêl	*You haven't passed the ball.*
Dydyn nhw		cael cic gosb	*They haven't had a penalty.*
Dydy'r merched		cael cawod	*The girls haven't had a shower.*

Enghreifftiau

Dyw e ddim wedi sgorio gôl.
Dydyn ni ddim wedi gweld y gêm.
Dyw'r merched ddim wedi cael tocyn.

Brawddegau negyddol eraill

Does neb...wedi   *no one has...*
  Does neb wedi ennill.   *No one has won.*
  Does neb wedi colli.   *No one has lost.*
Does dim...wedi   *no...has/have...*
  Does dim merched wedi   *No girls have been here.*
  bod yma.

Ffurfiol iawn

Wrth ysgrifennu'n ffurfiol iawn rydyn
ni'n gallu defnyddio 'nid' o flaen 'oes'

Does dim	Nid oes
Does dim gêm wedi bod	Nid oes gêm wedi bod
Does neb	Nid oes neb
Does neb wedi ennill	Nid oes neb wedi ennill

Atebwch y cwestiynau hyn.

e.e. Ydych chi wedi chwarae rygbi erioed?
    Ydw, rydw i wedi chwarae rygbi i'r ysgol.
    Na, dydw i ddim wedi chwarae rygbi o gwbl.

Ydych chi wedi chwarae pêl-droed ?	Ble?	I bwy?
Ydych chi wedi gweld gêm griced?	Ble?	Pryd?
Ydych chi wedi chwarae hoci?	Ble?	I bwy?
Ydych chi wedi chwarae pêl-bluen		
erioed?	Ble?	Pryd?

Iaith lafar

Ar lafar mae llawer o amrywiadau'n bosibl. Mae 'wedi' yn gallu troi'n ' 'di'

	De	Gogledd
Does dim	Sdim	Toes 'na ddim
Does dim gêm wedi bod.	Sdim gêm 'di bod.	Toes 'na ddim gêm 'di bod.
Does neb	Sneb	Toes neb
Does neb wedi ennill.	Sneb 'di ennill.	Toes 'na neb 'di ennill.

'newydd'

Os ydyn ni eisiau dweud bod rhywbeth wedi digwydd yn ddiweddar iawn *(just)*, rydyn ni'n defnyddio 'newydd' yn lle 'wedi'

 Rydw i newydd ddod adre. *I've just come home.*

Mae'r berfenw'n treiglo'n feddal ar ôl 'newydd'

 Rydw i newydd weld y gêm. *I've just seen the game.*

'ar', 'ar fin'

Os ydyn ni eisiau dweud bod rhywbeth yn mynd i ddigwydd yn fuan, rydyn ni'n gallu defnyddio 'ar' yn lle 'wedi'. Mae'r berfenw'n treiglo'n feddal ar ôl 'ar'

 Rydw i ar fynd i'r gêm.   *I'm about to go to the game.*

Rydyn ni'n gallu defnyddio 'ar fin' yn lle 'ar'. Dydy'r berfenw ddim yn treiglo'n feddal ar ôl 'ar fin'

 Rydw i ar fin mynd i'r gêm. *I'm about to go to the game.*

'heb'

Os ydyn ni eisiau dweud bod rhywbeth heb ddigwydd, rydyn ni'n gallu defnyddio 'heb' ar ôl y ferf gadarnhaol (mae'r berfenw 'n treiglo'n feddal ar ôl 'heb')

 Mae e heb ddod.   *He hasn't come.*

 Maen nhw heb chwarae. *They haven't played.*

'am'

Os ydyn ni eisiau dweud bod rhywun eisiau gwneud rhywbeth, rydyn ni'n gallu defnyddio 'am' ar ôl y ferf

 Mae hi am chwarae.   *She wants to play.*

Weithiau rydyn ni'n gallu defnyddio 'am' i ddweud bod rhywbeth yn mynd i ddigwydd

 Mae hi am law.   *It's going to rain.*

'i'

Os ydyn ni eisiau dweud bod rhywbeth i fod i ddigwydd *(supposed to)* rydyn ni'n gallu defnyddio 'i' ar ôl y ferf

 Rydw i i chwarae ddydd Sadwrn. *I'm supposed to play on Saturday.*

1 ar fin sgorio
2 heb ennill
3 i chwarae
4 newydd ddechrau
5 wedi colli
6 am weld
7 ar basio
8 newydd orffen

Rydw i ar fin gorffen brecwast. O, coffi arall os gwelwch yn dda?

1. Daeth miliwn o bobl ar wyliau i Gymru y llynedd. Beth wnaethon nhw?

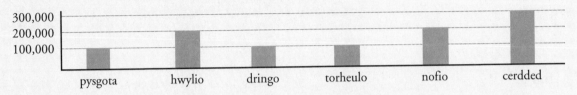

Mae'r graff hwn yn dangos beth wnaethon nhw yng Nghymru. Esboniwch y graff.

Ble wnaethon nhw aros? Mae'r atebion yn y graff yma:

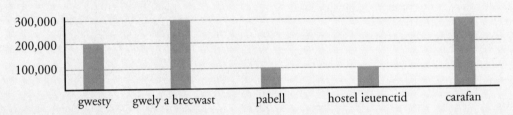

2. Ysgrifennwch baragraff yn dweud lle buodd y teuluoedd hyn ar wyliau. Gyda phwy buon nhw? Beth buon nhw'n ei wneud? Ble buon nhw'n aros?

Evans

> yr Almaen
> nofio
> amgueddfa
> gwesty

Ahmed

> Pacistan
> dringo
> mosg
> teulu

Rhys

> Mecsico
> torheulo
> pyramid
> pabell

Smytham

> Lloegr
> hwylio
> eglwys
> carafan

Jenkins

> Iwerddon
> yfed
> traeth
> gwely a brecwast

3. Yr economi yng Nghymru.
   Mae'r graff hwn yn dangos beth sy wedi digwydd i'r economi yng Nghymru yn ystod y flwyddyn ddiwethaf. Ydy hi wedi bod yn flwyddyn dda? Beth sy wedi gwella? Beth sy wedi gwaethygu? Beth sy wedi cynyddu? Beth sy wedi gostwng?

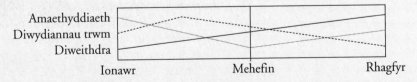

4. Rydych chi'n hyfforddi tîm rygbi merched. Rydych chi eisiau iddyn nhw:

    i.   bwyta'n iach
    ii.   yfed yn rhesymol
    iii. ymarfer yn gyson
    iv. rhedeg yn aml
    v.   codi pwysau
    vi. pasio a thaclo

Rhowch orchmynion iddyn nhw.

5. Cywirwch y brawddegau hyn.

    i.   Maen nhw newydd wedi cyrraedd.
    ii.   Rydyn ni ddim heb orffen y gwaith.
    iii. Mae e'n ar fin ennill.
    iv. Mae hi ddim wedi galw heddiw.
    v.   Ydych chi wedi darllen e?
    vi. Gwnes i pasio hi.
    vii. Cerddon ni ddim adre.
    viii. Beth ydy e'n wneud yn y siop?

Cam 11 – ystyron 'cael'; 'cael' yn y Goddefol – Yr amgylchedd

difetha	*to spoil, to destroy*	trin	*to treat*
difwyno	*to defile, to pollute*	ymbelydredd	*radiation*
llygru	*to pollute*	datrys	*to solve*
gwenwyno	*to poison*	trafnidiaeth	*traffic*
distrywio	*to destroy*	diwydiannau	*industries*
gwastraff	*waste*		

Ystyron 'cael'

Mae sawl ystyr i 'cael'

obtain, get, have

    Rydyn ni'n cael llawer o law yng Nghymru.
    We get a lot of rain in Wales.
    Rydw i'n cael parti.   *I'm having a party.*

[NID *have, possess* sef 'gyda'/'gan' (gweler Arddodiaid, Cam 11)

    Mae gwlad hyfryd gennyn ni yng Nghymru.]

allow, may

    Gawn ni gerdded yn y cae? Cewch.
    May we walk in the field? Yes
    Ga i beint, os gwelwch yn dda? Cewch.
    Can I have a pint please? Yes

Mae'r berfenw neu'r enw'n treiglo ar ôl 'ga i', 'gawn ni' ac ati.

cael *may*	*May I? etc.*		*Yes*
Ca i	Ga i	ddod gyda chi?	Caf
Cei di	Gei di	yrru'r car?	Cei
Caiff e	Gaiff e	gerdded yn y cae?	Caiff
Caiff hi	Gaiff hi	fynd allan?	Caiff
Caiff Siân	Gaiff Siân	adael sbwriel yma?	Caiff
Cawn ni	Gawn ni	gynnau tân yn y cae?	Cawn
Cewch chi	Gewch chi	wersylla fan hyn?	Cewch
Cân nhw	Gân nhw	weld y tŷ?	Cân

Lluniwch frawddegau, gan ddefnyddio 'gyda' / 'gan' neu 'cael'.

1. (ni)   parti heno.
2. (ni)   mynyddoedd yng Nghymru.
3. (i)   esgidiau da i gerdded.
4. (nhw)   llawer o hwyl yn y wlad.
5. (Cymru)   gormod o law yn yr haf.
6. (Cymru)   gormod o goed coniffer.
7. (y byd)   gormod o orsafoedd niwclear.
8. (problemau'r byd) sylw o'r diwedd.

Lluniwch frawddegau'n gofyn am ganiatâd i wneud y pethau hyn.

1. (i)…gollwng sbwriel   2. (ni)…rhoi poteli
3. (e)…gadael hen gelfi   4. (Siân)…casglu papur
5. (hi)…diffodd y trydan   6. (di)…mynd ar y beic

'cael' yn y Goddefol

Rydyn ni'n defnyddio 'cael' i gyfleu'r Goddefol *(e.e. is/are being done, was/were done, will be done ac ati).*

Rydyn ni'n rhoi berfenw ar ôl 'cael'. Rydyn ni'n rhoi'r rhagenw blaen (fy, dy, ei ac ati) o flaen y berfenw

    Mae'r tir yn cael ei ddifetha. (tir: gwrywaidd, felly treiglad meddal ar ôl 'ei' gwrywaidd) *The land is being destroyed.*

    Mae'r afon yn cael ei thrin. (afon: benywaidd, felly treiglad llaes ar ôl 'ei' benywaidd) *The river is being treated.*

    Ces i fy ngeni. (treiglad trwynol ar ôl 'fy')   *I was born.*

    Cest ti dy weld. (treiglad meddal ar ôl 'dy')   *You were seen.*

    Mae'r tir yn cael ei drin.   *The land is being treated.*

Beth yw'r Goddefol? Dweud bod rhywbeth yn digwydd i'r goddrych. Nid y goddrych sy'n gwneud y peth

    Mae'r môr yn cael ei lygru.   *The sea is being polluted.*

Rydyn ni'n gallu dweud pwy neu beth sy'n achosi hyn ar ôl 'gan'. Mae treiglad meddal ar ôl 'gan', wrth gwrs

    Mae'r môr yn cael ei lygru gan olew.   *The sea is being polluted by oil.*

Rydyn ni'n gallu defnyddio 'cael' gyda'r rhain

Presennol	Mae'r môr yn cael ei lygru.
Dyfodol	Bydd y môr yn cael ei lygru.
Perffaith	Mae'r môr wedi cael ei lygru.
Amherffaith	Roedd y môr yn cael ei lygru.
Gorberffaith	Roedd y môr wedi cael ei lygru.
Gorffennol	Cafodd y môr ei lygru.
Dyfodol Perffaith	Bydd y môr wedi cael ei lygru.

Ydy'r bwyd yn cael ei goginio?

Na, ond mae'r barbyciw'n cael ei gynnau.

O daro, mae e wedi diffodd.

Cwestiwn

Ydy Oedd	'r y yr	tir dŵr	yn cael ei wenwyno wedi cael ei lygru	gan olew gan ddŵr asid gan y ceir	Ydy/Nac ydy Oedd/Nac oedd
Gafodd		môr	ei lygru		Do/Naddo
Gest	ti		dy eni yn Aberystwyth		Do/Naddo

Enghreifftiau

Gafodd y môr ei lygru (gan olew)?

Oedd yr afon wedi ei difetha (gan ddŵr asid)?

Gafodd yr awyr ei llygru (gan y ceir)?

Gyda geiriau cwestiwn

    Beth sy'n cael ei lygru gan geir?

    Sawl afon gafodd ei gwenwyno?

    Pryd cafodd y môr ei lygru?

    Sut cafodd y coed eu difetha?

• Ar ôl 'wedi', does dim rhaid defnyddio 'cael', yn enwedig wrth ysgrifennu

    Mae'r gwaith wedi cael ei wneud.

neu Mae'r gwaith wedi'i wneud.

    Mae'r coed wedi cael eu difetha.

neu Mae'r coed wedi'u difetha.

Gofynnwch gwestiynau am y llun ar dudalen 55, gan ddefnyddio'r geiriau hyn, ac atebwch y cwestiynau.

llygru	difetha	distrywio
gwenwyno	dinistrio	lladd
môr	ceir	awyr
olew	coed	cemegau
tir	glaw asid	afon
mwg	gwlad	ffatrïoedd
pobl	traffyrdd	

 Ysgrifennwch adroddiad ar gyfer bwletin newyddion yn sôn am ddamwain. Darllenwch y newyddion a'i recordio.

1. Ar y môr. Mae tancer olew wedi taro yn erbyn y creigiau yn Sir Benfro.
2. Ar y tir. Mae lori sy'n cludo petrol wedi troi ar ei hochr yn y wlad, ger afon.

 Faint rydych chi'n ei wybod am broblemau llygredd yn y byd? Trafodwch rai o'r sefyllfaoedd hyn.

1. Mae tir yn cael ei ddifetha gan sychder yn Affrica. Oes rhesymau eraill? Sut mae'r broblem hon yn gallu cael ei datrys?
2. Mae awyr dinasoedd yn cael ei llygru gan nwyon ceir yn Ewrop ac America. Sut gall y sefyllfa hon gael ei gwella? Awgrymwch rai atebion.
3. Mae afonydd yn cael eu gwenwyno yng Nghymru. Beth sy'n achosi hyn?
4. Mae tyllau yn yr haen oson yn cael eu hachosi gan nwyon. O ble mae'r nwyon yn dod? Beth yw'r ateb?
5. Mae clefydau'n cael eu hachosi gan ymbelydredd. Ydy'r gorsafoedd niwclear ar fai? Oes modd prosesu gwastraff niwclear yn ddiogel?

 Soniwch am rai o broblemau llygredd yn eich ardal chi.

Sut gallan nhw gael eu datrys?

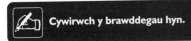 **Cywirwch y brawddegau hyn.**

1. Cafodd y môr ei llygru gan olew.
2. Mae'r coed wedi cael ei ddifetha gan y gwynt.
3. Mae Cymru'n cael mynyddoedd uchel yn y gogledd.
4. Cafodd y wlad ei ddistrywio gan y traffig.
5. Mae'r afonydd wedi cael ei wenwyno gan y cemegau.
6. Rydw i gan ddau frawd a dwy chwaer.
7. Cafodd y merched eu ddal yn smygu.
8. Maen nhw gyda amser da yn y parti.

Cyfieithwch y brawddegau hyn.

1. Wales has too much rain in summer.
2. I'm having a great time.
3. The work has been done.
4. May I have more milk, please.
5. Are you allowed to see the film?
6. The world has a lot of environmental problems.
7. How many rivers were polluted?
8. They were born in the Rhondda.

Cam 12 – yr iaith lafar – Mynd i'r disgo

Yr iaith lafar *(Spoken Welsh)*

Mae sawl tafodiaith *(dialect)* yng Nghymru.
Mae ffurfiau berfol *(verb forms)* yn rhan bwysig o'r iaith lafar.
Mae'r ffurfiau berfol ychydig bach yn wahanol mewn gwahanol rannau o'r wlad.
Fel arfer ar newyddion S4C, newyddion radio, siarad o'r llwyfan (e.e. pennaeth, eisteddfod, capel) rydych chi'n clywed iaith lafar ffurfiol.
Mae'r rhagenwau'n wahanol weithiau. Mae'r rhagenw 'chdi' yn digwydd yn y gogledd. Mae e'n cyfateb i 'ti'. Mae 'fo' ac 'o' yn y gogledd yn cyfateb i 'fe' ac 'e'.
Mewn ambell ran o Gymru, mae plant yn dweud 'chi' wrth eu mam a'u tad. Fel arfer mae plant yn dweud 'ti' wrth eu rhieni.
Mae 'ti' wedi dod yn fwy poblogaidd yn ddiweddar.

Defnyddio'r iaith lafar

wrth siarad â ffrindiau
wrth siarad â'r teulu
wrth siarad ar y stryd ac mewn tafarn
mae hi'n help mawr i ddysgwyr gadw at UN math o iaith

 Beth yw rhai o nodweddion iaith lafar eich ardal chi?

Holwch eich athro/athrawes. Edrychwch yn *Cymraeg, Cymrâg, Cymrêg*, Beth Thomas a Peter Wynn Thomas, Gwasg Taf, Caerdydd, 1989.

	Llafar: de	Llafar: gogledd
rydw i	w i	dw i
rwyt ti	(r)'yt ti	w't ti
mae e	ma' fe	mae o
mae hi	ma' hi	ma' hi
mae Huw	ma' Huw	ma' Huw
rydyn ni	(r)'yn ni	'dan ni
rydych chi	(r)'ych chi	'dach chi
maen nhw	ma'n nhw	ma'n nhw
mae'r plant	ma'r plant	ma'r plant

Enghreifftiau

De

W i'n mynd i Glwb Ritzy's heno.

Ma' grŵp da'n canu yn y clwb.

'Yn ni'n mynd yn gynnar.

Ma' Siân yn mynd hefyd.

Gogledd

Dw i'n mynd i glwb Ritzy's heno.

Ma' 'na grŵp da'n canu yn y clwb.

'Dan ni'n mynd yn gynnar.

Ma' Siân yn mynd hefyd.

Newidiwch i iaith lafar eich ardal chi.

Rydw i'n mynd i glywed grŵp pop yn y clwb.
Maen nhw'n canu'n dda.
Rydw i'n mynd i yfed yn y dafarn cyn mynd i'r clwb.
Rydyn ni wedi clywed y grŵp ar y radio.
Rydyn ni wedi gweld y grŵp ar y teledu.
Mae e wedi prynu CD'r grŵp.

Cwestiwn ac ateb

	Llafar: de		Llafar: gogledd
Ydw i?	Odw i/Wdw i?		Ydw i?
Wyt ti?	'Yt ti?		Wyt ti?
Ydy e?	Odi e?		Ydy o?
Ydy hi?	Odi hi?		Ydy hi?
Ydy Huw?	Odi Huw?		Ydy Huw?
Ydyn ni?	'Yn ni/Odyn ni?		Ydan ni?
Ydych chi?	'Ych chi/Odych chi?		Ydach chi?
Ydyn nhw?	Odyn nhw?		Ydan nhw?
Ydy'r plant?	Ody'r plant?		Ydy'r plant?

Yes	De	Gogledd	No	De	Gogledd
Ydw	Odw Wdw	'Ndw	Nac ydw	Na'dw	Nac'dw
Ydyn	Odyn	'Ndan	Nac ydyn	Na'dyn	Nac'dan
Ydy	Ody	'Ndi	Nac ydy	Na'di	Nac 'di

Enghreifftiau

De	Gogledd
'Yn ni'n mynd i'r dafarn cyn mynd i'r clwb?	'Dan ni'n mynd i'r dafarn cyn mynd i'r clwb?
'Ych chi'n mynd hefyd?	'Dach chi'n mynd hefyd?
Odi'r grŵp yn canu heno?	Ydy'r grŵp yn canu heno?
Odi e 'di ca'l tocyn?	Ydy o 'di ca'l tocyn?

 Gofynnwch gwestiynau yn eich tafodiaith chi, ac atebwch y cwestiynau.

…clwb heno?
…tafarn cyn mynd i'r clwb?
…wedi prynu CD jazz?
…wedi cael tocyn i'r disgo?
…wedi gweld canu pop Cymraeg ar y teledu?
…hoffi mynd i glybiau nos?
…wedi clywed grŵp pop Cymraeg?

Negyddol

	Llafar: de		Llafar: gogledd
Dydw i ddim	W i ddim/Smo fi / Sa i'n mynd/So fi		Tydw i ddim
Dwyt ti ddim	Smo ti /So ti		Dw't ti ddim
Dyw e ddim	Smo fe/So fe		Tydi o ddim
Dydy hi ddim	Smo hi /So hi		Tydi hi ddim
Dydy Huw ddim	Smo Huw /So Huw		Tydi Huw ddim
Dydyn ni ddim	Smo ni/So ni		'Dan ni ddim
Dydych chi ddim	Smo chi /So chi		'Dach chi ddim
Dydyn nhw ddim	Smo nhw /So nhw		Tydyn nhw ddim
Dydy'r plant ddim	Smo'r plant / So'r plant		Tydi'r plant ddim

Enghreifftiau

De	Gogledd
Smo fi'n mynd heno.	Dwi'm yn mynd heno.
Smo fe wedi gweld y grŵp.	Tydy o ddim wedi gweld y grŵp.
Smo merched yn hoffi yfed cwrw.	Tydy genod ddim yn leicio yfad cwrw.
Smo'r bechgyn yn mynd i'r ddawns.	Tydy'r hogia ddim yn mynd i'r ddawns.

 Dywedwch eich bod chi ddim yn gwneud y pethau hyn.

mynd i yfed heno	cael cinio yn y dafarn
mynd i'r ddawns nos Sadwrn	yfed cwrw
aros yn y tŷ	cymryd cyffuriau

Brawddegau negyddol eraill

De	Gogledd
Does dim/Sdim	Toes dim/Toes 'na ddim
Does neb/Sneb	Toes neb/Toes 'na neb

 Troswch y sgwrs yma i iaith ffurfiol.

"Rwy wedi bod yn Abertawe heddiw."

"Beth wnest ti yn Abertawe?"

"Bues i'n siopa – rwy wedi prynu dillad i'r parti."

"Wyt ti wedi prynu sgert?"

"Na, dydw i ddim wedi prynu sgert. Ond rydw i wedi prynu jîns."

"Ond does dim dillad gen i. Does dim sgert deidi, a dim jîns chwaith."

"Beth rwyt ti'n mynd i wneud?"

"Wel, mae dillad rhad yn Crazy Max. Wyt ti am ddod i chwilio am sgert?"

"Na, does dim arian gen i. Rydw i wedi gwario popeth yn y dre."

 Troswch y sgwrs hon i iaith lafar ogleddol neu ddeheuol.

Rej:	Ŷt ti'n dod am beint i'r Deri?
Dyff:	Nac'dw, dw i 'di blino'n arw.
Rej:	Smo ti 'di blino? Beth ti 'di bod yn 'neud?
Dyff:	Dw i'm 'di g'neud llawar.
Rej:	Smo ti 'di 'neud llawer?
Dyff:	Es i i'r carchar i weld Marc. Mae o 'di cael amsar calad yn y carchar.
Rej:	A beth mae Marc 'di 'neud?
Dyff:	Mae o 'di bod yn gwerthu cyffuria – mae o 'di cael pum mlynadd o garchar am werthu dôp.
Rej:	Jiw! Jiw! Pum mlynedd? Ond mae pum mlynedd yn amser hir iawn.
Dyff:	Piti ydy, mi wnaeth o hefyd losgi tŷ 'i fam o. Ac mi wnaeth hefyd hannar lladd 'i fòs o.
Rej:	Nefoedd wen! Hanner lladd y bòs? O wel, dyw pum mlynedd ddim yn hir iawn. Ŷt ti 'di ca'l bwyd heddi'?
Dyff:	Nac'dw, tydw i ddim wedi byta ers amsar cinio.
Reg:	Smo ti 'di b'yta? Wel jiw, ti'n dod 'da fi i'r Deri, 'te.
Dyff:	Tydw i ddim yn gallu dŵad.
Reg:	Pam 'te?
Dyff:	Wel, landlord y Deri ydy bòs Marc.

Cam 13 – iaith ffurfiol iawn – Byd llyfrau

gwyddonol	*scientific*	academaidd	*academic*
antur	*adventure*	adolygu	*to review*
hanes	*history*		

serch	*romance*	ffuglen	*fiction*
hunangofiant	*autobiography*	ffeithiol	*non-fiction*

Iaith ffurfiol iawn

Rydyn ni'n gallu gweld iaith ffurfiol iawn mewn llyfrau academaidd, fel rheol.

Rydyn ni'n ei ddefnyddio wrth ysgrifennu llyfrau ffeithiol, weithiau.

Rydyn ni'n gallu ei gweld mewn barddoniaeth.

Rydyn ni'n gallu gweld iaith ffurfiol iawn, iaith ffurfiol, neu iaith lafar mewn nofelau.

Mae'r iaith yn newid yn ôl y cyd-destun.

Enghreifftiau

Iaith lafar	Iaith ffurfiol	Iaith ffurfiol iawn
dw i	rydw i	yr wyf/rwyf
r'yn ni	rydyn ni	yr ydym
ma' fe/mae o	mae e	y mae/mae ef
r'ych chi	rydych chi	yr ydych

Newid i'r iaith ffurfiol iawn

rydw i	yr wyf (i)
rwyt ti	yr wyt (ti)
mae e	y mae (e)
mae hi	y mae (hi)
mae Huw	y mae Huw
rydyn ni	yr ydym (ni)
rydych chi	yr ydych (chwi)
maen nhw	y maent (hwy)
mae'r plant	y mae'r plant

- Mae'r geiryn 'yr' yn cael ei roi o flaen y ferf yn yr iaith ffurfiol iawn.
- Mae'r iaith ffurfiol iawn ei hun yn newid! Dyw'r geiryn 'yr' ddim yn cael ei ddefnyddio'n aml heddiw.

Iaith ysgrifenedig ffurfiol iawn

Yr wyf (fi/i)	Rwyf (fi/i)	Rwyf yn hoffi llyfrau hanes.
Yr wyt (ti)	Rwyt (ti)	Rwyt yn mynd i'r llyfrgell yn aml.
Y mae (ef)	Mae (ef)	Mae e'n ysgrifennu llyfrau ffeithiol.
Y mae (hi)	Mae (hi)	Mae hi'n adolygu llyfrau.
Y mae Huw	Mae Huw	Mae Huw'n darllen llyfr bob dydd.
Yr ydym (ni)	Rydym (ni)	Rydym yn hoffi llyfrau antur.
Yr ydych (chwi)	Rydych (chi)	Rydych yn awdur enwog.
Y maent (hwy)	Maent (hwy)	Maent yn gwybod popeth.
Y mae'r plant	Mae'r plant	Mae'r plant yn casáu llyfrau.

- Does dim rhaid defnyddio rhagenw ar ôl y ferf yn yr iaith ffurfiol iawn i ddangos pwy sy'n gweithredu

  Rydyn ni'n darllen.   Rydym yn darllen.
  Maen nhw'n ysgrifennu.   Maent yn ysgrifennu.

- Rydyn ni'n defnyddio'r rhagenw ar ôl y ferf os oes angen gwneud yr ystyr yn glir, e.e. 'e' neu 'hi'

  Mae e'n hoffi llyfrau antur, ond mae hi'n hoffi llyfrau hanes.

  Mae e'n mynd.   Mae'n mynd/Mae e'n mynd.

  Mae hi'n dysgu.   Mae'n dysgu/Mae hi'n dysgu.

Defnyddiwch ffurfiau berfol ffurfiol iawn i lunio brawddegau.

…ti	yn	hoffi	llyfrau ditectif
…hwy	'n	darllen	llyfrau antur
…ni		ysgrifennu	llyfrau serch
…ni		adolygu	nofelau
		casáu	storïau byrion
…ef			barddoniaeth

Negyddol

dydw i ddim	nid wyf (fi/i)
dwyt ti ddim	nid wyt (ti)
dydy e ddim	nid yw ef
dydy hi ddim	nid yw hi
dydy Siân ddim	nid yw Siân
dydyn ni ddim	nid ydym (ni)
dydych chi ddim	nid ydych (chwi)
dydyn nhw ddim	nid ydynt (hwy)
dydy'r plant ddim	nid yw'r plant

Mae'r geiryn 'nid' yn cael ei roi o flaen y ferf i wneud y ferf yn negyddol mewn iaith ffurfiol iawn.
Mae'r geiryn 'nid' wedi newid i ' 'd' mewn iaith ffurfiol ac mewn iaith lafar.
Rydyn ni'n rhoi 'ddim' ar ôl y ferf mewn iaith ffurfiol ac mewn iaith lafar

    Dydy'r plant ddim yn hoffi darllen.

 Trowch y brawddegau hyn i'r negyddol.

1. Mae e'n hoffi darllen llyfrau antur.
2. Mae hi'n casáu barddoniaeth.
3. Rydym yn darllen gwaith Dafydd ap Gwilym yn y gwely bob nos.
4. Maent yn adolygu nofelau Cymraeg ar y teledu.
5. Rwyf yn hoffi ysgrifennu storïau byrion.

6. Maent yn gwerthu cylchgronau Cymraeg yn y siop bapurau.
7. Rwyt yn darllen gormod o lyfrau ditectif.
8. Rydych chi'n casáu ysgrifennu Cymraeg ffurfiol iawn.

Cwestiwn ac ateb

Ydw i…?	A wyf i…?
Wyt ti…?	A wyt ti…?
Ydy e…?	A yw e(f)…?
Ydy hi…?	A yw hi…?
Ydy Mair…?	A yw Mair…?
Ydyn ni…?	A ydym ni…?
Ydych chi…?	A ydych chi…?
Ydyn nhw…?	A ydynt hwy…?

Rydyn ni'n dechrau cwestiynau â'r geiryn gofynnol 'a' yn yr iaith ffurfiol iawn.
Mae'r geiryn gofynnol 'a' yn gallu diflannu yn yr iaith lafar ac yn yr iaith ffurfiol.

Yes		**No**	
Ydw	Ydwyf	Nac ydw	Nac ydwyf
Wyt	Ydwyt	Nac wyt	Nac ydwyt
Ydy	Ydyw	Nac ydy	Nac ydyw
Ydyn	Ydym	Nac ydyn	Nac ydym
Ydych	Ydych	Nac ydych	Nac ydych
Ydyn	Ydynt	Nac ydyn	Nac ydynt

 Atebwch mewn iaith ffurfiol iawn.

1. A ydych yn hoffi nofelau serch?
2. A ydych yn darllen nofelau ditectif?
3. A ydych yn mynd i'r llyfrgell weithiau?
4. A ydych wedi darllen nofelau antur?
5. A ydych wedi darllen storïau byrion Kate Roberts?

Ffurfiau negyddol ffurfiol iawn eraill

Does dim	**Nid oes**
Does dim llyfr yma.	Nid oes llyfr yma.
Does dim byd yma.	Nid oes dim byd yma.
Does neb	**Nid oes neb**
Does neb yn darllen.	Nid oes neb yn darllen.
Does neb yn y llyfrgell.	Nid oes neb yn y llyfrgell.

…sy ddim… **…nad yw…/…nad ydynt…**

Rwy'n nabod y dyn sy ddim yn hoffi gweithio yn y llyfrgell.
Yr wyf yn adnabod y dyn nad yw'n hoffi gweithio yn y llyfrgell.
Rwy'n nabod yr actorion sy ddim yn y ddrama.
Yr wyf yn adnabod yr actorion nad ydynt yn y ddrama.

- Rydyn ni'n rhoi berf unigol (nad yw) ar ôl enw unigol (e.e. dyn).
- Rydyn ni'n rhoi berf luosog (nad ydynt) ar ôl enw lluosog (e.e. actorion).

 Newidiwch y ffurfiau ffurfiol iawn yn ffurfiau ffurfiol.

e.e. Yr wyf yn hoffi darllen. Rydw i'n hoffi darllen.
Nid oes dewis. Does dim dewis.

Yr wyf yn hoffi darllen llyfrau ditectif, ond nid wyf yn hoffi darllen llyfrau ffeithiol. Y mae fy mam yn hoffi darllen nofelau serch, ond nid yw hi'n hoffi storïau byrion. Y mae fy chwaer yn hoffi darllen dramâu, ond nid yw hi'n hoffi mynd i'r theatr. Yr ydym yn mynd i'r llyfrgell bob wythnos, ac yr ydym yn dewis llyfr newydd bob tro. Nid oes dewis da yn y llyfrgell, ond y mae llawer o lyfrau Cymraeg yno. A dweud y gwir, celwydd yw hyn. Nid wyf i'n darllen llyfrau o gwbl. Yr wyf yn edrych ar y teledu am bedair awr bob nos. Nid wyf wedi darllen un nofel Gymraeg, ond yr wyf wedi darllen hanner nofel Saesneg.

3.14

Y peth gorau am fod ar wyliau yw darllen am y tywydd yng Nghymru.

Cam 14 – yr Amherffaith a'r Gorberffaith – Pynciau coleg

Yr Amherffaith

'Roedd' etc *was/were*
'Roedd yn' etc *was/were + present participle e.g. doing*

Rydyn ni'n defnyddio'r Amherffaith
i ddisgrifio cyflwr yn y gorffennol dros gyfnod hir
Roeddwn i'n feddw.

yn arferiadol: i nodi bod rhywbeth yn digwydd sawl gwaith yn y gorffennol
Roedd e'n mynd i'r gwaith bob dydd.

- Rydyn ni'n treiglo enwau ac ansoddeiriau ar ôl 'roeddwn i'n' (ac eithrio 'll' a 'rh')
Roeddwn i'n dechnegydd. Roeddwn i'n dda.
- Dydyn ni ddim yn treiglo berfenwau ar ôl 'roeddwn i'n'
Roeddwn i'n darllen.

Gydag ymadroddion arddodiadol ac adferfol

Roeddwn i	ar	y bws	*I was on the bus.*
Roeddet ti	wrth	y ddesg	*You were by the desk.*
Roedd e	yn	y neuadd	*He was in the hall.*
Roedd hi	dan	y bwrdd	*She was under the table.*
Roedd Siân	ger	y fynedfa	*Siân was by the entrance.*
Roedden ni	o flaen	y bwrdd du	*We were in front of the blackboard.*
Roeddech chi	yno		*You were there.*
Roedden nhw	gartre		*They were at home.*
Roedd y plant	fan hyn		*The children were here.*

Eich tro chi!

Enghreifftiau

Roeddwn i yn y coleg. — *I was in college.*
Roeddet ti gartre. — *You were at home.*
Roedden nhw wrth y cae. — *They were by the field.*

Eich tro chi!

Gyda berfenwau

Roeddwn i	'n	dysgu	Ffrangeg	*I was learning French.*
Roeddet ti	'n	astudio	Cymraeg	*You were studying Welsh.*
Roedd e	'n	adolygu	hanes	*He was revising history.*
Roedd hi	'n	hoffi	Almaeneg	*She liked German.*
Roedd Siân	yn	casáu	Saesneg	*Siân hated English.*
Roedden ni	'n	astudio	gwyddoniaeth	*We studied science.*
Roeddech chi	'n	ymddiddori	mewn daearyddiaeth	*You were interested in geography.*
Roedden nhw	'n	dysgu	mathemateg	*They were teaching mathematics.*
Roedd y plant	yn	arbenigo mewn	drama	*The children were specializing in drama.*

Enghreifftiau

Roedden ni'n adolygu gwyddoniaeth.
Roedd y plant yn astudio drama.

Roedd yr athro'n malu awyr eto!

Negyddol cwestiwn ac ateb

	?	*yes*	*no*
doeddwn i ddim…	oeddwn i…?	oeddwn	nac oeddwn
doeddet ti ddim…	oeddet ti…?	oeddet	nac oeddet
doedd e ddim…	oedd e…?	oedd	nac oedd
doedd hi ddim…	oedd hi…?	oedd	nac oedd
doedd Siân ddim…	oedd Siân…?	oedd	nac oedd
doedden ni ddim…	oedden ni…?	oedden	nac oedden
doeddech chi ddim…	oeddech chi…?	oeddech	nac oeddech
doedden nhw ddim…	oedden nhw…?	oedden	nac oedden
doedd y plant ddim…	oedd y plant…?	oedden	nac oedden

3.14

- Doedd dim *There wasn't…; There weren't…*
  Doedd dim pwll nofio yn y coleg.
  Doedd dim darlithwyr yno ddoe.

 Lluniwch y sgwrs yng nghyfweliad Mari.

Mae Mari wedi gwneud cais i fynd i'r brifysgol. Mae hi'n cael cyfweliad. Mae'r darlithydd yn gofyn iddi am ei gwaith yn y coleg chweched dosbarth. Mae e eisiau gwybod beth roedd hi'n ei wneud yn y coleg.

ei gwaith	safon ei gwaith	hoff o'r gwaith
hoff bynciau	marciau	chwaraeon
amser hamdden	cymdeithasu	

Y Gorberffaith

'roedd wedi' *(had + past participle, e.g. done)*
Mae 'wedi' yn cymryd lle 'yn'. Mae berfenw yn dilyn 'wedi'
  Roedden nhw wedi astudio Cymraeg. *They had studied Welsh.*
Nodi bod rhywbeth wedi digwydd ymhellach yn ôl na'r Amherffaith y mae'r Gorberffaith; y gorffennol o safbwynt y gorffennol yw'r Gorberffaith
  Roedd e wedi mynd i'r dref cyn iddo fynd i'r gwaith.

Defnyddio'r Gorberffaith

Rydyn ni'n ei ddefnyddio
  i ddweud bod rhywbeth wedi digwydd cyn i rywbeth arall ddigwydd
    Roedd hi wedi astudio mathemateg cyn mynd i'r coleg. *She had studied mathematics before going to college.*
  i ddweud sut roedd pethau cyn i bethau newid
    Roedd hi wedi bod yn fyfyrwraig dda cyn iddi ddechrau gwastraffu ei hamser. *She had been a good student before she started wasting her time.*
Rydyn ni'n gallu defnyddio 'bod yn' + berfenw ar ôl 'roedd wedi' i ddangos bod rhywbeth wedi bod yn digwydd am amser hir
  Roedd e wedi bod yn astudio yn y coleg. *He had been studying in the college.*

 Dywedwch beth roeddech chi wedi ei wneud cyn gwneud y canlynol.

cael brecwast	yr arholiadau
gwyliau'r haf	mynd allan
mynd i'r gwely	dewis astudio Cymraeg
cinio	sychu'r llestri

Defnyddiwch 'roeddwn i…wedi' yn eich atebion.

63

Ffurfiau Llafar

Rydyn ni'n byrhau'r ferf wrth siarad.
Mae hyn yn digwydd yn fwy cyffredin
yn y de nag yn y gogledd

Iaith lafar

	?	*yes* **Ie**	*no* **Na**
Ro'n i	O'n i?	O'n	Nag o'n
Ro't ti	O't ti?	O't	Nag o't
Ro'dd e	O'dd e?	O'dd	Nag o'dd
Ro'dd hi	O'dd hi?	O'dd	Nag o'dd
Ro'dd Huw	O'dd Huw?	O'dd	Nag o'dd
Ro'n ni	O'n ni?	O'n	Nag o'n
Ro'ch chi	O'ch chi?	O'ch	Nag o'ch
Ro'n nhw	O'n nhw?	O'n	Nag o'n
Ro'dd y plant	O'dd y plant?	O'n	Nag o'n

Ffurfiol iawn

	?	*yes*	*no*
Yr oeddwn	A oeddwn?	Oeddwn	Nac oeddwn
Yr oeddet	A oeddet?	Oeddet	Nac oeddet
Yr oedd ef/hi	A oedd ef/hi?	Oedd	Nac oedd
Yr oeddem	A oeddem?	Oeddem	Nac oeddem
Yr oeddech	A oeddech?	Oeddech	Nac oeddech
Yr oeddynt neu	A oeddynt?	Oeddynt	Nac oeddynt
Yr oeddent	A oeddent?	Oeddent	Nac oeddent

Cyfieithwch.

1. I had arrived before they went.
2. We had not thought about that before.
3. They had just passed the test.
4. When he came in, his friends had already gone.
5. She had forgotten the milk, but she had not tried the cornershop.
6. I passed French this year, but I had already passed Welsh.
7. She had been a conscientious student.
8. There weren't any students there today.
9. We had been waiting for an hour, but they didn't arrive.
10. They had had a good meal, before going to the cinema.

Cywirwch y brawddegau hyn.

1. Roeddwn i'n wrth y drws.
2. Roedd e wedi bod chwarae rygbi.
3. Roeddwn ni newydd ddarllen y papur.
4. Roedd hi newydd wedi gorffen bwyta.
5. Roedden nhw'n wedi dechrau yn y coleg.
6. Oeddech chi'n gartre trwy'r bore?
7. Doedd ddim gwersi yn y coleg yn y gwyliau.
8. Roedd y myfyrwyr ddim wedi gweithio'n galed.

Roedd y swyddfa'n daclus bore 'ma!

yn gaeth i	*addicted to*
temtasiwn	*temptation*
trosedd	*crime*

Dyfodol: 'bydd'

Dyma ffurfiau Dyfodol 'bod'

bydda i	Yn aml rydyn ni'n rhoi 'fe'
byddi di	o flaen y ferf. Mae'r ferf
bydd e	yn treiglo'n feddal
bydd hi	fe fydda i
bydd Huw	fe fydd hi
byddwn ni	fe fyddwn ni
byddwch chi	fe fyddan nhw
byddan nhw	
bydd y plant	

Cymraeg ffurfiol iawn

byddaf (i)
byddi (di)
bydd (e)
bydd (hi)
bydd Huw
byddwn (ni)
byddwch (chi)
byddant (hwy)
bydd y plant

Ffurfiol iawn

Defnyddio'r Dyfodol

Mae ffurfiau'r Dyfodol yn gallu cyfleu dau amser
  i. Dyfodol.
      Fe fydda i ar fy mhen fy hun yfory.
  ii. Arferiadol.
      Fe fydd hi'n galw bob bore.

3.15

Dyfodol gyda 'bydd'

Fe fydda i'n poeni am bobl sy'n cymryd cyffuriau.
Rydyn ni'n rhoi berfenwau ar ôl 'yn', fel gyda ffurfiau eraill 'bod' (gweler Cam 1)
    Fe fydda i'n mynd nos yfory.

Eich tro chi!

Fe fydda i Fe fydd rhieni Fyddan nhw	yn 'n	gofidio am poeni llawer am poeni am	broblemau pobl ifanc gyffuriau gyffuriau ffasiynol
Fe fydd pobl ifanc Fe fyddan nhw Fyddi di		cael eu temtio'n aml gaeth i gyffuriau cael dy demtio weithiau	
Fe fydd troseddau Fe fydd problemau		digwydd codi	oherwydd cyffuriau yn sgil cyffuriau
Fe fydd y bobl ifanc Fyddan nhw		cael eu temtio	mewn disgos yn aml iawn
Fe fydd cyffuriau		ar werth	yn y dafarn

Fe fydda i'n canu nes bydda i'n gant!

Cwestiwn ac Ateb

I ofyn cwestiwn, rydyn ni'n gollwng 'fe' ac yn cadw'r treiglad meddal
      Fyddwch chi yn y ddawns yfory?

yes	bydda, byddi, bydd, byddwn, byddwch, byddan
no	na NEU na fydda, na fyddi, na fydd, na fyddwn, na fyddwch, na fyddan.

Negyddol

Rydyn ni'n gollwng 'fe' ac yn treiglo'r ferf.
Rydyn ni'n rhoi 'ddim' ar ôl rhagenwau ac enwau pendant (gweler Cam 1)

> Fydda i ddim yn y ddawns.

Rydyn ni'n rhoi 'dim' o flaen enwau amhendant

> Fydd dim cyffuriau yn y disgo.

 Cyfieithwch y brawddegau hyn.

1. There won't be any trouble in the dance.
2. Will there be a live band there?
3. They will come home after the disco.
4. Many accidents happen after 11 p.m.
5. You'll be tempted sometime, but you won't drink too much, will you?
6. Young people face many problems when they go to university.
7. I'll have to look at the programme.
8. Will it be on again tomorrow?

 Darllenwch yr adroddiad hwn gan Heddlu De Ddwyrain Cymru ac atebwch y cwestiynau.

i. Fe fyddwn ni'n gwneud ein gorau glas yn ystod y flwyddyn nesaf i ddileu problem cyffuriau yn ein hardal ni. Yn naturiol, fe fyddwn ni'n poeni am y broblem bob amser, ond eleni byddwn ni'n gwneud ymdrech arbennig i ddelio â'r rhai sy'n gwerthu cyffuriau.

ii. Fe fyddwn ni'n rhoi sylw arbennig i ddawnsfeydd, disgos a thafarnau yn yr ardal. Mae rhai cyffuriau ffasiynol ar werth yn agored ar hyn o bryd. Os na fydd y llywodraeth yn llwyddo i reoli'r cyffuriau sy'n dod i mewn i'r wlad, bydd yn rhaid i ni fod yn fwy gwyliadwrus.

iii. Fe fyddwn ni'n ceisio dod o hyd i ffynhonnell y cyffuriau. Byddwn ni'n trefnu bod ein swyddogion ni'n mynd i'r dawnsfeydd mewn dillad cyffredin, a byddan nhw wedyn mewn sefyllfa i weld beth sy'n digwydd ac i adnabod y bobl fydd yn gwerthu cyffuriau.

iv. Bydd ein cynghorwyr yn paratoi manylion am beryglon gwahanol gyffuriau, a byddwn ni'n rhoi ein prif sylw i'r rhai mwyaf peryglus.

v. Rydyn ni'n sylweddoli bod hanner troseddau'r ardal yn cael eu hachosi oherwydd cyffuriau. Mae llawer o'r dwyn o dai'n digwydd am fod pobl am gael arian i brynu cyffuriau, ac mae llawer o ymosodiadau personol yn digwydd am fod gangiau'n cystadlu â'i gilydd i reoli'r farchnad gyffuriau.

vi. Byddwn ni'n mesur ein llwyddiant yn ôl y nifer o achosion a fydd yn dod i'r llys, yn ôl nifer y troseddau a fydd yn cael eu cyflawni yn sgil cyffuriau, ac yn ôl y swm o gyffuriau a fydd ar werth yn yr ardal.

1. Beth fydd yr heddlu'n ei wneud y flwyddyn nesaf?
2. Ble byddan nhw'n chwilio am gyffuriau?
3. Sut byddan nhw'n gwybod pwy sy'n gwerthu cyffuriau?
4. Pa droseddau fydd yn digwydd oherwydd cyffuriau?
5. Pa feini prawf byddan nhw'n eu defnyddio i fesur eu llwyddiant? (meini prawf *criteria*)

1. Dywedwch yn iaith lafar eich ardal chi beth mae pobl ifanc yn ei wneud ar nos Sadwrn.

2. Esboniwch pam mae llawer o bobl yn y byd yn poeni am yr amgylchedd. Dywedwch beth sy'n digwydd mewn gwahanol rannau o'r byd: i'r môr, i'r tir, i'r awyr, yn y wlad, ac mewn trefi. Sut gallwn ni ddatrys y problemau hyn?

3. Dyma adroddiad am ffatrïoedd ceir yng Nghymru:

Ugain mlynedd yn ôl, roedd ffatri fawr yn cael ei chodi ym Mhen-y-bont. Fe gafodd 4,400 o dunelli o ddur eu defnyddio i godi'r adeilad tros ddarn o dir o'r un maint â 20 o gaeau rygbi. Roedd cwmni Ford wedi cyrraedd.

Ddeng mlynedd union yn ôl, roedd Ford wrthi eto, yn codi ail ffatri y drws nesaf i'r gyntaf. Mae'r ddwy'n golygu bod ardal Pen-y-bont ar Ogwr yn un o ganolfannau pwysicaf y diwydiant ceir yng Nghymru. Mae 1360 o bobl yn cael eu cyflogi gan Ford ac yn unol â phatrwm diwydiant, mae busnesau eraill wedi datblygu i ddarparu darnau a gwasanaethau.

Roedd datblygiad arall yn cael ei agor eleni – offer ynni o do'r ffatri, sy'n cynhyrchu trydan ar gyfer golau yn yr adeilad. Fe gafodd ei agor yn swyddogol ym mis Mawrth ac mae'n gorchuddio 25,000 metr sgwâr o'r to.

1. Pryd cafodd y ffatri gyntaf ei chodi ym Mhen-y-bont?
2. Faint o ddur gafodd ei ddefnyddio?
3. Beth gafodd ei godi ddeng mlynedd yn ôl?
4. Ble cafodd y ffatri ei chodi?
5. Faint o bobl sy'n cael eu cyflogi yno?
6. Pa ddatblygiad newydd gafodd ei agor eleni?
7. Pryd cafodd yr offer creu ynni ei agor?
8. Faint o'r to sy'n cael ei orchuddio?

Mae rheolwr y ffatri'n cael ei holi gennych ar y radio. Holwch e i geisio cael y ffeithiau sydd yn y darn uchod. Defnyddiwch y cwestiynau:
Pryd?
Faint?
Beth?
Ble?
Pa?

4. Mae ffliw yn yr ardal. Mae meddygon yr ardal am wneud y pethau hyn:
   i.   cadw pobl yn eu tai;
   ii. rhoi chwistrelliad yn erbyn ffliw i hen bobl a phlant;
   iii. cyhoeddi taflenni'n rhoi cyngor i bobl ar sut i ddelio â'r clefyd;
   iv. cael mwy o welyau yn yr ysbytai;
   v.   mesur y nifer o gleifion newydd bob dydd.
   Ysgrifennwch adroddiad pennaeth y feddygfa'n nodi beth fydd y meddygon yn ei wneud.

5. Mae Mari eisiau astudio meddygaeth yn y brifysgol, ond yn y coleg roedd hi wedi astudio Cymraeg, mathemateg a ffiseg. Doedd hi ddim wedi astudio bioleg a chemeg. Mae'n rhaid iddi hi berswadio'r darlithydd ei bod hi eisiau bod yn feddyg. Ysgrifennwch y sgwrs.

Berfau diffygiol

Dim ond rhai ffurfiau sydd gan rai berfau yn Gymraeg

dylwn *should*
Amherffaith neu Amhenodol
(ystyr amodol)
dylwn i
dylet ti
dylai fe
dylai hi
dylai Huw
dylen ni
dylech chi
dylen nhw

Gorberffaith *should have*

dylwn i fod wedi	dylaswn
dylet ti fod wedi	dylasit
dylai fe fod wedi	dylasai
dylai hi fod wedi	dylasai
dylai Huw fod wedi	dylasai Huw
dylen ni fod wedi	dylasem
dylech chi fod wedi	dylasech
dylen nhw fod wedi	dylasent

Ffurfiol iawn

Amhersonol
dylid

Cwestiwn ac ateb

Rydyn ni'n treiglo'r gytsain gyntaf
    Ddylen ni dderbyn alcohol?
dylwn, dylet, dylai, ac ati
Yes
na NEU na ddylwn, na ddylet, na ddylai, ac ati
No

Negyddol

Rydyn ni'n treiglo'r ferf ac yn rhoi 'dim' ar ôl y person
    Ddylwn i ddim derbyn unrhyw gyffur.

Lluniwch sgwrs rhwng Huw, Siôn, Jane ac Ifan. Defnyddiwch y patrymau isod.

Mae Jane wedi yfed gormod. Mae Siôn wedi smygu trwy'r nos. Mae Ifan wedi cymysgu diodydd. Wedyn, gwnaethon nhw i gyd bob math o bethau dwl. Mae Huw yn cwrdd â nhw yn y coleg y diwrnod wedyn, ac yn dweud wrthyn nhw beth dylen nhw fod wedi'i wneud, a beth ddylen nhw ddim fod wedi'i wneud.

dylen ni dylech chi dylen nhw	wrthod gymryd dderbyn	pob math rhai mathau	o gyffuriau
ddylen ni ddim ddylwn i ddim ddylech chi ddim		derbyn gwrthod cymryd	alcohol smygu unrhyw gyffur

dylwn i dylech chi dylen ni ddim ddylwn i ddim	fod wedi	derbyn gwrthod cymryd	cyffuriau alcohol

Trafodwch y cwestiynau hyn.

A ddylen ni ganiatáu unrhyw gyffuriau?
A ddylai'r wlad ganiatáu cyffuriau ffasiynol?
A ddylen ni ganiatáu alcohol, tybaco a chanabis?
A ddylid rheoli cyffuriau meddygol yn well?
Pa gyffuriau dylen ni eu caniatáu?

byw

Rydyn ni'n gallu defnyddio 'byw' ar ôl ffurfiau 'bod'
> Rydw i'n byw yn Aberystwyth.

Does dim ffurfiau personol i 'byw'. Mae rhaid i ni ysgrifennu 'Roedd e'n byw…'

marw

Rydyn ni'n gallu defnyddio 'marw' ar ôl ffurfiau 'bod'
> Mae e'n marw. Mae e wedi marw.

Does dim ffurfiau personol i 'marw'. Mae rhaid i ni ysgrifennu 'Buodd e farw'.

gorfod

Rydyn ni'n gallu defnyddio 'gorfod' ar ôl ffurfiau 'bod'
> Roeddwn i'n gorfod mynd. *I had to go.*

Dim ond un ffurf orffennol unigol sydd i 'gorfod' sef 'gorfu'
> Gorfu i fi fynd. *I had to go.*

meddaf

Dim ond ffurfiau Presennol ac Amherffaith sydd i 'meddaf'

Presennol	Amherffaith
medd ef/hi	meddai fe/hi
meddan nhw	medden nhw

piau

'piau' yw'r unig ffurf
> Pwy piau'r cyffuriau?

Rydyn ni'n aml yn treiglo 'piau'
> Fi biau'r botel.

> **Dylwn i fod wedi troi i'r chwith.**

geni

Rydyn ni'n gallu defnyddio 'geni' ar ôl ffurfiau 'cael'
> Ces i fy ngeni.
> Mae hi wedi cael ei geni.

Dim ond ffurfiau Amhersonol sydd i 'geni'

Presennol	Gorffennol
genir	ganwyd/ganed

Ganwyd Huw yn Llanuwchllyn.

gweddu *to suit*

Dim ond dwy ffurf sydd i 'gweddu' sef 3ydd unigol

Presennol	Gorffennol
gwedda	gweddai

Gwedda'r dillad i'r esgidiau'n iawn.
Gweddai'r wisg i liw ei gwallt.

dyma	*here is, here are*
dyna	*there is, there are*
dacw	*there is, there are*
ebe	*says, said*
wele	*behold*

 Cyfieithwch y brawddegau hyn.

1. They should start thinking about it seriously.
2. We shouldn't be too worried about this.
3. He died two days after the accident.
4. That bottle is mine!
5. The skirt didn't suit her at all.
6. They used to live in Llynfi valley.
7. You shouldn't drink and drive.
8. I had to go back to town to go to the bank.

3.16

69

cerdd	*poem*	traethawd	*essay*
ysgrif	*essay, article*	sylwadau	*comments*

Ffurfiau Presennol a Dyfodol cryno
edrych

edrycha i	edrychaf (i)	
edrychi di	edrychi (di)	
edrycha fe/hi	edrych (ef)	**Ffurfiol iawn**
edrychwn ni	edrychwn (ni)	
edrychwch chi	edrychwch (chi)	
edrychan nhw	edrychant (hwy)	
edrycha'r plant	edrych y plant	

Ar lafar, rydyn ni'n gallu rhoi '-ith' neu '-iff' yn lle '-a' ar ôl 3ydd person y ferf

gwelith e	edrychith hi
aiff hi	canith e

Iaith lafar

Mae'r ffurfiau hyn fel arfer yn cyfeirio at y dyfodol agos
> Edrycha i arno fe nawr.

Mae 'bydda i'n' + berfenw'n cael ei ddefnyddio i gyfeirio at y dyfodol pellach
> Bydda i'n edrych arno fe yfory.

Rydyn ni'n ychwanegu'r terfyniadau uchod at fôn y ferf (gweler Cam 8)
> Gwela i hynny.

Mae 'a' yn gallu newid i 'e' o flaen y terfyniad 'i' neu 'wch'

gallu	gelli di; gellwch chi/gallwch chi
canu	ceni di; cenwch chi/canwch chi

Rydyn ni'n gallu rhoi 'fe' o flaen y ferf
> Fe welwn ni yn y gerdd…

Eich tro chi!

Fe	welwn ni ddarllenwn ni ddisgrifia'r awdur	yn y gerdd yn y stori yn y nofel	fod yr awdur yn hapus fod y dyn yn drist sut mae'r cwm yn dioddef
Fe	geisia'r awdur	ddangos ddisgrifio ddarlunio	bod y fenyw'n gryf sefyllfa'r gymdeithas cymeriadau'r bobl

Dywedwch beth mae'r awdur yn ei wneud yn y stori: sut mae e'n darlunio'r cymeriadau, adrodd y digwyddiadau, disgrifio'r cefndir, cyfleu naws, rhoi neges, ac ati. Defnyddiwch yr ymadroddion hyn:

Fe welwn fod yr awdur yn…

Fe geisia'r awdur…

Fe ddarlunia'r cefndir…

Fe bortreada'r cymeriadau fel rhai…

Fe welwn ni yn y stori fod…

Fe ddisgrifia'r awdur…

Cwestiwn

Rydyn ni'n dechrau'r cwestiwn â threiglad meddal (os oes un yn bosibl).

Ddaw hi heno?

Ffurfiol iawn

A ddaw hi heno?

Negyddol (gweler Cam 5)

Rydyn ni'n dechrau'r frawddeg negyddol â threiglad llaes (os oes un yn bosibl), neu dreiglad meddal

Chreda i ddim fod y stori'n wir.

Gyda gwrthrych amhendant, rydyn ni'n rhoi 'ddim' o flaen y gwrthrych

Chawn ni ddim darllen y nofel heno.

Wela i ddim cyffro yn y nofel.

Gyda gwrthrych pendant, rydyn ni'n rhoi 'mo' o flaen y gwrthrych

Chreda i mo'r stori yna.

Wela i mo bwrpas y stori yna.

"Wela i ddim pwrpas yn y byd i'r holl beth."

Roedd y frawddeg honno'n ddigon i ddigalonni Huw. Yn sydyn roedd yn gweld ei orffennol yn rhes o ddigwyddiadau'n gwibio heibio i'w lygaid. Roedd e newydd lanw ffurflen yn swyddfa'r di-waith – y swyddfa sydd â'r enw eironig "Canolfan Gwaith".

"Edrych, Siân," meddai fe'n ffwndrus. "Elli di ddim dychmygu cymaint o siom yw hyn i mi. Mae meddwl y daw'r cyfan oll i ben yn…wel bron yn ddigon amdana i."

Ceisiodd Siân gydymdeimlo â'i gŵr, ond roedd hi'n gwybod bod unrhyw gydymdeimlad yn ofer.

"Edrycha i'r dyfodol, Huw," meddai hi'n araf. Roedd hi wedi cynllunio hyn ers amser. "Fydd dim dyfodol i ti yn y cwm yma. Gweithia di faint fynni di, ei di ddim i unman tra arhosi di fan hyn. Ond cer di i Lundain, ac fe weli di'r lle'n llawn gobeithion newydd."

"Os af i," meddai Huw, "fe golla i fy ffrindiau, fe golla i fy nheulu, cha i ddim yfed peint yn y Llew Du ar nos Wener, a chwaraea i fyth rygbi eto,…"

"Rwyt ti'n siarad fel hen ddyn. Mae dy fywyd o'th flaen di."

1. Gaiff Huw waith yn y cwm?
2. Ble caiff Huw waith?
3. Pwy wnaiff Huw eu colli, os aiff e i Lundain?
4. Beth wnaiff e byth eto yn y cwm?
5. Wnân nhw aros yn y cwm?

Berfau afreolaidd

mynd	dod	cael	gwneud	gwybod
a(f) i	do(f) i	ca(f) i	gwna(f) i	gwn i
ei di	doi di	cei di	gwnei di	gwyddost ti
aiff e/hi	daw e/hi	caiff e/hi	gwnaiff e/hi	gŵyr e/hi
awn ni	down ni	cawn ni	gwnawn ni	gwyddon ni
ewch chi	dewch chi	cewch chi	gwnewch chi	gwyddoch chi
ân nhw	dôn nhw	cân nhw	gwnân nhw	gwyddan nhw

Ffurfiol iawn

mynd:	af (i); ei (di); â (ef/hi); awn (ni); ewch (chi); ânt (hwy)
dod:	dof /deuaf(i); doi /deui(di); daw (ef/hi); down /deuwn (ni); dowch /deuwch (chi); dônt /deuant (hwy)
cael:	caf (i); cei (di); caiff (ef/hi); cawn (ni); cewch (chi); cânt (hwy)
gwneud:	gwnaf (i); gwnei (di); gwna (ef/hi); gwnawn (ni); gwnewch (chi); gwnânt (hwy)
gwybod:	gwn (i); gwyddost (ti); gŵyr (ef/hi); gwyddom (ni); gwyddoch (chi); gwyddant (hwy)

- Rydyn ni'n gallu dweud 'gwneith e/hi'.
- Rydyn ni'n gofyn cwestiwn trwy dreiglo'r gytsain gyntaf yn feddal

    Wnaiff e chwarae rygbi eto?
- Rydyn ni'n ffurfio brawddeg negyddol trwy ddefnyddio 'ddim' neu 'mo'

    Wna i ddim llawer o waith heddiw.

    Wna i mo'i helpu fe.

Os daw'r cwch, fe a i adre. Fel arall, fan hyn bydda i, sbo!

Mewn Cymraeg ffurfiol iawn, mae gan lawer o ferfau ffurfiau afreolaidd yn y 3ydd person unigol (ef/hi). Dyma rai ohonyn nhw **Ffurfiol iawn**

agor	egyr	dangos	dengys	peidio	paid
aros	erys	deffro	deffry	peri	pair
bwyta	bwyty	dweud	dywed	rhoddi	rhydd, dyry
cadw	ceidw	gadael	gedy	sefyll	saif
codi	cwyd	galw	geilw	taflu	teifl
cymryd	cymer	gosod	gesyd	taro	tery
cysgu	cwsg	gweld	gwêl	yfed	yf
chwarae	chwery	gwybod	gŵyr	ymddangos	ymddengys
chwerthin	chwardd	llenwi	lleinw		
dal	deil	parhau, para	pery		

Mae llawer o ferfau mewn Cymraeg ffurfiol iawn yn ychwanegu '-a' at y bôn yn y 3ydd person unigol

addawa	cerdda	chwilia	gwertha	meddylia	symuda
anghofia	clyma	dealla	gwisga	mesura	synna
arllwysa	croesawa	dibynna	helpa	mwynha	teimla
berwa	cryfha	dihuna	hoffa	newidia	teithia
brysia	cydia	diolcha	hola	rhuthra	trefna
bwria	cyfieitha	gofala	llawenha	sicrha	treulia
cadarnha	cyfrifa	gwasga	lleiha	sonia	wyla
caniatâ	cymysga	gwaedda	llifa	sudda	ystyria
cefnoga	cynigia	gwena	llwydda	sylwa	

Mae llawer o ferfau heb ychwanegu at y bôn yn y 3ydd person unigol

achub	cwrdd	dewis	disgwyl	gorffwys	tâl
adfer	cwymp	dial	eistedd	gorwedd	tardd
arwain	cynnal	dianc	esgyn	lladd	tyn
canlyn	chwyth	digwydd	estyn	rhed	ymarfer
clyw	darllen	disgyn	gorffen	sych	ymladd
					ysgwyd

Ffurfiol iawn

O diar, mae hyn yn rhy drist!

Llais:
Teifl yr haul ei olau dros y bryn. Deil y ddau i garu ei gilydd. Lleinw ei lygaid ef â dagrau…

Cwestiwn ac ateb

Rydyn ni'n gofyn cwestiwn trwy dreiglo'r gytsain gyntaf yn feddal

> Deipiech chi trwy'r dydd?

Yes

I ddweud 'ie' rydyn ni'n defnyddio'r ferf

> Teipiwn; Baswn; Gwnawn.

No

I ddweud 'na' rydyn ni'n defnyddio 'na' neu 'na' + berf wedi'i threiglo'n llaes (c,p,t) neu'n feddal

> Na theipiwn; Na faswn; Na wnawn.

Negyddol

Rydyn ni'n llunio brawddeg negyddol trwy dreiglo 'c', 'p', 't' yn llaes, 'g', 'b', 'd', 'll', 'm', 'rh' yn feddal, a rhoi 'ddim' neu 'mo' ar ôl y ferf

> Chaen ni ddim i'w fwyta trwy'r dydd.
> Wnelen ni mo'r gwaith ar unwaith.

Defnyddio'r Amherffaith a'r Amhenodol gydag ystyr amodol

I fod yn gwrtais

> Hoffech chi gael cwpaned arall o de? Hoffwn yn fawr.
> Allech chi roi help i fi? Gallwn, wrth gwrs.

I fynegi amheuaeth

> Hoffech chi weithio mewn swyddfa? Hoffwn, efallai.
> Allech chi deipio trwy'r dydd? Gallwn, siŵr o fod.

I fynegi'r dyfodol o safbwynt y gorffennol

> Roeddwn i'n gwybod yr hoffech chi gael bwyd yn y caffe.
> Fe ddywedodd hi y byddai hi'n mynd.

Os ydyn ni'n mynegi amod mewn is-gymal, rydyn ni'n gallu rhoi 'pe' o flaen y ferf amodol (nid 'os') yn yr is-gymal (gweler Brawddegau, Cam 14)

> Pe baswn i'n cael swydd, baswn i'n gorffen yn y coleg.
> Pe gwyddai e'r gwir âi e ddim ar wyliau

- Dyma'r unig derfyniadau sydd i 'dylwn'
  > Dylwn i fynd i'r coleg ar ôl gorffen yn yr ysgol.
- Mae hi'n llawer mwy cyffredin defnyddio 'bod' + berfenw na defnyddio ffurfiau amodol cryno berfau
  > Byddwn i'n dymuno gweithio yno.

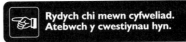 **Rydych chi mewn cyfweliad.
Atebwch y cwestiynau hyn.**

1. Hoffech chi deipio trwy'r dydd?
2. Beth hoffech chi'i wneud fwyaf mewn swyddfa?
3. Allech chi gywiro llythyrau?
4. Hoffech chi gyfrif symiau trwy'r dydd?
5. Beth arall allech chi ei wneud?
6. Ble hoffech chi weithio?
7. Beth hoffech chi ddysgu 'i wneud?
8. Hoffech chi ddysgu Sbaeneg?
9. Elech chi i weithio yng Nghaerdydd?
10. Am faint o amser hoffech chi weithio bob dydd?

 Cyfieithwch y brawddegau hyn.

1. She said that you would apply for the post.
   (apply – gwneud cais)
2. We know that they would come to the interview.
3. They heard that I would be starting in September.
4. If I knew that, I would have tried harder.

Perffaith gydag ystyr amodol

Rydyn ni'n rhoi 'wedi' ar ôl y ferf

> Byddwn i wedi hoffi mynd.
> *I would have liked to have gone.*
> Fyddwn i ddim wedi hoffi ei gweld.
> *I would not have liked to have seen her.*

'gallwn', 'hoffwn' a 'dylwn'

could have, should have etc

Rydyn ni'n rhoi 'fod wedi' ar ôl y ferf

> Gallwn i fod wedi pasio pe baswn i wedi dysgu'r gwaith.
> Hoffwn i fod wedi pasio, wedyn gallwn i fod wedi mynd i'r coleg.
> Dylwn i fod wedi gweithio, wedyn baswn i wedi pasio.

Negyddol

Rydyn ni'n rhoi 'ddim' o flaen 'fod wedi'

> Gallwn i ddim fod wedi mynd.

Gallwn i Hoffwn i Dylwn i Dylech chi Hoffech chi Ddylech chi	fod wedi	gweithio pasio cael y swydd mynd i'r coleg aros yn y coleg mynd i'r gwaith

Eich tro chi!

 Atebwch.

1. Beth gallech chi fod wedi'i astudio'r llynedd?
2. Allech chi fod wedi gwneud yn well yn eich arholiadau?
3. Hoffech chi fod wedi astudio Rwsieg?
4. Ddylech chi fod wedi dysgu teipio?
5. Sut gallech chi fod wedi gwneud yn well yn yr arholiadau?

 Cyfieithwch y brawddegau hyn.

1. I could have done the work myself.
2. They should have gone to university.
3. We would have liked to have studied French.
4. He could have passed, but he could not have passed well enough.
5. You should not have bought the present.
6. The country could not have had worse weather.
7. I would have liked to have learnt the language before going.
8. She should have learnt to type before applying for the post.

Dylwn i fod wedi cofio dod ag arian - gallwn i fod wedi mynd am beint yn lle gwrando ar y bardd trwy'r nos.

Cam 19 – yr Amhersonol – Y wasg

gwasg	*press*
cyhoeddi	*to publish*

Yr Amhersonol

Rydyn ni'n gallu cyfleu gweithredwr cyffredinol mewn sawl ffordd

    dyn: Os yw dyn yn credu popeth sydd yn y papur, mae e'n ffôl.

    chi: Rydych chi'n dwp os ydych chi'n credu'r papur.

Mae'r Amhersonol yn gallu cyfateb i'r Goddefol: does dim gweithredwr, ac mae'r weithred yn cael ei gwneud i rywbeth

    cael: Mae'r llyfr wedi cael ei ysgrifennu.
          Cafodd y llyfr ei ysgrifennu.

Ffurfiau'r Amhersonol
Rydyn ni'n ychwanegu'r terfyniadau hyn at fôn berfau i gael ffurf Amhersonol

Presennol
-ir

edrychir	gwelir	cyhoeddir	darllenir	dywedir	gellir

Rydyn ni'n defnyddio'r amser Presennol i ddweud beth sy'n digwydd nawr neu beth fydd yn digwydd yn y dyfodol.

Cyhoeddir y llyfr y flwyddyn nesaf. (= Bydd y llyfr yn cael ei gyhoeddi'r flwyddyn nesaf.)

Gorffennol
-wyd

edrychwyd	gwelwyd	cyhoeddwyd	darllenwyd	dywedwyd	honnwyd

Rydyn ni'n defnyddio'r ffurf orffennol i sôn am un digwyddiad.

Cyhoeddwyd y llyfr ddoe. (= Cafodd y llyfr ei gyhoeddi ddoe.)

Amherffaith ac Amhenodol
-id

edrychid	gwelid	cyhoeddid	darllenid	dywedid	honnid

Rydyn ni'n defnyddio'r ffurf Amherffaith (Amhenodol) i sôn am nifer o ddigwyddiadau, neu am gyflwr.

Cyhoeddid llawer o lyfrau yn y bedwaredd ganrif ar bymtheg. (= Roedd llawer o lyfrau'n cael eu cyhoeddi…)

Eisteddid am amser cyn mynd ymlaen â'r gwaith. (= Roedd [pobl] yn eistedd am amser cyn mynd ymlaen â'r gwaith.)

Gorchmynnol
-er

edrycher	gweler	cyhoedder	darllener	dyweder

Rydyn ni'n defnyddio'r ffurf orchmynnol i nodi gorchymyn neu ddymuniad (gweler tudalen 8)

Gwneler dy ewyllys.

- Dydyn ni bron byth yn dweud y ffurfiau hyn ar lafar, ond rydyn ni'n eu clywed nhw ar y radio a'r teledu
  Darllenwyd y newyddion gan Huw Llwyd.
- Dydyn ni ddim yn treiglo'r gwrthrych ar ôl y ffurf Amhersonol
  Cyhoeddir llyfrau newydd yn yr eisteddfod.
- Rydyn ni'n nodi'r gweithredwr ar ôl 'gan'
  Cyhoeddir llyfrau dysgu Cymraeg gwych gan Wasg y Lolfa.

Negyddol
Rydyn ni'n rhoi 'ni' neu 'nid' o flaen y ferf
  Ni welir
  Nid edrychir
  Ni chyhoeddir

Cyhoeddir	y llyfr	gan	Wasg y Lolfa
Cyhoeddwyd	llyfrau		awdur enwog
Darllenir	y cylchgronau		lawer o bobl
Darllenwyd	y papur newydd		hanesydd o bwys
Ysgrifennir	yr hunangofiant		ohebydd dibwys
Ysgrifennwyd	adolygiadau		nifer fach iawn o bobl

Eich tro chi!

Berfau afreolaidd

	Presennol	**Gorffennol**
mynd	eir	aethpwyd, aed
dod	deuir	daethpwyd
cael	ceir	caed/cafwyd
gwneud	gwneir	gwnaethpwyd, gwnaed
bod	ydys	buwyd
	(byddir: Dyfodol)	
gwybod	gwyddys	gwybuwyd
	gwybyddir	
	(Dyfodol)	

• Rydyn ni'n gallu defnyddio 'ceir' yn lle 'mae yna…' *there is/are*
  Ceir llawer o dystiolaeth yn y llyfr.

 Gorffennwch yr adolygiad hwn o lyfr ar hanes Cymru.

Yn y llyfr hwn (mynd) ati i ddisgrifio hanes Cymru o safbwynt cenedlaethol. (Dod) i'r casgliad fod gan Gymru hanes di-dor o fwy na dwy fil o flynyddoedd. (Cael) y dystiolaeth gynnar mewn safleoedd archaeolegol, a (gwneud) llawer o ddarganfyddiadau pwysig o oes y Celtiaid. (Gwybod) heddiw fod y Celtiaid wedi gwasgaru ar draws Ewrop, ond ar un adeg (bod) yn credu bod y Cymry'n disgyn o ŵyr Noah, sef Gomer. Trwyddo ef (cael) yr enw Gomeraeg ar ein hiaith, a (dod) i gredu y (siarad) Cymraeg yn arch Noah. (Profi) mai ffwlbri oedd hyn, ond (cael) digon o dystiolaeth fod y Gymraeg yn perthyn i'r ieithoedd Indo-Ewropeaidd.

(Gallu) honni bod hanes Cymru'n dechrau gydag ymadawiad y Rhufeiniaid yn y flwyddyn 383 O.C. Y pryd hwnnw (siarad) Cymraeg trwy Brydain i gyd, ond (ymosod) ar dir Lloegr gan y Sacsoniaid, ac yna gan y Llychlynwyr a'r

Normaniaid. (Cadw) y Cymry i dir Cymru gan yr ymosodwyr, ond trwy ymdrech brenhinoedd a thywysogion dewr (llwyddo) i gadw annibyniaeth Cymru.

 Rhowch y terfyniad cywir yn y brawddegau hyn.

1. Ysgrifenn___ y llyfr gan Islwyn Ffowc Elis.
2. Carchar___ y dyn am bymtheng mlynedd.
3. Clyw___ adar yn canu bob bore gyda'r wawr.
4. Dechreu___ y gwaith adeiladu yfory.
5. Gwel___ tudalen 97 am ragor o wybodaeth.
6. Gwel___ ceirw a llwynogod ar y caeau hyn yn gyson.
7. Gwel___ ar unwaith fod y tŷ wedi chwalu.
8. Cynhel___ y gyngerdd nos Sadwrn.

Ffurfiau'r Gorberffaith

Dydyn ni ddim yn defnyddio ffurfiau'r Gorberffaith cryno yn gyffredin.

Rydyn ni'n ychwanegu'r terfyniadau hyn at fôn y ferf

-aswn	chwiliaswn (i)
-asit	crwydrasit (ti)
-asai	edrychasai (ef/hi)
-asem	ystyriasem (ni)
-asech	cysgasech (chi)
-asent	gwelasent (hwy)
-asid	ysgrifenasid (ffurf Amhersonol)

Rydyn ni'n gweld y ffurfiau hyn gyda'r ferf 'bod', ond erbyn hyn, ystyr amodol sydd i'r rhain (gweler Cymalau, Cam 18)

buaswn	*I would (be)*	baswn (ar lafar)
buaset	*you would (be)*	baset (ar lafar)
buasech	*you would (be)*	basech (ar lafar)

Ffurfiau Dibynnol Presennol

Rydyn ni'n gallu ychwanegu'r terfyniadau hyn at fôn berfau. Weithiau mae'r bôn yn wahanol i'r bôn arferol

'dod'   del
    delwyf, delych, dêl/delo, delom, deloch, delont

'mynd'   el
    elwyf, elych, êl/elo, elom, eloch, elont

'gwneud'   gwnel
    gwnelwyf, gwnelych, gwnêl/gwnelo, gwnelom, gwneloch, gwnelont

'bod'

bwyf	NEU	byddwyf
bych		byddych
bo		byddo
bôm		byddom
boch		byddoch
bônt		byddont

Defnyddio'r Dibynnol

Mae'r Modd Dibynnol yn gallu mynegi adeg mewn cymal adferfol

Pan fo hi'n braf, awn i'r ardd.

Whenever it may be fine, we go out in the garden

Dydyn ni ddim yn defnyddio'r modd Dibynnol ar lafar, ac eithrio mewn rhai ymadroddion cyfarwydd

Da boch chi.	*goodbye*
Doed a ddêl.	*come what may*
Boed fel y bo.	*be that as it may*

- Mae beirdd yn hoffi defnyddio'r modd Dibynnol

    "Pan fwyf yn hen a pharchus
    Ac arian yn fy nghod
    A phob beirniadaeth drosodd
    A phawb yn canu 'nghlod…"
    (Cynan)

    "Dyfod pan ddêl y gwcw,
    Myned pan êl y maent,
    Y gwyllt atgofus bersawr,
    Yr hen lesmeiriol baent,
    Dyfod ac yna ffarwelio,
    Ffarwelio – och na pharhaent."
    (R. Williams-Parry)

 Gorffennwch y llinellau hyn o farddoniaeth.

1. Bydd glaswellt ar fy llwybrau i
   Pan (dod) i Gymru'n ôl.
2. Pan (bod) lleuad hydref yn y nen
   Yn gwenu'r wên nad yw yn hen o hyd…
3. Pan (bod) dryma'r nos yn cysgu
   Fe ddaw hiraeth ac a'm deffry.
4. Pan (bod) 'r nos yn olau
   A llwch y ffordd yn wyn…

Cyfieithu berf yn gorffen yn '–ing' (gerund, present participle)

dan + berfenw
>Aeth yno dan ganu.

He went there singing.

gan + berfenw
>Cerddodd adre gan ddal ei fag.

He went home holding his bag.

wrth + berfenw
>Wrth fynd adre, gwelodd hi'r bws.

As she was going home, she saw the bus.

tra + berf
>Tra oedd e'n mynd adre, darllenodd y papur.

While going home, he read the paper.

yn + berfenw
>Gwelodd e'r gath yn gadael.

He saw the cat leaving

>Clywodd e'r ci yn cyfarth.

He heard the dog barking.

berfenw
>Roedd y rhedeg yn dda, ond y saethu'n wael.

The running was good, but the shooting poor.

ansoddair
>Mae nifer cynyddol o fyfyrwyr yn y coleg.

There's an increasing number of students in the college.

ymadrodd
>Y cyfradd ar y pryd.

The going rate.

cymal
>Y dillad sy'n sychu.

The drying clothes.

Golchodd hi'r llestri dan ganu.

Treiglad llaes

Mae'r arddodiaid hyn yn cael eu dilyn gan dreiglad llaes

â *with, with the aid of*

â chyllell

yn dilyn berfau

siarad â phrifathrawes

mynd â chot

gyda *with, in the company of*

mynd gyda chyfaill

1. Mae hi'n mynd ___ cyfaill i'r coleg.
2. Mae e'n astudio economeg ___ llawer o fyfyrwyr eraill.
3. Maen nhw'n siarad ___ prifathro'r coleg.
4. Ysgrifennodd e'r traethawd ___ phensil.
5. Rydyn ni'n ymweld ___ coleg Aberystwyth yfory.
6. Mae hi'n mynd ___ tri geiriadur i'r coleg.

Dim treiglad

Does dim treiglad yn dilyn yr arddodiaid hyn

cyn   er   ers   wedi   rhwng

er *since*, wrth sôn am bwynt pendant yn y gorffennol

rydw i yma er 1997

ers *since*, pan nad yw'n sôn am bwynt pendant yn y gorffennol

rydw i yma ers blwyddyn

Dewiswch o blith: cyn, er, ers, wedi, rhwng
1. Rydw i'n dysgu Cymraeg ___ mis Medi.
2. Mae'r coleg ___ y môr a'r parc.
3. Rydyn ni'n cael coffi ___ mynd i'r ddarlith.
4. Maen nhw'n nabod y darlithydd ___ blynyddoedd.
5. Es i adre ___'r ddarlith.

1. Mae e'n gweithio ___ 'r dydd.
2. Mae hi'n aros ___ ei ffrind.
3. Mae'r myfyrwyr yn gweithio ___ wyth y nos.
4. Mae'r darlithwyr yn edrych ymlaen ___ y gwyliau.
5. Dydy'r llyfrau ddim ___ y silff yn y llyfrgell.
6. Ydych chi gwybod ___ lyfr da ___ hanes Ewrop?
7. Mae digon ___ lyfrau daearyddiaeth yn y siop.
8. Mae'r darlithydd yn ysgrifennu ___ y bwrdd du.
9. Rydw i'n astudio ___ Ngholeg Caerfelin.
10. Rydyn ni wedi bod yma ___ wyth y bore.

Defnyddio arddodiaid

Rydyn ni'n gallu defnyddio arddodiaid

I nodi lle

Mae'r llyfr ar y ddesg.

I nodi amser

Mae'r myfyrwyr yma ers amser.

Mewn ymadroddion

ar goll	*lost*
cyn bo hir	*before long*
yn y pen draw	*in the end*

Mae'r myfyrwyr ar goll yn y llyfrgell.

Ar ôl berfenwau

siarad â   edrych ar   ymladd â

meddwl am   dweud wrth   cofio am

Mae'r darlithydd yn meddwl am y ddarlith nesaf.

Ar ôl enwau

tuedd i	*a tendency to*
cadarnhad o	*confirmation of*
syniad am	*an idea about*

Does gen i ddim syniad am y peth.

Ar ôl ansoddeiriau

caredig wrth	*kind to*
cas wrth	*nasty to*

Mae'r pennaeth wedi bod yn garedig iawn wrth y myfyrwyr newydd.

Adroddiaid yn Gymraeg ac yn Saesneg

Mae'r arddodiad Cymraeg weithiau'n wahanol i'r arddodiad Saesneg.

nasty to	cas wrth
ask someone	gofyn i rywun
write to someone	ysgrifennu at rywun
write to somewhere	ysgrifennu i rywle
a form of	ffurf ar
(to be) able to go	gallu mynd
to hope to stay	gobeithio aros
to try to speak	ceisio siarad
to want to listen	eisiau gwrando/moyn gwrando

 Ysgrifennwch am eich coleg/ysgol. Rhowch arddodiad ym mhob brawddeg.

Dywedwch ble mae eich coleg/ysgol. Sut rydych chi'n cyrraedd yn y bore? Beth rydych chi'n ei astudio yn y coleg/yr ysgol? Oes llawer o fyfyrwyr yno? Oes llawer o athrawon/ddarlithwyr yno? Llyfrau am beth rydych chi'n eu darllen? Pryd rydych chi'n cyrraedd y coleg/yr ysgol? Pryd rydych chi'n cael cinio? Pryd rydych chi'n gadael? Sut rydych chi'n mynd adre?

 Cyfieithwch y brawddegau hyn.

1. I'm writing to the manager.
2. He's nasty to the girl.
3. I'm reading a good book on Welsh history.
4. I'm lost – I'm looking for a swimming pool.
5. They're talking to the college principal.
6. We're trying to listen.
7. She's taking a book home to read.
8. He's been living (=he's living) here for eight years.

 Cywirwch y treigladau yn y brawddegau hyn.

1. Rydw i'n ysgrifennu at prifathro'r coleg.
2. Mae e'n byw rhwng Gaerdydd ac Abertawe.
3. Dydy hi ddim yn geisio deall.
4. Rydyn ni'n darllen am bachgen o'r Fenni.
5. Dydyn nhw ddim yn gas wrth pawb.
6. Ydych chi'n byw yn Pontypridd?
7. Mae hi'n dod o Llanelli.
8. Dydy e ddim yn mynd i gwersylla'n aml.

4.2

Cam 2 – 'am' – Yn y disgo

band roc	*rock band*	bar hwyr	*late bar*	cerddoriaeth roc	*rock music*
cwmni da	*good company*	ffansïo	*to fancy*		

'am'

Mae geiriau'n treiglo'n feddal ar ôl 'am'
    am gyfnod, am ddau o'r gloch

'am' a rhagenwau

amdana i	amdanon ni
amdanat ti	amdanoch chi
amdano fe/fo	amdanyn nhw
amdani hi	

Ffurfiol iawn

amdanaf (fi)	amdanom (ni)
amdanat (ti)	amdanoch (chwi)
amdano (ef)	amdanynt (hwy)
amdani (hi)	

1. Ydych chi wedi clywed _____ nhw?
2. Rydw i'n gwybod ___ fe.
3. Maen nhw'n cofio ___ chi.
4. Ydyn nhw'n siarad ___ ni?
5. Pwy sy'n meddwl ___ hi?

- Mae 'am' yn cyfieithu *to* ar ôl 'dweud'
  Mae hi'n dweud wrth y disgyblion am fynd adre.
  She's telling the pupils to go home.
  Dweud wrth rywun am wneud rhywbeth.
  To tell someone to do something

Defnyddio 'am'

Mae sawl
defnydd i 'am'

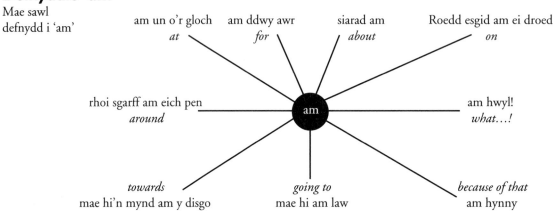

- am *want*
  Mae hi am ddawnsio.   *She wants to dance.*
- am *intend*
  Mae e am fynd.   *He intends going.*

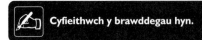
1. They're arriving at eight o'clock.
2. She's always talking about you.
3. They're staying for two hours.
4. Put a coat on.
5. It looks like rain today.
6. Because of that, put wellingtons on your feet.

Mae hi'n wyth o'r gloch, ac mae Rachel a Kim yn siarad am
fynd i'r disgo. Mae'r disgo'n dechrau am naw o'r gloch.
Mae hi'n oer iawn ac mae hi'n mynd i fwrw glaw.
Ydyn nhw eisiau mynd?
Beth i'w wisgo?
Am faint o amser maen nhw am ddawnsio?
Pryd maen nhw am ddod adre?

'am' a berfenwau

Rydyn ni'n defnyddio 'am' ar ôl rhai berfenwau. Dyma'r ystyr yn fras

about	*for*	*at*
meddwl am	chwilio am	dechrau am
cofio am	aros am	gorffen am
ysgrifennu am	disgwyl am	gwybod am
gofyn am	gofyn am	chwerthin am ben
darllen am	diolch am	
dweud am	galw am	
chwerthin am	talu am	
clywed am	edrych am	
siarad am	hiraethu am	
meddwl am		
sôn am (mention)		
dysgu am		
poeni am		
pryderu am		
adrodd am		
anghofio am		
gofidio am		
hidio am		

'am' ac enwau

Rydyn ni'n defnyddio 'am' ar ôl rhai enwau

hiraeth am	*longing for*	pryder am	*concern about*
rheswm am	*reason for*		

'am' ac ansoddeiriau

Rydyn ni'n defnyddio 'am' ar ôl rhai ansoddeiriau

diolchgar am	*thankful for*	parod am	*ready for*
hyderus am	*confident about*		

'am' mewn ymadroddion amser

Rydyn ni'n defnyddio 'am' mewn ymadroddion amser

am y tro	*for the time being*
am byth	*for ever*
am amser maith	*for a long time*
am ganrif	*for a century*
am wythnos	*for a week*
am un o'r gloch	*at one o'clock*
am ddiwrnod	*for a day*
am hydoedd	*for a long time*
am oes	*for ages, for life*

Ysgrifennwch sgwrs rhwng Huw ac Yvonne. Defnyddiwch chwech o'r ymadroddion amser hyn.

Mae hi'n saith o'r gloch a Huw am fynd i'r dafarn. Mae e'n aros am amser maith am ei gariad, Yvonne. Mae hi'n dod am naw o'r gloch ac mae hi am fynd i'r disgo.

Dydw i ddim yn gofidio am fy ngwallt erbyn hyn.

Ymadroddion eraill

am ddim	*free*
mynediad am ddim	*free entry*
cael hwyl am ben rhywun	*make fun of someone*
chwerthin am ben rhywun	*to laugh at someone*
am wn i	*for all I know*
gair am air	*word for word*
am bob punt	*for every pound*
am fy nhrafferth	*for my efforts*
am le braf!	*what a fine place!*
rhedwch am eich bywyd!	*run for your life!*
am unwaith	*for once*
am hynny	*because of that*
am yn ail	*alternately*
am fod	*because*

(Am ragor o ymadroddion , gweler Cennard Davies, *Y Geiriau Bach*, Gwasg Gomer, 1994.)

 Ysgrifennwch baragraff am ddisgo'r ysgol/coleg. Defnyddiwch yr ymadroddion sy'n dilyn.

Mae eich ysgol/coleg chi yn trefnu disgo. Rydych chi'n mynd yno.

dechrau am	clywed am
aros am	mynediad am ddim
gwybod am	pryder am
am le braf	chwerthin am ben
am un o'r gloch	siarad am
diolch am	am unwaith

Y cysylltair 'am'

(gweler Cymalau, Cam 5)
Rydyn ni'n llunio cymal adferfol trwy roi 'bod' ar ôl 'am' *(because)*

Rydw i'n mynd i'r disgo am fod Siân yn mynd.
I'm going to the disco because Siân is going.

 Cyfieithwch y brawddegau hyn.

1. She's reading about it in the paper.
2. He's making fun of the teaching.
3. They're forgetting about the trouble last night.
4. We're putting on a coat – it's going to rain.
5. It's starting at twelve o'clock, so I'll have to go for the moment.
6. What is she talking about.
7. He's always worrying about his hair.
8. They're not a bad band, for all I know.

 Cywirwch yr arddodiaid yn y brawddegau hyn.

1. Maen nhw wedi dweud y stori i fi.
2. Roedden nhw'n chwerthin ar ben y bachgen bach.
3. Ysgrifennodd e'r llythyr i'r pennaeth.
4. Rydw i wedi clywed amdano Huw.
5. Roedd e wedi darllen y stori yn y papur amdano hi.
6. Beth mae e wedi ei ddweud am fi?
7. Mae e wedi dweud wrth Huw i orffen y gwaith.
8. Roedden nhw wedi cyrraedd at ddeg o'r gloch.

Y bêl? Does dim sôn amdani hi fan hyn!

'â'

Dydy 'â' ddim yn newid o flaen rhagenwau
   â fi (**neu** â mi), â ni, â nhw.
Mae 'â' yn troi'n 'ag' o flaen llafariad
   ag ef.
Mae geiriau'n treiglo'n llaes ar ôl 'â' a 'gyda' (gweler tabl ar
ddechrau'r llyfr)
   ffarwelio â chyfaill, mynd gyda thîm.

Eich tro chi!

Wyt ti wedi cyfarfod	ag	e(f)
Mae e wedi cwrdd	â	mi/fi
Rydw i wedi siarad		thi
Mae hi wedi ffarwelio		ni
Mae e'n cystadlu		chi
Rydych chi'n cyd-fynd		nhw

'â' gyda berfau

Mae 'â' yn dilyn llawer o ferfau

cwrdd â	cymharu â	*methu â
cyd-fynd â	cystadlu â	mynd â
cydsynio â	cysylltu â	peidio â
cydweithio â	cytuno â	priodi â
cyd-weld â	chwarae â	rhyfela â
cyfarfod â	dod â	siarad â
cyffwrdd â	dyweddïo â	ymladd â
cyfnewid â	ffarwelio â	

*Mae'n bosibl hepgor yr 'â'.

Cwblhewch y sgwrs rhwng Mary a Hefin gan ddefnyddio'r ymadroddion hyn.

wyt ti wedi dod â ffrind	dod ar dy ben dy hun
siarad â thi	cytuno â fi
paid â chwerthin	cwrdd â fi eto

Mae Mary'n cwrdd â Hefin am y tro cyntaf. Mae Mary'n hoff iawn o Hefin, ond dydy Hefin ddim yn siŵr ydy e'n hoffi Mary. Mae hi am ei berswadio fe i gael sgwrs â hi mewn caffe, wedyn mynd i'r sinema, ac wedyn mae hi am gwrdd ag e eto.

'gyda'

Mae geiriau'n treiglo'n llaes ar ôl 'gyda'
   Rydw i'n mynd gyda chyfaill i'r dref.
Mae 'gyda' yn troi'n 'gydag' o flaen llafariad
   Mae hi'n cerdded gydag e bob tro.
Rydyn ni'n gallu defnyddio 'gyda' i nodi amser
   gyda'r wawr, gyda'r nos, gyda'r hwyr.
Rydyn ni'n gallu defnyddio 'gyda' i nodi agwedd
   gyda phleser, gyda chyfarchion, gyda llawer o gariad,
   gyda thristwch mawr.

Wyt ti'n dod allan gyda fi heno?

Na, rydw i'n mynd â'r gath i'r fet.

- Rydyn ni'n defnyddio 'â' yn yr ymadrodd 'gyferbyn â'
     Roedden nhw'n caru gyferbyn â'r coleg.
- Rydyn ni'n defnyddio 'â' wrth sôn am offeryn
     Mae e wedi taro'r wraig â morthwyl.
- Rydyn ni'n defnyddio 'gyda' am 'yng nghwmni'
     Mae e wedi mynd gyda'i gariad i'r dref.

4.3

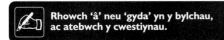
Mae rhieni Janine yn gofyn iddi ble buodd hi nos Sadwrn. Buodd hi gyda'i chariad mewn dawns, ond dydy hi ddim eisiau cyfaddef.

1.   …phwy fuest ti yn y ddawns?
2.   Fuest ti'n siarad…Jac yno?
3.   Beth wnest ti…nos?
4.   Oeddet ti wedi trefnu cwrdd…Jac cyn mynd i'r ddawns?
5.   Pam doeddet ti ddim gartre tan dri y bore? Fuest ti'n caru…fe ar ôl y ddawns?
6.   Pryd ffarweliest ti…'th ffrindiau di?
7.   Oeddet ti wedi cerdded adre…'r merched?
8.   Gytunest ti i gwrdd…Jac eto?
9.   Wnei di gytuno i beidio…chwrdd â Jac eto?
10. Ydy Jac wedi, ym, cyffwrdd…thi erioed?

Ymadroddion yn cynnwys 'gyda'

gyda golwg ar	with regard to, with the intention of
gyda llaw	by the way
gyda lwc	with luck
gyda phob parch	with all respect
gyda'ch caniatâd	with your permission
gyda'i gilydd	together

amser

gyda'r hwyr	in the evening
gyda hyn	soon
gyda hynny	at that moment
gyda'r nos	in the evening
gyda'r wawr	at dawn

teithio

gyda'r bws	by bus
gyda'r post	by post
gyda'r trên	by train

Rhagenwau ar ôl 'â' a 'gyda'

(gweler Rhagenwau, Cam 5)

'm	gyda'm cariad (i)	with my sweetheart
'th	â'th gyfaill (di)	with your friend
'i	gyda'i dad (e)	with his father,
	gyda'i thad (hi)	with her farther
'n	â'n hysgol (ni)	with our school
'ch	gyda'ch cyfeillion chi	with your friends
'u	â'u harian (nhw)	with their money

Mae Huwcyn wedi trefnu cwrdd â'i gariad. Maen nhw'n cytuno i dalu am bopeth bob yn ail. Mae ei gariad yn talu am y bws, a Huwcyn wedyn yn talu am bryd o fwyd. Wedyn mae ei gariad yn talu am y coffi, a Huwcyn wedyn yn talu am y sinema. Mae ei gariad yn talu am bapur newydd, a Huwcyn yn talu am y tacsi adref.

mynd â	methu â	peidio â
mynd gyda	siarad â	cyd-fynd â
ffarwelio â		

Ffurfiol iawn

Rydyn ni'n gallu ysgrifennu 'a chyda' yn lle 'a gyda'.

O diar, bydd rhaid i fi fynd gyda'r trên.

cyfrif	*account*	rheolwr	*manager*
cyfrif cadw	*savings account*	cynilo	*to save*
cyfrif cyfredol	*current account*	cynilion	*savings*

'i'

Mae geiriau'n treiglo'n feddal ar ôl 'i'
  i weld, i Gymru.

'i' gyda rhagenwau

i fi	i mi, i fi	i ni
i ti	i ti	i chi
iddo fe	iddo (ef)	
iddi hi	iddi (hi)	
i ni	iddynt (hwy)	
i chi	heb bwyslais ar y rhagenw	
iddyn nhw	imi	inni
	iti	ichi
	iddo	iddynt
	iddi	**Ffurfiol iawn**

Ystyron 'i'

Mae sawl ystyr i 'i'

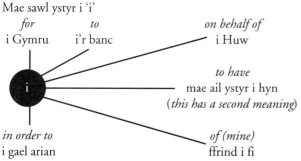

for
i Gymru

to
i'r banc

on behalf of
i Huw

to have
mae ail ystyr i hyn
(*this has a second meaning*)

i

in order to
i gael arian

of (mine)
ffrind i fi

Ysgrifennwch frawddegau'n cynnwys gwahanol ystyron 'i'.

'i' ar ôl rhai berfau
o flaen berfenw arall

cynorthwyo rhywun i wneud
cytuno i wneud
dal i wneud
dysgu rhywun i wneud
gorfodi rhywun i wneud
helpu rhywun i wneud
llwyddo i wneud
parhau i wneud
tueddu i wneud

o flaen gwrthrych

addo i rywun
anfon i rywle *to send to a place*
anufuddhau i rywun
aros i rywun wneud
caniatáu i rywun wneud
canu'n iach i rywun
cyhoeddi i rywun
cynnig i rywun
dangos rhywbeth i rywun
digwydd i rywun
diolch i rywun am rywbeth
disgwyl i rywun wneud
dod o hyd i rywbeth
dymuno i rywun wneud
dysgu rhywbeth i rywun
estyn rhywbeth i rywun
gadael i rywun wneud
gofyn i rywun wneud
gorchymyn i rywun wneud
gweddu i rywbeth
maddau i rywun am rywbeth
mynnu i rywun wneud
peri i rywun wneud
perthyn i rywun
rhoi benthyg i rywun
rhoi help i rywun
rhoi rhywbeth i rywun
rhoi sylw i rywbeth

Diolch i chi am y llyfr, ond mae un gen i'n barod.

4.4

91

rhoi'r gorau i rywbeth
symud i rywle
talu rhywbeth i rywun
ufuddhau i rywun
ysgrifennu i rywle *(to write to a place)*

'i' ar ôl ansoddair

Rydyn ni'n defnyddio 'i' ar ôl ansoddair i gyflwyno
enw/rhagenw a berf

Mae'n anodd i Huw ddod.	*It's difficult for Huw to come.*
…hawdd iddi hi wneud.	*…easy for her to do.*
…bosibl iddyn nhw fynd.	*…possible for them to go.*
…gyfleus i Siân agor.	*…convenient for Siân to open.*

- Dydyn ni ddim fel arfer yn defnyddio 'i' ar ôl ansoddair i gyflwyno berfenw

Mae hi'n hyfryd gweld…	*It's lovely to see…*
…dda deall	*…good to understand*
…bosibl gwneud	*…possible to do*
…addas agor	*…suitable to open*
Mae hi'n hyfryd gweld llawer o arian yn y cyfrif.	

'i' o flaen enw neu ragenw

Rydyn ni'n defnyddio 'i' o flaen enw neu ragenw mewn
rhai ymadroddion

angen i
> Mae angen i ti agor cyfrif.
> *You need to open an account.*

rhaid i
> Mae rhaid i chi weld y rheolwr.
> *You must see the manager.*

pryd i
> Mae (hi)'n bryd i chi gynilo.
> *It's time you saved.*

gwerth i
> Mae (hi)'n werth i chi weld y banc.
> *It's worth you seeing the bank.*

hen bryd i
> Mae (hi)'n hen bryd i ni dalu.
> *It's high time we paid.*

gwell i
> Mae (hi)'n well i fi gau'r cyfrif.
> *I'd better close the account.*

eisiau i
> Mae eisiau i fi weld y llyfr sieciau.
> *I need to see the cheque book.*

cystal i
> Cystal i fi aros.
> *I might as well stay.*

- Mae'r berfenw'n treiglo'n feddal yn yr ymadroddion uchod.
- Mae'n bosibl rhoi 'mae' neu 'mae'n' o flaen 'rhaid'.
- Dydyn ni ddim yn rhoi 'yn' o flaen 'eisiau' nac 'angen'.
- eisiau:
  > ar + enw *need/want:* Mae arna i eisiau bwyd.
  > eisiau yn lle berf *want:* Rydw i eisiau mynd.

Cwestiwn, brawddeg gadarnhaol a negyddol

Eich tro chi!

Cwestiynau:	Oes	angen	i fi	agor cyfrif banc
		rhaid	i ti	weld y rheolwr
Cadarnhaol:	Mae	eisiau	iddo fe	gynilo arian
			iddi hi	gael llyfr sieciau
Negyddol:	Does dim		i ni	gau'r cyfrif
			i chi	gael arian o'r wal
			iddyn nhw	ddechrau cynilo
			i Huw	gael arian poced
			i'r plant	ennill arian
Cwestiynau:	Ydy hi'n	bryd		gael mwy o arian
		werth		gael cerdyn credyd
Cadarnhaol:	Mae (hi)'n	well		agor cyfrif cynilo
		hen bryd		
Negyddol:	Dydy hi ddim yn			

Rhowch ymadroddion addas yn y bylchau hyn.

1. Mae'n ___ ___ fi weld y rheolwr.
2. Mae hi'n __ ___ nhw ddechrau cynilo arian.
3. Mae ___ _____ hi gael cerdyn credyd.
4. Mae'n ____ ____ ni wybod faint sy yn y banc.
5. Mae'n ___ ____ fe gael arian poced bob wythnos.

Cyfieithwch y brawddegau hyn.

1. Do I have to see the manager?
2. I've succeeded to open an account.
3. She's let him do the work.
4. He tended to be lazy.
5. We promised them a party.
6. It was lovely to see you again.
7. It was very difficult for us to pay the bill.
8. She asked us to look at the house.

Lluniwch y sgwrs rhwng Jac a Dean a'u rhieni.

Mae Jac a Dean yn un deg chwech oed. Maen nhw yn y coleg, a dydyn nhw ddim yn ennill arian. Mae eu rhieni'n rhoi pum punt yr wythnos iddyn nhw, ac maen nhw eisiau mwy o arian. Mae eu rhieni'n dweud wrthyn nhw am gael swydd mewn siop ar ddydd Sadwrn. Maen nhw eisiau mwy o arian poced i fynd i fwynhau gyda ffrindiau, ond mae eu rhieni eisiau iddyn nhw gynilo'u harian.

'i' a chymal adferfol

Rydyn ni'n defnyddio 'i' o flaen enw neu ragenw ar ôl rhai arddodiaid eraill mewn cymalau adferfol (gweler Cymalau, Cam 6)

ar ôl i	*after*	wedi i	*after*
cyn i	*before*	erbyn i	*by the time*
er i	*although*	am i	*because*

> ar ôl iddi hi weld y rheolwr…
> erbyn iddo fe gynilo digon…
> er i ni agor cyfrif…

- Mae'r berfenw'n treiglo'n feddal yn yr ymadroddion hyn.

Ysgrifennwch y sgwrs rhwng Siân a'i mam. Defnyddiwch yr ymadroddion sy'n dilyn.

Dydy Siân ddim eisiau agor cyfrif banc. Mae hi eisiau gwario ei harian poced bob wythnos yn y dafarn a'r disgo. Mae ei mam am iddi agor cyfrif.

| rhaid i | hen bryd i | ar ôl i |
| cyn i | gwell i | angen i |

'i' a chymal enwol

Rydyn ni'n defnyddio 'i' i gyflwyno cymal enwol lle mae'r weithred wedi digwydd cyn gweithred y prif gymal (gweler Cymalau, Cam 8)

> Dywedodd ef iddo roi arian yn y banc.
> *He said that he put money in the bank.*
> Mae hi wedi dweud iddi dynnu arian o'r cyfrif.
> *She said she took money from the account.*

- Dydyn ni ddim fel arfer yn defnyddio 'i' (am *'to'*) wrth gyflwyno berfenwau (ac eithrio ar ôl y berfau sy'n cael eu nodi ar ddechrau'r cam hwn)

> dod   *to come*
> talu   *to pay*
> Rydw i wedi trefnu talu'r arian. *I've arranged to pay the money*

'i' mewn ymadroddion

dysgu rhywbeth i rywun	*to teach someone something*
cân i Gymru	*a song for Wales*
edrych i'r dyfodol	*to look to (towards) the future*
i'r funud	*to the second, ond the dot, on time*
aros i'r diwedd	*to wait until the end*
pob lwc i ti	*best of luck to you*
does neb yn debyg iddi	*there's nobody like her*
lle da i fwyta	*a good place (at which) to eat*
yn barod i ddechrau	*ready to start*
mae hi i fod yn y gwaith	*she's supposed to be at work*
yn agos i gant	*almost a hundred*
ambell i blentyn	*an occasional child, a few children*
yn siŵr i chi	*you can be sure*
rhag i	*lest*
heb iddi weithio	*without her working*
cwch ac iddi hwyliau	*a boat with sails*
i fyny	*up*
i ffwrdd	*away*
i lawr	*down*
i mewn i	*into*
i'r cae â ni	*into the field we go/we went*
mynd i'r afael â	*to get to grips with*
i'r byw	*to the quick*
i'r carn	*thorough, through and through*
i'r diawl â fe	*to hell with him*
i'r dim	*exactly, perfectly*
i'r eithaf	*to the utmost*
i'r gad	*into battle*
i'r graddau bod	*to the extent that*
i'r gwrthwyneb	*on the contrary*
i'r pen	*to a head, to an extreme, to the end*
i'r perwyl hwn	*to this end, for this purpose*
i'r pwynt	*to the point, pertinent*

i + rhagenw mewnol

i'm, i'th, i'w, i'n, i'ch, i'w (gweler Rhagenwau, Cam 5)
   i'm coleg *to my college*
i'w < i + ei:
   i'w fam *to his mother*
i'w < i (gael) ei:
   Beth sydd i'w wneud? *What is to be done?*

• Does dim rhaid treiglo 'mi', 'minnau' a 'mewn' ar ôl 'i'.
   i mi, i minnau, i mewn

 Cywirwch y brawddegau hyn.

1. Mae hi'n dda i'ch gweld chi.
2. Mae e wedi dysgu i'r bachgen i nofio.
3. Roeddech chi'n wedi gofyn wrth Huw ddoe.
4. Mae e wedi chwarae rygbi am Gymru.
5. Ar ôl y bechgyn yn dod adref, aethon nhw i'r gwely.
6. Roedd e eisiau fi i weld y llythyr.
7. Roedd e wedi diolch Sian am wneud y cinio.
8. Mae hi'n gyfleus i'r plant i fynd allan heno

Mae hi'n bryd i fi fynd allan, ond dydw i ddim wedi gorffen y gêm.

'at'

Mae geiriau'n treiglo'n feddal ar ôl 'at'
   at gyfaill, at dref.

'at' gyda rhagenwau

ata i	aton ni
atat ti	atoch chi
ato fe	atyn nhw
ati hi	

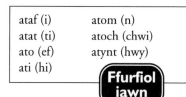

ataf (i)	atom (n)
atat (ti)	atoch (chwi)
ato (ef)	atynt (hwy)
ati (hi)	

Ffurfiol iawn

Ystyron 'at'

Mae sawl ystyr i 'at'

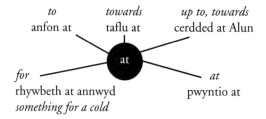

to	*towards*	*up to, towards*
anfon at	taflu at	cerdded at Alun

at

for	*at*
rhywbeth at annwyd	pwyntio at
something for a cold	

'at' ar ôl rhai berfau

at	*to*	*towards*
anelu at	apelio at	mynd at
dal at	ysgrifennu at	taflu at
mynd at	cofio at	rhoi at
synnu at	cymryd at	tueddu at
rhyfeddu at	dychwelyd at	pwyntio at
pwyntio at	nesáu at	troi at
	gogwyddo at	cyfrannu at
	agosáu at	
	anfon at rywun	
	mynd at	
	troi at	
	cyfeirio at	
	ychwanegu at	

 Lluniwch y sgwrs rhwng Mrs Morgan a Mrs Rees a'r swyddog yn y swyddfa deithio.

Mae Mrs Morgan a Mrs Rees eisiau mynd ar wyliau i wlad dramor. Mae Mrs Morgan eisiau mynd i wlad boeth, ac mae Mrs Rees eisiau aros mewn dinas. Maen nhw'n mynd i swyddfa deithio i gael gwybodaeth. Mae'r ferch yn y swyddfa'n holi pa wlad sy'n apelio atyn nhw ac mae hi'n gofyn pa ddull o deithio sy'n apelio atyn nhw. Bydd hi'n cael gwybodaeth am amserau trenau, llongau ac awyrennau ac yn anfon yr wybodaeth atyn nhw.

 Ygrifennwch lythyr o Mallorca'n cynnwys y berfau hyn.

synnu at	agosáu at
rhyfeddu at	ysgrifennu at
apelio at	
mynd ati (i wneud rhywbeth)	
cofio at	

'at' ar ôl rhai enwau ac ansoddeiriau

cariad at	*love of/for*
apêl at	*appeal to*
agos at	*near to*

'at' ar ôl rhai arddodiaid

tuag at	*towards*
hyd at	*up to*

Mae tri mis o wyliau haf yn apelio ata i.

'at' mewn rhai ymadroddion ac idiomau

at ei gilydd	*on the whole*
ac ati	*and so on*
at hynny	*in addition to that*
at ddydd Llun	*for Monday*
at ddant	*to the taste of*
at wasanaeth	*for the use of*
at y prynhawn	*by the afternoon*
dod ato'i hun	*to come round, to regain consciousness*
mynd ati	*to set about*
dod at ei goed	*to come to his senses*
dal ati	*to persevere*
tynnu at (50)	*to get on for (50)*
tynnu at ei gilydd	*to pull together, to shrink*

- Rydyn ni'n ysgrifennu neu'n anfon at berson, ond i le neu sefydliad

  Rydw i wedi ysgrifennu at y rheolwr.
  Rydw i wedi ysgrifennu i'r BBC.
  Mae hi wedi anfon y llythyr at y prifathro.
  Mae hi wedi anfon y llythyr i'r ysgol.

 Ysgrifennwch y sgwrs rhwng Mr a Mrs Thomas. Defnyddiwch yr ymadroddion uchod.

Mae Mr a Mrs Thomas yn siarad am wyliau'r haf. Maen nhw eisiau mynd i wlad Groeg, ond mae'r plant, Elin a Dafydd, eisiau mynd i Mallorca. Beth sy'n apelio at Mr a Mrs Thomas yng ngwlad Groeg, a beth sy'n apelio at y plant ym Mallorca? Pa ddull o deithio sy'n apelio atyn nhw?

Cyfieithwch y brawddegau hyn.

1. I'm surprised at the beauty of the country.
2. Give her my regards.
3. My mother is getting on for fifty.
4. The concert was not to everyone's taste.
5. Although there was a lot of work in the garden, he set about it at once.
6. After returning home, he wrote to them to thank them.
7. Does the holiday appeal to you?
8. They contributed generously towards the appeal.

Roedd y daith yn hyfryd - roeddwn i'n rhyfeddu at brydferthwch y wlad.

1. Mae athrawon yr ysgol/coleg yn trefnu taith sgïo i Awstria. Maen nhw'n llunio taflen i ddenu myfyrwyr i fynd ar y daith. Maen nhw'n defnyddio'r ffurfiau hyn:

mae rhaid	mae'n bryd	mae'n werth
ar ei gorau	rhyfeddu at	synnu at
llwyddo i	dal ati i	ar gael

Lluniwch y daflen, gan ddefnyddio'r ymadroddion uchod.

2. Mae Hannah, sy'n fyfyrwraig yn y coleg, eisiau agor cyfrif banc. Dydy rheolwr y banc ddim eisiau rhoi cerdyn credyd iddi hi yn ogystal â cherdyn banc. Mae e'n credu bod y rhan fwyaf o fyfyrwyr yn gwastraffu arian ar yfed. Lluniwch sgwrs rhwng Hannah a'r rheolwr. Sut mae hi'n ei berswadio fe i roi cerdyn credyd iddi?

Dadleuon y rheolwr
- mae'n bryd i fyfyrwyr gynilo arian
- mae'r banc eisiau rhoi help i fyfyrwyr
- mae'r cerdyn banc yn hwylus
- mae'n well iddi beidio â mynd i ddyled

Dadleuon Hannah
- mae angen i fyfyrwyr wario ar lyfrau
- mae rhaid iddi hi gael arian ar frys weithiau
- mae eitemau drud ar gael yn rhad weithiau
- gall hi droi at fanc arall

3. Ysgrifennwch y ddadl rhwng Maureen a'i thad. Mae Maureen yn y coleg, ond dydy hi ddim yn hoffi'r gwaith. Mae hi eisiau: rhoi'r gorau i'r cwrs, gweithio mewn siop, mynd i Gaerdydd i fyw
Mae ei thad am iddi hi aros yn y coleg a byw gartref.
Defnyddiwch yr ymadroddion hyn:

dal ati	anelu at	at ei gilydd	troi at
at fy nant	dere at dy goed	synnu atat	at hynny

4. Mae Elsie'n anfon i swyddfa cysylltu cariadon. Mae hi'n cael cynnig tri enw, gydag ychydig fanylion a lluniau. Dyma'r manylion:

	Elsie	David	Neil	Andrew
oed	37	35	42	51
gwaith	ysgrifenyddes	technegydd	töwr	cogydd
diddordebau	dawnsio	cerdded	sinema	darllen
cerddoriaeth	pop	clasurol	canu gwlad	pop
cyflwr priodasol	sengl	gweddw	ysgaru	sengl
taldra	5'6"	5'9"	5'3"	6'0"
pwysau	60 kilo	70 kilo	75 kilo	65 kilo

Mae Elsie'n ysgrifennu'n ôl i'r swyddfa, ac yn rhoi ei barn am y tri. Â phwy mae hi'n penderfynu cwrdd? Ysgrifennwch ei llythyr, a defnyddiwch yr ymadroddion hyn:

cwrdd â	dawnsio gyda	cytuno â	siarad â	gwrando ar
edrych ar	mwy ifanc na (iau na)	tewach na	hoff o	siarad am

ymosod ar	*attack*	arfau niwclear	*nuclear arms*	milwyr	*soldiers*	llong ryfel	*warship*
awyrennau	*aeroplanes*	cadoediad	*truce*	amddiffyn	*defend*	byddin	*army*
llu awyr	*airforce*	taflegrau	*missiles*	lloches	*shelter*		

'ar'

Mae geiriau'n treiglo'n feddal ar ôl 'ar'
   ar ddiwedd, ar garlam.

'ar' gyda rhagenwau

arna i	arnon ni
arnat ti	arnoch chi
arno fe/fo	arnyn nhw
arni hi	

arnaf (i)	arnom (ni)
arnat (ti)	arnoch (chwi)
arno (ef)	arnynt (hwy)
arni (hi)	

Ffurfiol iawn

Cwblhewch.

1. Ydy America wedi ymosod ___ nhw?
2. Ydy'r bai ____ ni?
3. Roeddwn i'n gwrando ____ chi.
4. Mae hi wedi blino ____ nhw.
5. Ydy'r bomiau wedi disgyn ___ hi?

Ystyron 'ar'

Mae mwy nag un ystyr i 'ar'

| *on* | *-fold* | *at* |
| ar y llawr | ar ei ganfed | ar doriad gwawr |

| *about to* | | *owe* |
| ar gychwyn | **ar** | mae arna i bunt |

| *to* | *of* | *have* |
| gwrando ar | blino ar | mae ffliw ar |

- ar hynny   *at that instant*

Ysgrifennwch frawddegau'n cynnwys gwahanol ystyron 'ar'.

'ar' gyda berfau

Rydyn ni'n defnyddio 'ar' ar ôl rhai berfau, lle does dim arddodiad yn Saesneg

ymosod ar	*attack*	sylwi ar	*notice*
dylanwadu ar	*influence*	cymryd ar	*pretend*
lladd ar	*condemn*	meddu ar	*possess*
cyfyngu ar	*restrict*	myfyrio ar	*contemplate*

Darllenwch y newyddion ac atebwch y cwestiynau.

Mae Irac wedi ymosod ar Israel y bore 'ma, felly mae America yn awr eisiau dial ar Irac. Maen nhw wedi ymosod ar Baghdad trwy'r prynhawn, ac mae nifer o daflegrau wedi syrthio ar y ddinas. Maen nhw wedi cyfyngu ar symudiadau Saddam Hussein. Mae America eisiau dylanwadu ar y Dwyrain Canol, ond mae Saddam Hussein wedi lladd ar bolisïau America. Mae e'n cymryd arno ei fod e'n ennill y frwydr. "Mae rhyfel byd ar ddechrau," meddai Saddam.

1. Ar bwy mae Irac wedi ymosod?
2. Pam mae America eisiau dial ar Irac?
3. Ar ba ddinas maen nhw wedi ymosod?
4. Beth sy wedi syrthio ar y ddinas?
5. Beth mae America eisiau ei wneud yn y Dwyrain Canol?
6. Beth yw barn Saddam Hussein am bolisïau America?
7. Beth sydd ar ddechrau?

'ar' gyda berfau eraill

Dyma'r ystyr yn fras

at	edrych ar, gwenu ar, gweiddi ar, syllu ar, chwibanu ar, cyfarth ar
on	pwyso ar, galw ar, dial ar, bodloni ar, cefnu ar, gwledda ar, dechrau ar, effeithio ar, dibynnu ar, traethu ar, manylu ar
of	cael gafael ar, blino ar, diflasu ar, cael gwared ar, manteisio ar
to	gwrando ar, esgor ar, gweddïo ar, apelio ar *(to call on, entreat)*
with	bodloni ar
in	cystadlu ar

Hefyd:

cefnu ar	*turn one's back on*	rhagori ar	*excell, be better than*
codi ar	*charge (money)*	rhoi bai ar	*blame*
cymryd ar	*pretend*	rhoi min ar	*sharpen*
dal ar	*grasp*	sylwi ar	*notice*
dechrau ar	*start*	torri ar	*interrupt*
dial ar	*avenge, take revenge on*	ymosod ar	*attack*
dylanwadu ar	*influence*		
lladd ar	*criticise*	• apelio at	*please, appeal to, be attractive to*
meddu ar	*possess*	• apelio ar	*call on, entreat*

 Ysgrifennwch y newyddion gan ddefnyddio'r ymadroddion sy'n dilyn.

Rydych chi'n paratoi newyddion teledu. Mae dadl rhwng gwlad fach a Rwsia. Mae'r wlad fach yn dlawd, ond mae hi eisiau annibyniaeth. Dydy Rwsia ddim eisiau i hyn ddigwydd. Mae ymladd yn digwydd rhwng y ddwy wlad. Defnyddiwch yr ymadroddion hyn.

rhoi bai ar	galw ar	dibynnu ar	lladd ar
ymosod ar	dial ar	diflasu ar	gwrando ar

'ar' ar ôl enwau

angen ar	*in need, need*	Mae angen dillad arna i.
eisiau ar	*to want, to need*	Mae eisiau mynd arna i.
dyled ar	*in debt*	Roedd dyled arno fe.
bai ar	*at fault*	Roedd hi ar fai.
chwant bwyd ar	*to want food*	Oes chwant bwyd arnoch chi?
darlith ar	*a lecture on*	Rhoddodd hi ddarlith ar hanes Cymru.
golwg ar	*a view of, a look at, to look a sight*	Ydych eisiau cael golwg ar y gwaith? Roedd golwg arna i.
ofn ar	*in fear*	Roedd ofn mawr arno fe.
diwedd ar	*an end to*	A dyna ddiwedd ar y stori.
cywilydd ar	*ashamed*	Mae cywilydd arni hi.

golwg ar   angen ar   dyled ar

diwedd ar   bai ar   ofn ar

ar ddechrau

Ar ôl y bomio yn Irac, mae _____ lloches _____ y bobl. Does dim _____ ddiwedd y rhyfel, ac mae Saddam Hussein yn rhoi'r _____ America. Mae _____ y bobl, ac mae _____ fawr _____ y wlad. Mae America eisiau gweld _____ reolaeth Saddam Hussein yn Irac. Mae'r bobl yn ofni bod rhyfel byd _____.

- Sylwch

I'm afraid.	Mae ofn arna i.
He's at fault.	Mae bai arno fe.
We're in debt.	Mae arnon ni ddyled.
They're ashamed.	Mae cywilydd arnyn nhw.
I'm in need of…	Mae angen…arna i/
	Mae eisiau…arna i.

Eich tro chi!

Mae	ofn	mawr llwgu marw rhyfel	arna i arnat ti arno fe arni hi arnon ni arnoch chi arnyn nhw
	bai dyled cywilydd		
	angen	bwyd dillad diod lloches help	

Mae America wedi bomio pentref yn Sudan. Mae llysgennad *(ambassador)* Sudan yn disgrifio'r dioddef yn ei wlad i aelodau'r Cenhedloedd Unedig *(United Nations)*. Mae e'n apelio ar y byd am help.

y wlad yn dlawd   ofn ar y bobl

ofn llwgu arnyn nhw   ofn marw arnyn nhw

dyled fawr ar y wlad   angen bwyd, dillad a diod arnyn nhw.

'a' gyda chlefydau

ffliw   y ddannodd

annwyd   y frech goch

peswch

    Mae annwyd arna i.

- Rydyn ni'n defnyddio 'gan', 'gyda' neu ' 'da' gyda rhannau o'r corff

cefn tost   pen tost/cur pen

pigyn clust/clust dost   bola tost/poen bol

    Mae cefn tost 'da fi.

1. They were in great need of food.
2. After the holiday we were in debt.
3. The people were in great fear.
4. We depended on them to finish the work.
5. She got rid of all the evidence.
6. When he failed the examination, he blamed the school.
7. The politician listened to us, but we didn't influence him.
8. Why am I always at fault?

Dywedwch pa glefydau sydd ar y rhain.

stumog tost	y frech goch	llwnc tost
y pâs	peswch	clust dost
dolur rhydd	pen tost	y felan
annwyd	ffliw	twymyn y gwair
y frech Almaenig		

fe

nhw

hi

4.6

chi

ti

ni

- Rydyn ni'n defnyddio 'ar' o flaen clefydau, a 'gan' neu 'gyda' o flaen rhannai'r corff.

'ar' mewn ymadroddion

ar agor	*open*
ar amrantiad	*in a twinkling of an eye*
ar antur	*by chance*
ar awr wan	*at a weak moment*
ar ben ei ddigon	*well off*
ar ben	*all over*
ar bensiwn	*pensioned*
ar brawf	*on trial*
ar brydiau	*sometimes*
ar bwys	*near*
ar chwâl	*scattered*
ar daith	*on tour*
ar dân	*on fire*
ar ddamwain	*by accident*
ar ddihun	*awake*
ar ddu a gwyn	*in black and white, in writing*
ar ddyletswydd	*on duty*
ar delerau da	*on good terms*
ar drai	*waning, at an ebb*
ar draul	*at the expense of*
ar draws	*across*
ar droed	*afoot, on foot*
ar ei ben ei hun	*on his own*
ar ei hanner	*half-way through*
ar ei hôl hi	*behind the times*
ar ei hyd	*in its entirety*
ar ei hynt	*on his travels*
ar fai	*at fault*
ar fenthyg	*on loan*
ar ffo	*on the run*
ar flaen ei dafod	*at the tip of his tongue*
ar flaenau ei fysedd	*at his fingertips*
ar frys	*in haste*
ar fy meddwl	*on my mind*
ar fyr rybudd	*at short notice*
ar gael	*available*
ar gais	*at the request of*
ar gam	*unjustly*
ar ganol	*in the middle of*
ar garlam	*in a rush, at a gallop*

ar gau	*closed*
ar glawr	*on record, in print*
ar glo	*locked*
ar gof	*by heart, in the memory*
ar goll	*lost*
ar gyfer	*in preparation for, for*
ar gyngor	*on the advice of*
ar gynnydd	*on the increase*
ar hap	*by chance*
ar i fyny	*looking up*
ar i lawr	*on the way down/out*
ar lafar	*in the spoken language*
ar led	*outstretched, going around (story)*
ar les	*on a lease*
ar log	*on hire*
ar lw	*on oath*
ar ôl	*after*
ar ran	*on behalf of*
ar ras	*in haste*
ar sail	*on the basis of, because of*
ar stop	*on stop, on hold*
ar unwaith	*at once*
ar waethaf	*despite*
ar wahân i	*apart from*
ar waith	*going on, in action*
ar wasgar	*scattered*
ar werth	*for sale*
ar y cyd	*in partnership*
ar y cyfan	*on the whole*
ar y funud	*at the moment*
ar y gweill	*in preparation*
ar y pryd	*at the time*
ar yr amod	*on condition*
beth sy'n bod ar…?	*what's the matter with…?*
nid ar chwarae bach	*not without effort*
rhoi ar ben y ffordd	*to show the way*
torri ar draws	*interrupt*
yfed ar ei ben	*drink at a draught*

Enghreifftiau

Mae hi ar ben arno fe.	*He's done for.*
Mae America ar fai.	*America is at fault.*
Mae llawer o arfau ar gael.	*There are many weapons available.*
Mae'r taflegrau ar goll.	*The missiles are missing.*
Mae rhyfel ar waith.	*There is a war going on.*

'ar' ôl rhai ansoddeiriau

Mae hi'n galed arno fe.	*He's finding things hard.*
Mae hi'n fain arni hi.	*She's in hardship.*
Mae hi'n iawn arnoch chi.	*You're all right.*
Mae hi'n dda arnyn nhw.	*They're well off.*

'ar' gyda dyddiau

Dydyn ni ddim yn defnyddio 'ar' i nodi diwrnod pendant. Rydyn ni'n treiglo yn unig

    ddydd Sadwrn *on Saturday*

Rydyn ni'n defnyddio 'ar' i nodi unrhyw ddydd e.e. *any Saturday*, neu bob dydd e.e. *every Saturday*

    ar ddydd Sadwrn *on a Saturday, on Saturdays*

• 'ymlaen'

Rydyn ni'n gallu defnyddio 'ymlaen' i gyfieithu *on* mewn rhai ymadroddion, yn enwedig ar lafar

Mae'r rhaglen ymlaen heno.	*The programme is on tonight.*
Tro'r golau ymlaen.	*Turn the light on.*
Ewch ymlaen.	*Go on.*

 Cywirwch y brawddegau hyn.

1. Gwnes i'r gwaith ar fy hunan.
2. Roedd e wedi troi'r golau ar.
3. Mae milwyr America wedi ymosod arno Iwgoslafia.
4. Aeth hi ar wyliau ar ben ei hun.
5. Rydyn ni'n edrych ymlaen ar y gêm ddydd Sadwrn.
6. Chechnya yw'r wlad maen nhw wedi ymosod ar.
7. Mae ein plant yn dod i ginio yma ar brydau.
8. Maen nhw'n cyrraedd yfory ac yn galw arnon ni ar ddydd Sadwrn.

4.6

 Rydych yn prynu blodau yn y farchnad. Lluniwch y sgwrs. Defnyddiwch yr ymadroddion hyn.

angen ar
apelio at
edrychwch ar
eisiau ar
cael golwg ar

'wrth'

Mae geiriau'n treiglo'n feddal ar ôl 'wrth'
  wrth ddrws y tŷ, wrth garu.

'wrth' gyda rhagenwau

wrtho i	wrthyf (i)
wrthot ti	wrthyt (ti)
wrtho fe	wrtho (ef)
wrthi hi	wrthi (hi)
wrthon ni	wrthym (ni)
wrthoch chi	wrthych (chi)
wrthyn nhw	wrthynt (hwy)

Ffurfiol iawn

 Llanwch y bylchau.

1. Roedd hi'n dweud rhywbeth (wrth) fe wrth (drws) y clwb.
2. Roedd ei ffrindiau wedi bod yn gas (wrth) hi a'i chariad.
3. Roedd hi wedi dweud (wrth) nhw ei bod hi'n cenfigennu (wrth) nhw.
4. Roedden nhw wedi bod yn gas iawn (wrth) fe.
5. Mae hi'n bryd iddyn nhw ddweud y gwir (wrth) ni.

Ystyron 'wrth'

Mae mwy nag un ystyr i 'wrth'

by	*of*	*to*
wrth y drws	wrth gwrs	bod yn gas wrth

wrth

while	*at*
wrth siarad	wrth ei waith

'wrth' gyda berfau ac ansoddeiriau

Mae llawer o'r rhain yn dangos teimlad at berson

adrodd wrth	caredig wrth
cas wrth	cenfigennu wrth
creulon wrth	cyfaddef wrth
dig wrth	disgwyl wrth
dweud wrth	glynu wrth
tirion wrth	tosturio wrth
trugarhau wrth	tyner wrth

Eich tro chi!

Mae e'n Roedden nhw'n Maen nhw wedi bod yn	ddig gas greulon garedig	iawn	wrtho i wrthot ti wrthi hi wrthyn nhw

 Lluniwch y sgwrs rhwng y prifathro a'r disgyblion gan ddefnyddio'r ymadroddion sy'n dilyn.

Mae prifathro ysgol yn ceisio datrys dadl rhwng pump o ffrindiau. Maen nhw wedi bod yn ymladd, ac maen nhw'n rhoi'r bai ar ei gilydd am ddechrau'r helynt.

yn gas wrth	yn ddig wrth
dweud wrth	yn garedig wrth
cenfigennu wrth	creulon wrth
cyfaddef wrth	glynu wrth y stori
oddi wrth	

'wrth' i gyfieithu *when,* neu *as (while)* neu *on (while)*

Mae hi'n aml yn well defnyddio 'wrth' neu 'wrth i' + berfenw

> *He had an accident while turning right.*
> Cafodd e ddamwain wrth droi i'r dde.
> *While she was writing, she was thinking about him.*
> Wrth iddi hi ysgrifennu, roedd hi'n meddwl amdano.
> *As he read the letter, tears dropped from his eyes.*
> Wrth iddo ddarllen y llythyr, syrthiodd dagrau o'i lygaid.

'wrth' i gyfieithu *from*

Rydyn ni'n defnyddio 'o' i nodi o rywle, ond 'oddi wrth' i gyfleu oddi wrth berson

> Pen blwydd hapus i ti! Oddi wrth John.
> Rydw i wedi cael llythyr o'r gwaith.

'wrth' mewn ymadroddion

mae rhaid wrth rywbeth	*something is necessary*
mae e wrthi	*he's at it*
wrth ei waith	*at his work*
wrth droed y mynydd	*at the foot of the mountain*
wrth draed yr athro	*at the feet of the teacher*
wrth ei bwysau	*at his own pace*
wrth eu ffrwythau	*by their fruit*
wrth ei fodd	*in his element*
wrth gefn	*in reserve*
wrth gwrs	*of course*
wrth law	*at hand*
wrth natur	*by nature*
wrth reddf	*instinctively*
wrth reswm	*obviously*
wrth wraidd rhywbeth	*at the root of something*
wrth y llyw	*at the helm*

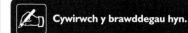 **Cywirwch y brawddegau hyn.**

1. Roedd e'n gas iawn i fi.
2. Roeddwn i wedi dweud yr hanes i John.
3. Roedd hi wedi cyfaddef y cyfan i fi.
4. Peidiwch â dweud popeth wrtho Siân.
5. Ydych chi wedi cael llythyr wrth Huw bore 'ma?
6. Aeth hi i gysgu pan yn edrych ar y teledu.
7. Roedden nhw wrth ei bodd.
8. Roedd digon o fwyd ar law, diolch byth.

 Cyfieithwch y brawddegau hyn.

1. How much money have we got in reserve?
2. She was very kind to his brother.
3. They did the work at their own pace.
4. We saw the castle while driving around Snowdonia.
5. We told them the whole story.
6. Thank you for being so kind to us.
7. She was in her element on hearing the news.
8. They tried to be nasty to me.

'dros', 'tros', 'trwy', 'drwy', 'heb', 'rhwng'

Mae geiriau'n treiglo'n feddal ar ôl 'dros', 'trwy' a 'heb', ond NID ar ôl 'rhwng'

dros baned, drwy gyfweliad, heb gyfrifiadur, rhwng cwsg ac effro

'dros', 'trwy', 'heb', 'rhwng' gyda rhagenwau

dros	trwy	heb	rhwng
drosto i	trwyddo i	hebddo i	rhyngo i
drostot ti	trwyddot ti	hebddot ti	rhyngot ti
drosto fe	trwyddo fe	hebddo fe	rhyngddo fe
drosti hi	trwyddi hi	hebddi hi	rhyngddi hi
droston ni	trwyddon ni	hebddon ni	rhyngon ni
drostoch chi	trwyddoch chi	hebddoch chi	rhyngoch chi
drostyn nhw	trwyddyn nhw	hebddyn nhw	rhyngddyn nhw

Mae'n well gan fy ngwraig fod hebddo i.

Ffurfiol iawn

trosof (i)	trwof (i)	hebof (i)	rhyngof (i)
trosot (ti)	trwot (ti)	hebot (ti)	rhyngot (ti)
trosto (ef)	trwyddo (ef)	hebddo (ef)	rhyngddo (ef)
trosti (hi)'	trwyddi (hi)	hebddi (hi)	rhyngddi (hi)
trosom (ni)	trwom (ni)	hebom (ni)	rhyngom (ni)
trosoch (chi)	trwoch (chi)	heboch (chi)	rhyngoch (chi)
trostynt (hwy)	trwyddynt (hwy)	hebddynt (hwy)	rhyngddynt (hwy)

Ystyron 'dros'

Mae sawl ystyr i 'dros'

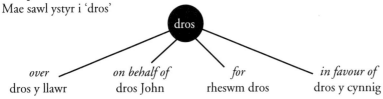

over	*on behalf of*	*for*	*in favour of*
dros y llawr	dros John	rheswm dros	dros y cynnig

'dros' mewn rhai ymadroddion

ateb dros rywun	*to answer for someone*
dadlau dros rywbeth	*to argue for something*
dros amser	*over time*
dros ben llestri	*over the top*
dros ben	*left over, remaining*
dros dro	*temporary, for a period*
dros ei ben a'i glustiau	*over head and heels*
dros ei grogi	*over his dead body*
dros fwyd	*over a meal*
dros gyfnod	*over a period*
drosodd a thro	*time and again*
drosodd	*over, finished, overleaf*
edrych dros y gwaith	*to look over the work*
esgus dros ddiogi	*a reason for being lazy*
gweddïo dros	*to pray for*
pleidleisio dros	*to vote for*
ymladd dros Gymru	*to fight for Wales*

 Lluniwch y sgwrs rhwng Mel a'r bòs. Defnyddiwch yr ymadroddion hyn.

Mae Mel wedi dod yn hwyr i'r gwaith. Mae'r bòs eisiau siarad â fe.

dros awr yn hwyr	drosodd a thro
dros amser	esgus dros ddiogi
gweithio drosto i	rheswm dros fod yn hwyr

'dros' gyda berfau

ateb dros *for*	edrych dros *over*
wylo dros *for*	chwarae dros *for*
gweddïo dros *for*	ymbil dros *for*
dadlau dros *for*	siarad dros *for*

 Cyfieithwch y brawddegau hyn.

1. She did the work for me.
2. He played for his college many times.
3. I can't answer for anyone else.
4. I left my clothes on the beach, but the tide went over them.
5. Can you look over it for me?
6. We'll have to look at the growth over a considerable period.
7. He tried to make a good impression, but he went over the top.
8. Although I didn't like him, I voted for him.

Ystyron 'trwy'

Mae sawl ystyr i 'trwy'

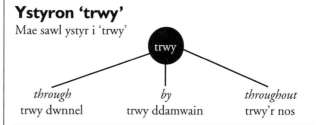

through	*by*	*throughout*
trwy dwnnel	trwy ddamwain	trwy'r nos

'trwy' mewn rhai ymadroddion

dewch drwodd!	*come through!*
dod trwyddi	*to get over something, to survive*
tatws trwy'u crwyn	*baked potatoes*
trwy chwys (ei) wyneb	*by (his) hard work*
trwy ddŵr a thân	*through all difficulties*
trwy deg neu trwy dwyll	*by fair means or foul*
trwy drugaredd	*thankfully*
trwy garedigrwydd	*by courtesy of*
trwy gydol y nos	*throughout the night*
trwy lwc	*luckily*
trwy wahoddiad	*by invitation*
trwy'r amser	*all the time*
trwy'r cyfan	*through everything*
trwy'r post	*through the post*
trwy'r trwch	*mixed*
trwyddi draw	*mixed*

- Rydyn ni'n gallu rhoi berfenw ar ôl 'trwy'

  Trwy weithio'n galed, fe gafodd e ddyrchafiad.

- Mae 'trwodd' a 'drosodd' yn ffurfiau adferfol o 'trwy' a 'dros'

  Mae e'n mynd drwodd i'r stafell nesaf.

  Trowch drosodd ar unwaith.

Bues i'n bwyta _____ i swper, ac yna fe ganodd y ffôn. Y bos oedd yno, wedi bod yn gweithio _____. Roedd e _____ yn sôn am ryw gamsyniad roeddwn i wedi'i wneud yn y gwaith. _____ doedd e ddim yn poeni gormod, ond roeddwn i wedi anfon llythyr anghywir _____. Ond yna dechreuodd e ddweud bod fy ngwaith i i gyd _____, a doeddwn i ddim yn credu y byddwn i'n _____ 'n dda iawn. Yna, _____, roedd rhaid iddo fe ateb ffôn arall. Fe es i yn ôl at y tatws.

1. I received the news through him.
2. He got the job through you, thank goodness.
3. He found out by writing to her.
4. He's complaining all the time.
5. Luckily we got over it all right.
6. He went through to the kitchen.
7. He read through the paper in two minutes.
8. When I'm through with him, he'll be sorry.

'heb' mewn ymadroddion

heb amheuaeth	*without a doubt*
heb aros	*without waiting*
heb daw	*ceaselessly*
heb ddim amdano	*naked*
heb Dduw heb ddim	*without God, without anything*
heb ei ail	*best, incomparable*
heb flewyn ar ei dafod	*(speak) bluntly*
heb goes tano	*blind drunk*
heb ofal yn y byd	*without a care in the world*
heb ofal	*without a care*
heb os nac oni bai	*without a doubt*
heb sôn am	*apart from, without mentioning*
heb yn wybod iddo	*without his knowing*
mwy na heb	*more or less*
mwy na neb	*more than anyone*

'heb' o flaen berfenw

Rydyn ni'n gallu defnyddio 'heb' ar ôl y ferf 'bod' ac o flaen berfenw i fynegi'r negyddol

Rydw i heb orffen.   *I haven't finished*

Rydyn ni'n defnyddio 'heb' ar ôl berf gadarnhaol (nid ar ôl berf negyddol)

Rydyn ni heb ddechrau gweithio.

- heb; heb i   *without (having):*

  Edrychodd e ar ei wraig heb wenu.

  Aeth e i'r gwaith heb iddo fe weld y llythyr wrth y drws.

  Fydd e ddim yn llwyddo heb iddo fe weithio'n galed.

Rydych chi'n ysgrifennu adroddiad i'r bòs ar sefyllfa ariannol y cwmni, ac am y camau y mae rhaid i'r cwmni eu cymryd y flwyddyn nesaf.

heb os nac onibai

heb amheuaeth

heb sôn am

heb yn wybod i ni

heb ei ail

_____ bydd rhaid i ni fod yn fwy gofalus o'n harian y flwyddyn nesaf.

Mae rhai miloedd gennyn ni yn y cyfrif cadw, ond bydd hyn _____ yn diflannu oni bai ein bod ni'n cynyddu'r elw.

Roedd costau yn ystod y flwyddyn wedi cynyddu _____, _____ am orfod talu mwy i'n gweithwyr.

Mae'n dda, serch hynny, fod gyda ni swyddog ariannol _____ .

- heibio   ffurf adferfol 'heb'
  Cerddodd e heibio.
- heblaw am   *except for*
  Roedd pawb yn gweithio heblaw am y bòs.

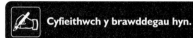 **Cyfieithwch y brawddegau hyn.**

1. Don't go without me.
2. He walked to town without saying a word.
3. She returned home not having seen the capital city.
4. He talked bluntly without waiting for an answer.
5. My certificates? I've come without them!
6. I could not have done it without you.
7. They are without a doubt the best team in Wales.
8. They are typical students, without a care in the world.

'rhwng' mewn ymadroddion

does dim Cymraeg rhyngddyn nhw	*they don't speak to each other*
ei gwt rhwng ei goesau	*his tail between his legs*
rhwng popeth	*all things considered*
rhyngddo fe a'i gawl	*between him and his mess, that's up to him*
rhyngon ni a'n gilydd	*between ourselves*
rhyngot ti a fi	*between you and me*
rhwng cwsg ac effro	*half awake*

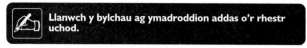 **Llanwch y bylchau ag ymadroddion addas o'r rhestr uchod.**

Mae dwy ysgrifenyddes yn siarad â'i gilydd. Maen nhw'n ei dweud hi am y bòs.

Siân: Welest ti fe'n dod i mewn ddoe? Ro'dd
    _____.
Mair: Pam hynny?
Siân: Wel, _____, roedd e wedi cael stŵr
    'da'i wraig.
Mair: Am beth?
Siân: Wel, _____ ar ôl iddo fe fynd i'r
    ddawns gyda ni.
Mair: Wel, _____ 'weda i.
Siân: _____ mae e wedi cael llond bol.

 Cyfieithwch y brawddegau hyn.

1. Has anything come between you?
2. Between you and me, I don't think there's much hope.
3. We collected enough money between us all.
4. We went out between six and seven o'clock.
5. There wasn't much difference between him and his sister.
6. They didn't have enough money for a meal between them.
7. The castle was on a hill between the bridge and the lake.
8. After the visit they haven't spoken to each other.

4.8

109

'o'

Mae geiriau'n treiglo'n feddal ar ôl 'o'
> o don i don.

'o' gyda rhagenwau

ohono i	ohonof (i)
ohonot ti	ohonot (ti)
ohono fe	ohono (ef)
ohoni hi	ohoni (hi)
ohonon ni	ohonom (ni)
ohonoch chi	ohonoch (chi)
ohonyn nhw	ohonynt (hwy)

Ffurfiol iawn

Ystyron 'o'

Mae sawl ystyr i 'o'

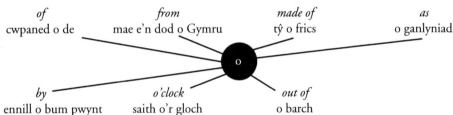

of
cwpaned o de

from
mae e'n dod o Gymru

made of
tŷ o frics

as
o ganlyniad

o

by
ennill o bum pwynt

o'clock
saith o'r gloch

out of
o barch

'o' gyda rhifau
> deg o dafarnau
> dau ddeg o westai

'o' i nodi rhan o rywbeth
> ardal o Gymru
> rhan o'r wlad

'o' gyda dyddiadau
> y pymthegfed o Fai

'o' wrth nodi nifer neu faint neu bellter
> gormod o lawer
> tipyn o boendod

peth o'r ffordd
pellach o ddeg milltir
metr o uchder
centimetr o drwch
tri deg metr o led

'o' wrth nodi cyfran
> pawb ohonyn nhw
> rhai o'r teithwyr
> neb o'r plant
> [OND: gweddill y plant i gyd]

- Dydyn ni ddim yn defnyddio 'o' i gyfieithu *of* mewn cyfuniad genidol
  > *the top of the mountain*   copa'r mynydd

Ysgrifennwch lythyr Moyra, gan ddefnyddio'r ymadroddion sy'n dilyn.

Mae Moyra'n trefnu taith gerdded ar ran y coleg. Mae rhaid iddi hi ysgrifennu pryd mae'r teithwyr yn dechrau, i ble maen nhw'n cerdded, a phryd maen nhw'n cyrraedd mannau arbennig.

1. 9 o'r gloch yr ugeinfed o Fehefin
2. o gwmpas rhan o'r sir
3. peth o'r daith dros y mynydd
4. copa'r mynydd erbyn 12 o'r gloch
5. rhai o'r plant iau i droi'n ôl
6. gweddill y cerddwyr; gweddill y daith
7. rhan o'r daith yn ôl mewn bws
8. dod yn ôl i'r coleg am 6 o'r gloch

'o' mewn ymadroddion

digon o	enough
diolch o galon	sincere thanks
dod o hyd	to find
gormod o	too much
llawer o	a lot of
o bedwar ban byd	from all corners of the world
o bell ffordd	by far
o bell	from afar
o bryd i'w gilydd	from time to time
o chwith	wrongly, back to front
o dan	under
o ddifrif	seriously
o ddrwg i waeth	from bad to worse
o dipyn i beth	gradually
o dro i dro	from time to time
o drwch blewyn	by a whisker
o fantais	of advantage
o flaen	in front of
o Fôn i Fynwy	all over Wales
o fore tan nos	from dawn to dusk
o fwriad	intentionally
o gam i gam	step by step
o ganlyniad	as a result
o hyn ymlaen	from now on

o law i law	from hand to hand
o le i le	from one place to another
o leiaf	at least
o raid	out of necessity
o'i anfodd	unwillingly
o'i fodd	willingly
o'i gof	in a temper
o'i le	out of place, wrong
o'i wirfodd	voluntarily
o'r blaen	before
o'r crud i'r bedd	from cradle to grave
o'r diwedd	at last
o'r gorau	all right
o'r herwydd	therefore
drian ohoni	poor her
pleser o'r mwyaf	great pleasure
siŵr o fod	probably, sure to be
y byd sydd ohoni	the world as it is
ychydig o	a little

Ysgrifennwch daflen yn hysbysebu'r daith, a defnyddiwch yr ymadroddion hyn.

Rydych chi'n trefnu taith gerdded o gwmpas Cymru. Bydd y daith yn para wythnos.

o Fôn i Fynwy
o gam i gam
pleser o'r mwyaf
ychydig o
o leiaf
o le i le
o'r blaen
o'r diwedd

'o' ar ôl rhai geiriau

arolwg o	*a review of*	cymryd sylw o	*take notice of*	euog o	*guilty of*
astudiaeth o	*a study of*	deillio o	*to stem from*	iacháu rhywun o	*to cure someone of*
atoffa o	*to remind…of*	dioddef o	*to suffer from*	siŵr o	*sure of*
balch o	*proud to/of*	dod o	*to come from*		

 Cyfieithwch y brawddegau hyn.

1. Has anything come of him?
2. They won by five points.
3. I suffer from a cough from time to time.
4. Having wandered from place to place, he settled down at last.
5. They didn't take any notice of them.
6. Have you reminded him of it before?
7. There are too many people making studies of people's opinions.
8. It was probably advantageous.

Mae rhai'n gofyn beth ddaw ohono i, ond rydw i'n hoff o grwydro o le i le.

Cam 10 – 'yn' – Y we

cyfathrebu	*communicate*
rhyngrwyd	*internet*

'yn'

Mae treiglad trwynol ar ôl yr arddodiad 'yn' (gweler y tabl ar ddechrau'r llyfr)

yn nhŷ Siân, yn Ninbych.

Mae 'yn' yn newid o flaen 'ng', 'ngh', 'm' a 'mh'

yn + g:	yng Ngwynedd
yn + c:	yng Nghanada
yn + b:	ym Mangor
yn + p:	ym Mhatagonia
yn + m:	ym Maentwrog

- Peidiwch â chymysgu 'yn' *in* ac 'yn' berfol (dim treiglad)
    ym Mhen-y-bont, yn pryderu.

- Peidiwch â chymysgu 'yn' ac 'yn' traethiadol + ansoddair neu enw (treiglad meddal ac eithrio 'll' ac 'rh')
    yng Nghaerdydd (treiglad trwynol),
    yn gadarn (treiglad meddal)
    yn gogydd (treiglad meddal)

Rydyn ni'n treiglo enwau Cymraeg gwledydd a lleoedd neu enwau cyfarwydd ledled y byd

ym Mharis	ym Mhatagonia
yng Ngwlad Belg	yng Nghanada

Dydyn ni ddim fel arfer yn treiglo enwau gwledydd a lleoedd brodorol

yn Denver, yn Bangladesh, yn Pacistan

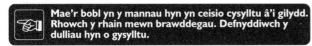
ffônio, e-bostio, postio at, galw, anfon at, dod o hyd i safle gwe, ffacso

e.e.   Mae Huw yng Nghaerdydd yn postio at Siân yn Nhal-y-bont.

1. Huw yn + Caerdydd   Siân yn + Tal-y-bont
2. Mary yn + Bangor   Brian yn + Casnewydd
3. Edward yn + Buckingham   Suzie yn + Powys
4. David yn + Môn   Sioned yn + Gwent
5. Hannah yn + Dinbych   Rhian yn + Timbyctŵ
6. ffrind yn eich tref chi (enwch hi)   siop yn eich sir chi (enwch hi)
7. coleg yn + Cymru   amgueddfa yn + Dulyn
8. cwmni ceir yn + Prydain   gwesty yn + Gwlad Pŵyl
9. coleg yn + gogledd America   cwmni bananas yn + de America

'yn' gydag ymadroddion pendant

enw lle, enw llyfr, enw ffilm   yng Nghymru, yn *Gone with the Wind*
enw ar ôl y fannod   yn y wlad
enw ar ôl 'pob'   ym mhob tref
rhagenw   yn ei goleg e

'yn' o flaen geiriau cwestiwn

Rydyn ni'n gallu defnyddio 'yn' o flaen 'ble', 'pa' a 'pwy'
    Ym mha wlad mae'r pencadlys?
    Ym mhwy rydyn ni'n gallu ymddiried?

• Rydyn ni'n defnyddio 'mewn' o flaen enwau
amhendant (gweler Cam 12)
    mewn gwlad.
    mewn ffilm fel *Gone with the Wind.*

Y papur bro - does dim byd ond angladdau ynddo fe'r mis hwn eto.

'yn' gyda rhagenwau

yno i	ynof (i)	
ynot ti	ynot (ti)	**Ffurfiol iawn**
ynddo fe	ynddo (ef)	
ynddi hi	ynddi (hi)	
ynon ni	ynom (ni)	
ynoch chi	ynoch (chi)	
ynddyn nhw	ynddynt (hwy)	

'yn' mewn ymadroddion

beth yn y byd	*what on earth*
yng nghysgod	*in the shadow of*
yng ngyddfau ei gilydd	*at loggerheads*
ym mhob dim	*in everything*
ym myw ei lygad	*straight in his eye*
yn agored	*open*
yn ei anterth	*at his peak*
yn ei bryd	*in its time*
yn ei dyb e	*in his opinion*
yn ei elfen	*in his element*
yn ei farn e	*in his view*
yn ei gwrw	*under the influence of drink*
yn fy myw	*for the life of me*
yn llawn dop	*overflowing*
yn lle rhywun	*in place of someone*
yn llewys ei grys	*in his shirtsleeves*
yn llygad ei le	*spot on*
yn niffyg	*through lack of*
yn oriau mân y bore	*in the early hours of the morning*
yn rhywle	*somewhere*
yn sgil	*in the wake of*
yn y bôn	*basically*
yn y bore bach	*very early in the morning*
yn y byd sydd ohoni	*in the world as it is*
yn y fan a'r lle	*at the scene, on the exact spot*
yn y fan	*on the spot*
yn y fantol	*in the balance*
yn y lle cyntaf	*in the first place*
yn y man	*before long*
yn y pen draw	*in the end*
yn yr un cwch	*in the same boat*

> **Rhowch ymadroddion addas yn y bylchau hyn. Dewiswch o blith y rhain.**

yn yr un cwch	yn y pen draw	yn fy myw
yn ei gwrw	yn y bore bach	
yn ei dyb e	yn ei elfen	

1. Fydda i byth _____ yn gallu deall sut i weithio'r rhyngrwyd.
2. Roedd e _____ pan ffôniodd e fi _____, felly ddeallais i'r un gair.
3. _____ mae rhaid i bawb ddeall sut i weithio cyfrifiadur.
4. Dwyt ti na fi'n deall y we – rydyn ni'n dau _____.
5. _____ byddwn ni'n gallu gweld ein gilydd ar y ffôn cyn bo hir.
6. Mae e _____ ar y ffôn, ac _____ mae ffônio cystal â gweithio'n galed.

'yn' ar ôl berfenwau ac ansoddeiriau

arbenigo yn	arbenigo yn y gwaith
credu yn	credu yn Nuw
cydio yn	cydio yn ei fraich
gafael yn	gafael yn y ffôn
hyddysg yn	hyddysg yn ei waith
llawenhau yn	llawenhau yn ei llwyddiant hi
ymddiried yn	ymddiried yn y bòs
ymffrostio yn	ymffrostio yn ei lwyddiant e
ymhyfrydu yn	ymhyfrydu yn y gwaith

'yn' gyda 'canol', 'pobl', 'pen'

Rydyn ni'n rhoi 'yn' o flaen yr enw cyntaf mewn cyfuniad genidol

yng nghanol	*in the middle of*
yng nghanol y dref	*in the middle of the town*
ym mhen	*at the end of, in the head of*
ym mhen y dyn	*in the man's head*
ym mhob	*in every*
ym mhob gwlad	*in every country*

- Os dydyn ni ddim yn pwysleisio 'canol', 'pen' neu 'pob' rydyn ni'n gallu defnyddio'r arddodiad fel un gair

ynghanol y dref	*(somewhere) in the middle of town*
ymhen awr	*after an hour*
ymhen hir a hwyr	*after a long time*
ymhob pen mae piniwn	*everyone has an opinion*

Ymadroddion adferfol

ymhobman	*everywhere*
ymhopeth	*in everything*
ynghyd	*together*
ynghyd â	*together with*
ynglŷn â	*regarding, to do with, connected to, about*
yn erbyn	*against* (gweler Cam 13)

'yn' ac ansoddair

Rydyn ni weithiau'n gwneud un gair o 'yn' + ansoddair

ymhell	*distant*
ynghynt	*quicker*
ynghudd	*hidden*
ynghlwm	*tied, bound*

 Atebwch.

1. Oes gyda chi rywbeth yn erbyn defnyddio'r we?
2. Beth, yn eich tyb chi, yw'r problemau ynglŷn â defnyddio'r rhyngrwyd?
3. Beth yw manteision defnyddio e-bost ynghyd â ffacs?
4. Beth yw anfanteision defnyddio ffôn symudol ynghanol y dref?
5. Ydych chi fel arfer yn cael ateb ynghynt os ydych chi'n defnyddio e-bost?
6. Beth yw'r problemau sydd ynghudd yn y defnydd o'r e-bost?
7. Os ydy'ch teulu yn byw ymhell, beth yw'r ffordd orau o gysylltu â nhw?

Ymadroddion amser

Rydyn ni'n gallu gollwng 'yn' mewn ymadroddion amser

am wyth (o'r gloch) y bore	*at eight (o'clock) in the morning*
am ddau y prynhawn	*at two in the afternoon*
am un ar ddeg o'r gloch y nos	*at eleven o'clock in the night*

Rydyn ni hefyd yn gallu defnyddio'r rhain

a.m.	y bore	*(in the morning)*
p.m.	y prynhawn	*(in the afternoon)*
	yr hwyr	*(in the evening)*
	y nos	*(in the night)*

4.10

Rydw i yn fy elfen yn y gwaith.

115

1. Rydych chi'n paratoi'r newyddion. Mae problemau unwaith eto yn yr hen Iwgoslafia. Mae'r Serbiaid yn ymosod ar y Croatiaid. Defnyddiwch yr ymadroddion hyn:

ymosod ar   ar gyrion y dref
ar goll   ar unwaith
ar gyfyl y lle   ar wasgar
ar ffo   bai ar

2. Mae meddyg yn rhoi adroddiad blynyddol i'r feddygfa ar y clefydau y gwnaeth e eu trin yn ystod y flwyddyn. Dyma graff o'r adroddiad.

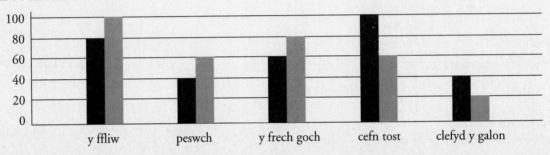

Nifer y dynion sydd yn y golofn chwith, a nifer y menywod sydd yn y golofn dde. Ysgrifennwch yr adroddiad.

3. Rydych chi'n rheoli cwmni rhyngwladol. Ym mha wlad neu ym mha dref byddech chi'n sefydlu ffatri newydd? Rhowch resymau o blaid ac yn erbyn y mannau hyn.

dwyrain Ewrop – Gwlad Pwyl
     cyflog isel; dim llawer yn ddi-waith
gorllewin Ewrop – Portwgal
     tywydd da; gweithwyr diog
gogledd America – Buffalo
     yn agos at y farchnad; cyflogau uchel
De Affrica – Capetown
     llawer yn ddi-waith; perygl terfysg

4. Rhowch ffurf gywir yr arddodiaid yn y paragraff isod.
Rydw i wedi cael llythyr oddi (wrth) fe bore yma, ond doedd dim llawer o newyddion (yn) fe. Rydw i'n credu ei fod e a'i wraig am symud yn ôl (at) ni yn Abermelyn, ond dydyn nhw ddim wedi dweud llawer (wrth) ni eto. Beth bynnag, (trwy) fe rydyn ni wedi clywed bod y gwaith dur yn cau yn Llanlluwch, a fydd neb yn gweithio (i) fe erbyn diwedd y flwyddyn. Rydw i'n mynd i ddweud (wrth) nhw am aros (gyda) ni am wythnos.

5. Mae athrawon y coleg yn trefnu taith sgio i Awstria. Maen nhw'n llunio taflen i ddenu myfyrwyr i fynd ar y daith. Maen nhw'n defnyddio'r ffurfiau hyn:

mae rhaid   mae'n bryd   mae'n werth
y wlad ar ei gorau   rhyfeddu at   synnu at
llwyddo i   dal ati i   ar gael.
Lluniwch y daflen, gan ddefnyddio'r ymadroddion hyn.

hunanlywodraeth	*self-government*	senedd	*parliament*
arlywydd	*president*	cynulliad	*assembly*
Prif Weinidog	*Prime Minister*	gweriniaeth	*republic*
Plaid Cymru	*the Party of Wales*	y Blaid Geidwadol	*the Conservative Party*
y Blaid Lafur	*the Labour Party*	y Blaid Ryddfrydol	*the Liberal Party*

4.11

'gan'

Mae geiriau'n treiglo'n feddal ar ôl 'gan'

Mae Cynulliad gan **G**ymru.

- Sylwch ar y treigladau wrth newid y drefn

    Mae gan **G**ymru **G**ynulliad.

'gan' gyda rhagenwau

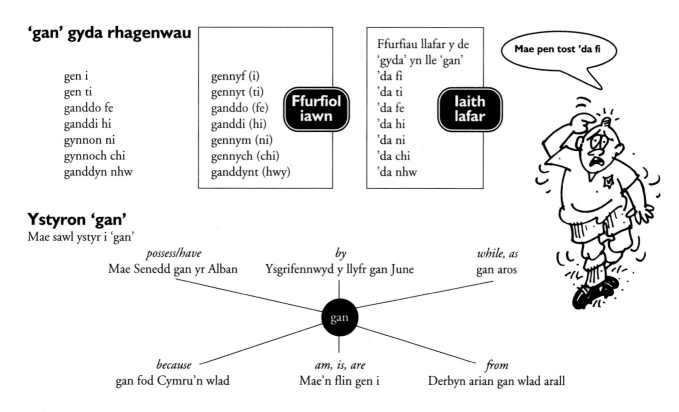

gen i	gennyf (i)	
gen ti	gennyt (ti)	
ganddo fe	ganddo (fe)	**Ffurfiol iawn**
ganddi hi	ganddi (hi)	
gynnon ni	gennym (ni)	
gynnoch chi	gennych (chi)	
ganddyn nhw	ganddynt (hwy)	

Ffurfiau llafar y de 'gyda' yn lle 'gan'

'da fi
'da ti
'da fe   **Iaith lafar**
'da hi
'da ni
'da chi
'da nhw

Mae pen tost 'da fi

Ystyron 'gan'

Mae sawl ystyr i 'gan'

possess/have
Mae Senedd gan yr Alban

by
Ysgrifennwyd y llyfr gan June

while, as
gan aros

gan

because
gan fod Cymru'n wlad

am, is, are
Mae'n flin gen i

from
Derbyn arian gan wlad arall

'gan' mewn ymadroddion

mae cof gen i	*I remember*
gan bwyll	*steadily, not so quick(ly)*
gan hynny	*because of that*
gan mwyaf	*mostly*
gan amlaf	*usually*

Ansoddeiriau a 'gan'

waeth gen i	*I don't mind, I don't care*
mae'n flin gen i	*I'm sorry*
mae'n well gen i…	*I prefer*
mae'n edifar gen i…	*I regret*
mae'n dda gen i…	*I'm glad, pleased*
beth sydd orau gennych chi?	*what do you like best?*

'gan' a salwch

Mae cur pen gen i.	*I have a headache.*
Mae coes dost gen i.	*I have a bad leg.*
Mae cefn tost gen i.	*I have a bad back.*

 Dywedwch beth fyddai'n well gennych ei weld yng Nghymru.

brenhiniaeth	gweriniaeth
brenin	arlywydd
senedd	cynulliad
bod yn rhan o Brydain	bod yn rhan o Ewrop
e.e.	

Mae'n Byddai'n	dda well flin	gen i	fod gan Gymru gynulliad. weld senedd yng Nghymru. nad oes senedd yng Nghymru.

 Atebwch.

1. Dros bwy mae eich teulu chi'n pleidleisio gan amlaf?
2. Dros bwy mae Cymry'n pleidsleisio gan mwyaf?
3. Ydych chi am weld Cymru'n cael hunanlywodraeth gan bwyll?
4. Gan bwy mae'r grym mwyaf heddiw – Ewrop neu Brydain?
5. Oes ffydd gennych chi mewn gwleidyddion?
6. A ddylai fod brenin gan Ewrop fel uned?

 Cyfieithwch y brawddegau hyn.

1. I'm glad to be back.
2. I'd rather see a proper parliament in Wales.
3. I'm sorry that she won't be here.
4. The policy was written by them before the election.
5. She had a bad back, so she walked with care.
6. Which coat do you prefer?
7. He was pleased that they had a home at last.
8. The prime minister had a bad conscience.

> Erbyn y flwyddyn 2050, bydd gan Gymru Senedd iawn.

gwyddorau	*sciences*	dyniaethau	*humanities*
celfyddydau	*arts*	sefyll arholiad	*to sit an exam*

'dan', 'tan', 'hyd'

Mae geiriau'n treiglo'n feddal ar ôl 'dan', 'tan' a 'hyd'
    dan ddylanwad *under the influence*

- Rydyn ni'n aml yn rhoi 'o' o flaen 'dan' wrth sôn am safle llythrennol
    o dan fwrdd y gegin
- Rydyn ni weithiau'n defnyddio 'tan' yn lle 'dan'
    tan ganu

Gyda rhagenwau

dana i	danaf (i)
danat ti	danat (ti)
dano fe	dano (fe)
dani hi	dani (hi)
danon ni	danom (ni)
danoch chi	danoch (chi)
danyn nhw	danynt (hwy)

Iaith ffurfiol

Ystyron 'dan', 'tan', 'hyd'

'dan'

+ enw/rhagenw *under*
    dan y ddesg
+ berfenw *while/whilst*
    dan ganu

'tan'

    until (when whatever happens comes to an end)
    Rydw i'n aros tan yfory.

'hyd'

    until (when whatever happens continues)
    Bydda i'n aros hyd ddiwedd yr wythnos
    Bydda i'n aros hyd byth.

- Nid yw 'byth' yn treiglo pan yw'n enw.

'dan', 'tan' mewn ymadroddion

dan bwysau	*under pressure*
dan deimlad	*under emotion*
dan din	*underhand*
dan draed	*in the way*
dan ddaear	*underground*
dan ddylanwad	*under the influence of*
dan ofal rhywun	*in someone's care*
dan ei sang	*packed*
dan y fawd	*under the thumb*
dan gwmwl	*under a cloud, under criticism*
dan y lach	*heavily criticized*
dan law	*in hand*
dan nawdd	*under the patronage of*
dan sylw	*in question*
dan ystyriaeth	*under consideration*

 Lluniwch y sgwrs rhyngoch chi a'ch brawd.

Rydych chi dan bwysau. Mae'r arholiadau ar ddod. Yn anffodus rydych chi dan ddylanwad eich brawd, sy'n chwarae snwcer bob nos. Rydych chi a'ch brawd yn dadlau.

Mae e'n dadlau:
eich bod dan ddylanwad athrawon
eich bod yn gwneud gwaith tan gamp
bod popeth dan law
eich bod dan fawd eich rhieni

Rydych chi'n dadlau:
dydych chi ddim am weithio o dan ddaear
eich bod dan lach athrawon
eich bod dan bwysau gwaith
eich bod dan gwmwl yn yr ysgol

4.12

'hyd' mewn ymadroddion

ar hyd	*along*
ar hyd ac ar led	*all over*
ar hyd y lle	*all over the place*
ers hydoedd	*since a long time*
hyd angau	*until death*
hyd at	*as far as*
hyd byth	*for ever*
hyd ddydd y farn	*until judgement day*
hyd heddiw	*up to today*
hyd yn hyn	*up to now*
hyd hynny	*until then*
hyd nes	*until*
hyd pan…	*until the time…*
hyd y diwedd	*to the end*
hyd y gwn i	*as far as I know*
hyd yma	*up to now, up to this point*
hyd yn oed	*even*
hyd yr eithaf	*to the utmost*
o hyd	*still*
o hyd ac o hyd	*constantly*

'tan' mewn ymadroddion

tan glo	*locked*
tan gamp	*excellent*
tan hynny	*until then*
tan ddydd Sul	*until Sunday*
tan heddiw	*up to today*
tan yfory	*until tomorrow*
tan yr arholiadau	*until the exams*

 Rhowch yr ymadroddion hyn yn y bylchau.

ar hyd y lle	tan ddiwedd yr wythnos
hyd byth	hyd yn hyn
hyd ddydd y farn	hyd yn oed

1. Bydd rhaid i fi aros _____ cyn cael yr arholiadau.
2. Mae'r arholiadau wedi mynd yn iawn _____, ond efallai y bydd pethau'n gwaethygu.
3. Dydw i ddim eisiau aros yn y coleg _____.
4. Mae sôn _____ fod yr arholwr yn un cas.
5. Methais i basio Astudiaethau Twristaidd, _____.
6. Bydd rhaid i fi ailsefyll yr arholiad _____ cyn pasio.

Cyfieithwch y brawddegau hyn.

1. The girl went home singing.
2. They had some success after studying under him.
3. We were under considerable pressure to pass.
4. I'm not waiting for you for ever.
5. She'll never pass, even if she'll work until next year.
6. Has anyone in your family worked underground?
7. There was a wonderful view beneath us.
8. He's completely under her thumb.

'mewn'

Does dim treiglad ar ôl 'mewn'
mewn papur arholiad

'mewn' o flaen enwau amhendant

mewn munud, mewn coleg, mewn gwlad (gweler Cam 10)
Rydw i'n ymddiddori mewn ieithoedd modern.
Rydyn ni felly'n defnyddio 'mewn' o flaen 'rhyw', 'rhai', 'peth', 'sawl' ac 'ambell'
mewn rhyw arholiad
mewn rhai arholiadau

- os yw'r elfen olaf mewn ymadrodd yn bendant, rydyn ni'n defnyddio 'yn'
  yn rhai ohonyn nhw
  yn un o'r papurau
  yn yr ieithoedd Celtaidd
- Sylwer

	mewn carchar	*in a prison*
OND	yng ngharchar (yn y carchar)	*in prison*
	mewn rhyw le	*in some place*
OND	yn rhywle	*somewhere*
	yn uffern	*in hell*
	yn unman	*nowhere*
	ym mharadwys	*in paradise*
	credu yn Nuw	*believe in God*

'mewn' mewn ymadroddion

mewn amrantiad	*in a flash*
mewn angen	*in need*
mewn brys	*in a hurry*
mewn cariad	*in love*
mewn cawl	*in a mess*
mewn cysylltiad â…	*in connection with…*
mewn difrif	*in all seriousness*
mewn dyled	*in debt*
mewn eiliad	*in a second*
mewn ffydd	*in faith*
mewn gair	*briefly*

4.13

mewn gobaith	*in hope*
mewn golwg	*in view (planned)*
mewn gwirionedd	*in fact*
mewn hwyliau da	*in good spirits*
mewn hwyliau drwg	*in a bad mood*
mewn munud	*in a minute*
mewn penbleth	*in a quandary*
mewn pryd	*on time*
mewn pryder	*worried*
mewn trafferth	*in trouble*
plant mewn angen	*children in need*

 Lluniwch y sgwrs rhwng yr athrawes a'i dosbarth.

Mae athrawes yn rhoi cyngor i'r dosbarth ar sut i baratoi ar gyfer arholiad. Mae rhai o'r disgyblion yn gofyn cwestiynau iddi. Maen nhw'n defnyddio'r ymadroddion hyn:

mewn golwg	mewn penbleth	mewn trafferth
mewn dim o dro	mewn pryd	mewn hwyliau da
mewn brys		mewn cawl
mewn gair		

'mewn' ac arddodiaid cyfansawdd

i mewn i	*into*

Cerddodd e i mewn i'r stafell.

(y) tu mewn i	*inside*

Roedd hi'n cysgodi y tu mewn i'r drws.

oddi mewn i	*inside of*

Siaradwch am eich profiad chi o arholiadau. Atebwch rai o'r cwestiynau hyn a soniwch am bethau eraill.

1. Ydych chi'n nerfus mewn arholiadau?
2. Fuoch chi'n llwyddiannus ymhob arholiad?
3. Pa mor bwysig yw arholiadau mewn gwirionedd?
4. Ydych chi erioed wedi bod mewn trafferth yn ystod arholiad?
5. Beth yw'r peth gwaethaf sydd wedi digwydd i chi mewn arholiad?

1. Roedd hi ___ pentref bach yng Nghymru.
2. Edrychodd hi _____ 'r cwpan.
3. Rwy'n credu ____ ysbrydion.
4. Ydych chi'n credu ___ Nuw?
5. Mae'r llyfrau i gyd ____ llyfrgell y coleg.
6. Aethoch chi i'r dref ___ bws?
7. Roedd yr allwedd ____ mhoced ei got.
8. Mae'r record ___ siartiau Cymru ers wyth wythnos.

1. There are too many books in the National Library of Wales.
2. In some cases, it is better to search the web.
3. There were many mistakes in her friend's work.
4. When did you see a swallow in any part of the country?
5. They are very interested in languages.
6. She was in bad spirits all day.
7. In winter, it is better to eat warm food once a day.
8. They will be in prison for years.

Cam 14 – 'rhag' – Hawliau menywod

cydraddoldeb	*equality*
trais	*violence*
cam-drin	*mistreatment; to abuse, to ill-treat*

'rhag' gyda rhagenwau

rhagddo i
rhagddot ti
rhagddo fe
rhagddi hi
rhagddon ni
rhagddoch chi
rhagddyn nhw

rhagof (i)
rhagot (ti)
rhagddo (ef)
rhagddi (hi)
rhagom (ni)
rhagoch (chi)
rhagddynt (hwy)

Ffurfiol iawn

Eich tro chi!

Mae hi'n	cuddio	rhagddo fe
Mae'r fenyw yn	dianc	rhagddyn nhw
Roedd hi'n	ffoi	rhagddo i
	amddiffyn ei hun	

'rhag' ar ôl berfau

Rydyn ni'n defnyddio 'rhag' ar ôl berfau sy'n ymwneud ag amddiffyn neu ddianc rhag rhywbeth

achub rhag	*to save from*
amddiffyn rhag	*to defend against*
arbed rhag	*to save from*
arswydo rhag	*to dread*
atal rhag	*to stop from*
cadw rhag	*to keep from*
celu rhag	*to hide from*
cilio rhag	*to retreat from*
cuddio rhag	*to hide from*
dianc rhag	*to escape from*
cysgodi rhag	*to shelter from*
diogelu rhag	*to safeguard from*
ffoi rhag	*to escape from*
gochel rhag	*to avoid*
gwared rhag	*to save from*

'rhag' mewn ymadroddion

rhag ofn	*in case*
rhag blaen	*at once*
rhag eich cywilydd	*for shame*
mynd rhagddo	*go ahead, proceed, make progress*

- rhag ofn + i + enw/rhagenw + berfenw (treiglad meddal)
  rhag ofn iddo fe fethu   *in case he fails*

Rhaid amddiffyn plant rhag y traffig.

 Ymatebwch i'r cwestiynau neu i'r gosodiadau hyn.

1. Sut gall menyw amddiffyn ei hun rhag gŵr sy'n ei cham-drin?
2. Sut mae modd atal dynion rhag cael y swyddi uchaf mewn banciau, colegau, ffatrïoedd ac ati?
3. Mae angen arbed menywod rhag gwneud yr holl waith tŷ.
4. Dylai pob mam gael ei thalu gan y wladwriaeth am godi teulu, rhag i'r plant gael cam.
5. Mae cyfrifoldebau menywod yn eu hatal rhag dod ymlaen yn y byd.
6. Does dim modd i fenywod guddio rhag diffyg cydraddoldeb y ddau ryw.

4.15

Cam 15 – 'er' – Cynnal y capel

enwadau	*denominations*
hyrwyddo	*to foster*
aelodau	*members*

'er'

Dydy geiriau ddim yn treiglo ar ôl 'er'
  er ceisio

Ystyron 'er'

Mae sawl ystyr i 'er'

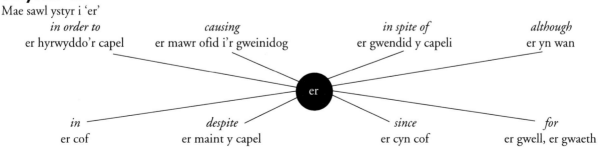

in order to	*causing*	*in spite of*	*although*
er hyrwyddo'r capel	er mawr ofid i'r gweinidog	er gwendid y capeli	er yn wan

er

in	*despite*	*since*	*for*
er cof	er maint y capel	er cyn cof	er gwell, er gwaeth

'er' mewn ymadroddion

er anrhydedd	*in honour*
er cof	*in memory (of)*
er cymaint	*despite so many, despite the size of*
er da	*for good*
er gwell	*for better*
er gwaeth	*for worse*
er gwaethaf	*despite, in spite of*
er hyn	*despite this*
er hynny	*despite that*
er lles	*for the benefit (of)*
er mwyn	*for the sake of*
er mwyn popeth	*for goodness' sake*
ers amser	*for a long time*
ers talwm	*a long time ago*
ers tro	*for a long time*

'er' o flaen amser penodol

Rydyn ni'n defnyddio'r amser Presennol yn lle'r amser Perffaith yn Saesneg

Mae hi'n drysorydd er 1996. — *She's been treasurer since 1996.*

- Rydyn ni'n defnyddio 'ers' *(since)* o flaen cyfnod amhenodol

Rydw i'n aelod yma ers amser. — *I've been a member for a long time*

Yn y gorffennol: 'er' + i + enw/rhagenw + berfenw (treiglad meddal)

er iddi hi fwrw glaw — *although it rained*

- er bod — *although*

er bod y tywydd yn ddrwg — *although the weather is was bad*

er ei bod hi'n bwrw glaw — *although it's/it was raining*

Mae lle yn y capel i 800 o bobl, ond dim ond 150 o aelodau sydd yn y capel. Er gwaetha maint y capel, mae'r gweinidog am osgoi cau'r capel ac ymuno â chapel arall hanner milltir i ffwrdd. Mae rhai aelodau am uno aelodau'r ddau gapel, er mwyn cael un capel mawr. Maen nhw'n dadlau yn y capel.

er gwaethaf maint y capel
er cof am y sylfaenwyr
er gwell neu er gwaeth
er hyn

er lles yr aelodau
er mwyn y gymdeithas
ers talwm
ers amser

Dyma'r tro cyntaf i fi fod mewn capel ers amser!

(Llun: K. B. Griffiths)

1. Dyma restr o bethau sydd gan ddwy wlad:

Cymru	Gwlad y Basgiaid
cynulliad	senedd
dim hawl i godi trethi	hawl i godi trethi
20% o ddisgyblion mewn ysgolion Cymraeg	70% o ddisgyblion mewn ysgolion Basgeg
3,000,000 o boblogaeth	3,000,000 o boblogaeth
Lloegr yn gymydog	Sbaen yn gymydog
arfordir a mynyddoedd	arfordir a mynyddoedd
tîm pêl-droed cenedlaethol	timau pêl-droed lleol da
deddf iaith wan	deddf iaith gref

   Lluniwch baragraff yn dweud beth sy gan y ddwy wlad.

2. Mae Mr a Mrs Morris am drefnu gwyliau, ond mae eu mab yn y coleg yn sefyll arholiadau lefel A. Dydyn nhw ddim yn siŵr a fydd e'n pasio'n ddigon da, ac a fydd rhaid iddyn nhw gysylltu â phrifysgolion ar ôl y canlyniadau. Maen nhw'n siarad am y posibiliadau, ac yn defnyddio'r ymadroddion hyn:

   aros tan y canlyniadau, mewn trafferth, rhag ofn, mewn penbleth, mewn ffydd, dianc rhag
   Lluniwch y sgwrs.

3. Mae'r Parch B. Good yn gofalu am gapel mewn tref fach, ac mae pedwar capel arall yn y dref yn wag. Mae dadl yn y dref: a ddylai pob capel ond un gau, neu a ddylai'r Parch B. Good ofalu am y pum capel? Beth yw manteision y naill gynllun a'r llall? Defnyddiwch yr ymadroddion hyn wrth drafod y broblem:

er cof	er gwaethaf	er lles	er gwell neu er gwaeth	diogelu rhag
arswydo rhag	mewn gobaith	dan ystyriaeth	hyd byth	

4. Mae Mrs Sharon Price wedi methu â chael dyrchafiad yn y swyddfa. Ganddi hi roedd y cymwysterau gorau, a'r profiad hiraf. Mae hi'n bedwar deg saith oed, ond Ms Dawn Herbert, merch naw ar hugain gafodd y gwaith.
   Dyma'r gwahaniaethau rhyngddyn nhw:

	Mrs Sharon Price	Ms Dawn Herbert
oed:	47	29
swydd:	ysgrifenyddes bersonol	teipydd
teipio:	80 gair y funud	45 gair y funud
llawfer:	120 gair y funud	70 gair y funud
profiad:	25 mlynedd	12 mlynedd
rhaglen gyfrifiadur:	Word a Works	Works

   Pam cafodd Ms Herbert y swydd yn eich barn chi? Mae Mrs Price yn cwyno wrth y bòs am hyn. Lluniwch y sgwrs rhyngddyn nhw.

5. Ydy menywod yn cael chwarae teg?
   yn y cartref, mewn ysgolion, mewn swyddfeydd, yn y gymdeithas

dilysrwydd cyfartal	*equal validity*
deddf iaith	*language act*
cydradd	*equal*
llysoedd	*courts*
deiseb	*petition*
ymgyrchoedd	*campaigns*
poblogeiddio	*to make popular*

Arddodiaid dirediad

Enwau (nid rhagenwau) sy'n dilyn y rhain

cyn	*before*	cyn un naw wyth dau
erbyn	*by*	erbyn heddiw
er	*since*	er 1993 (er + elfen bendant)
ers	*since*	ers hynny (ers + elfen amhendant)
ger	*near*	ger Caerdydd
gerfydd	*by (holding)*	gerfydd ei wallt
gerllaw	*near*	gerllaw'r llys
islaw	*below*	islaw'r adeilad
mewn	*in*	mewn llys
nes	*until*	nes yr ail ddeddf iaith
parthed	*regarding*	parthed statws yr iaith
tua	*towards, about*	(+ treiglad llaes) tua chan mlynedd, tua thŷ Siân
wedi	*after*	wedi deddf iaith 1993
ymhen	*within*	ymhen chwarter canrif

Ffurfiol iawn

Enghreifftiau

Cyn 1967 doedd dim deddf iaith yng Nghymru.

Erbyn 1993 roedd dwy ddeddf iaith.

Tua 1971 cafwyd arwyddion ffordd dwyieithog.

Ymhen wyth mlynedd sefydlwyd sianel deledu.

Wedi llawer o frwydro cafwyd disg treth car dwyieithog.

Ers hynny mae Cymru wedi dod yn wlad ddwyieithog.

Adroddwch hanes brwydr yr iaith yng Nghymru gan ddefnyddio'r ymadroddion hyn.			

		1947	Yr ysgol Gymraeg gyntaf dan awdurdod cyhoeddus, yn Llanelli
cyn yr Ail Ryfel Byd	erbyn 1947	1962	Darlith radio Saunders Lewis 'Tynged yr Iaith' yn dweud bod angen defnyddio dulliau chwyldro i achub y Gymraeg
wedi darlith Saunders Lewis	erbyn 1971		
ers hynny	ymhen pum mlynedd	1962	Dechrau Cymdeithas yr Iaith

Dyma rai dyddiadau yn hanes brwydr yr iaith yng Nghymru:

1939	Deiseb o hanner miliwn yn galw am statws i'r Gymraeg	1967	Deddf yr Iaith Gymraeg: yn methu rhoi 'dilysrwydd cyfartal' i'r Gymraeg
1939	Dechrau ysgol Gymraeg breifat yn Aberystwyth	1971	Arwyddion ffordd dwyieithog
		1982	Dechrau S4C
1945	Deddf Llysoedd: caniatáu defnyddio'r Gymraeg yn y llysoedd	1993	Deddf yr Iaith Gymraeg: trin y Gymraeg yn iaith 'gydradd'
		erbyn 1995	dros fil o unigolion wedi bod mewn achosion llys am dorri'r gyfraith

Arddodiaid cyfansawdd

Enw, berfenw neu ymadrodd enwol (nid rhagenw) sy'n dilyn y rhain

ar fin	*on the point of, at the edge of*	ar fin mynd	*about to go*
ar flaen	*at the front of*	ar flaen y gad	*leading the fight*
*cyn pen	*before the end of*	cyn pen dim	*very shortly*
i fyny	*up*	i fyny'r mast	*up the mast*
i lawr	*down*	i lawr y bryn	*down the hill*
trwy gydol	*throughout*	trwy gydol y cyfan	*throughout everything*
yn anad	*above (all), in preference to*	yn anad dim	*above all*
		yn anad neb	*in preference to anyone, more than anyone*
yn rhinwedd	*by virtue of*	yn rhinwedd ei swydd	*by virtue of his post*
yn wyneb	*in the face of*	yn wyneb yr anawsterau	*in the face of the difficulties*
yn ystod	*during*	yn ystod y frwydr	*during the battle*

*Does dim treiglad yn dilyn yr arddodiaid yma
cyn pen blwyddyn

Mae S4C digidol yn dangos deg awr o Eisteddfod yn ystod y dydd, a deg awr o'r Ŵyl Gerdd Dant yn ystod y nos!

Llenwch y bylchau isod ag ymadroddion o'r rhestr hon.

Lluniwch frawddegau'n cynnwys yr elfennau hyn.

yn anad neb	yn ystod
yn rhinwedd ei swydd	yn wyneb
yn erbyn	trwy gydol
cyn pen	ar fin

1. Roedd hi'n bwrw glaw _____ _____ yr haf.
2. Maen nhw _____ _____ symud tŷ.
3. Mae'r senedd yn dod i ben ____ ____ y mis.
4. ____ _____ yr anawsterau, aethon nhw ddim.
5. Fe, ___ ____ ____, oedd yn gyfrifol am y llwyddiant.
6. Roedd rhaid iddi hi fod yno ____ _____ ___ ____.
7. Roedden nhw wedi pleidleisio ___ _____ y cynnig.
8. Doedd dim byd yn digwydd yn y senedd ___ _____ y gwyliau.

1. trwy gydol y ganrif
2. yn ystod y pum mlynedd diwethaf
3. cyn pen mis
4. ar fin marw
5. yn wyneb yr anawsterau
6. Saunders Lewis yn anad neb
7. yn rhinwedd ei swydd
8. yn ystod y nos

Cam 17 – arddodiaid cyfansawdd – Streicio neu beidio?

Arddodiaid sy'n cael eu dilyn gan enw neu ragenw

ar hyd	ar hyd-ddyn nhw	*along them*	(+ 3ydd person lluosog ac unigol yn unig)
	ar hyd-ddi hi; ar hyd-ddo fe		
ar wahân	ar wahân iddo fe	*apart from him*	
erbyn	erbyn iddo fe	*by the time he*	
gyferbyn	gyferbyn â nhw	*opposite them*	
heblaw	heblaw ni	*except us*	
heibio i	heibio iddyn nhw	*past them*	
hyd at	hyd atyn nhw	*up to them*	
hyd nes (i)	hyd nes i chi	*until you*	
i mewn i	i mewn iddyn nhw	*into them*	
nes i	nes iddo fe	*until he*	
o dan	o dano fi	*under me*	
oddi ar	oddi arnyn nhw	*from them, off them*	
oddi mewn i	oddi mewn iddyn nhw	*inside them*	
oddi wrth	oddi wrthyn nhw	*from them*	
tuag at	tuag aton ni	*towards us*	
y tu allan i	y tu allan iddyn nhw	*outside them*	
y tu mewn i	y tu mewn iddo fe	*inside it*	
y tu ôl i	y tu ôl iddyn nhw	*behind them*	
ynglŷn â	ynglŷn â hi	*regarding her*	
yr ochr arall i	yr ochr arall iddi hi	*the other side of her*	

Cerddodd Rhedodd Aeth	y gweithiwr y gweithwyr yr orymdaith y dynion y menywod	i mewn i'r yr ochr arall i'r heibio i'r	ffatri gwaith swyddfa
Arhosodd Streiciodd		hyd nes iddyn nhw nes iddyn nhw	ennill anobeithio

 Rhowch yr arddodiaid neu'r arddodiaid cyfansawdd isod yn y bylchau hyn.

heblaw, erbyn i, tuag at, tu mewn i, heibio i, ynglŷn a, ar wahân i

1. Roedd y sefyllfa wedi ei datrys _____ ni streicio
2. Roedd y perchennog yn gas _____ nhw.
3. Arhosodd pawb gartre _____ fi.
4. Aeth pawb ar streic _____ chi.
5. Roedd y ffatri ar gau: cerddodd y gweithwyr _____ hi.
6. Doedd neb yn gweithio y _____ hi heddiw.
7. Gall pawb streicio _____ heddlu.
8. Dydyn ni'n gwybod dim _____'r streic.

129

Arddodiaid cyfansawdd a'r rhagenw yn y canol

Os ydyn ni'n defnyddio rhagenw gyda'r arddodiaid hyn, rydyn ni'n rhoi rhagenw rhwng y ddwy elfen
(gweler Rhagenwau, Cam 2)

am ben	*(laugh) at*	am fy mhen i	Mae hi'n chwerthin am fy mhen i.
ar ben	*on top of*	ar ei ben e	Roedd mast teledu ar ben y tŷ.
ar bwys	*near*	ar ei phwys hi	Oes rheilffordd ar bwys yr heol?
ar draws	*across*	ar ei thraws hi	Rhedai'r heol ar draws y wlad.
ar gefn	*on the back of*	ar ei chefn hi	Roedd sach ar gefn y ferch.
ar gyfer	*for*	ar eu cyfer nhw	Codwyd heol ar gyfer y trigolion.
*ar gyfyl	*near*	ar ei gyfyl e	Does dim heol ar gyfyl y lle.
ar hyd	*along*	ar hyd iddi hi	Roedd rheilffordd ar hyd y gamlas.
ar ochr	*on the side of*	ar eu hochr nhw	Roedd y gweinidog ar ochr y plant.
ar ôl	*after*	ar ei ôl e	Rhedodd hi ar ei ôl e.
ar ymyl	*at the side of*	ar ei hymyl hi	Mae coed ar ymyl y ffordd.
er mwyn	*for (the sake of)*	er ei mwyn hi	Mae e'n mynd er mwyn ei fam.
uwchben	*above*	uwch eu pen(nau)	Mae to uwchben y ffoaduriaid.
ynghanol	*in the midst of*	yn ei chanol hi	Roedd goleuadau ynghanol y dref.
ynghylch	*around, about*	yn fy nghylch i	Mae hi'n poeni yn fy nghylch i.
ymhlith	*among*	yn eu plith nhw	Mae llawer o ladron ymhlith y dorf.
ymysg	*among*	yn eu mysg nhw	Roedd peth tlodi ymysg y menywod.
yn erbyn	*against*	yn ei herbyn hi	Mae hyn yn erbyn gyfraith.
yn lle	*instead of*	yn fy lle i	Beth wnelech chi yn fy lle i?
yn sgil	*in the wake of*	yn ei sgil hi	Daeth ffatri yn sgil yr heol newydd.
yn ymyl	*near*	yn eu hymyl nhw	Does dim siop yn eu ymyl y tai.

* fel arfer gyda brawddegau negyddol

- ar hyd *along* ar hyd iddo *along it* ar ei hyd *on its side* ar hyd y nos *all through the night*

 Cofnodwch y ddadl yn siambr y cyngor, a defnyddiwch rai o'r arddodiaid uchod.

Mae cyngor tref eisiau codi ffordd osgoi am fod gormod o draffig ynghanol y dref. Byddai rhaid i'r ffordd osgoi fynd ar draws caeau ffermio cyfoethog. Mae dadleuon cryf gan y rhai sy'n cefnogi'r cynllun a'r rhai sy'n erbyn y cynllun. Dyma rai ohonyn nhw:

o blaid
llai o draffig ynghanol y dref
mwy dymunol i bobl fyw ar bwys y dref
mwy o le parcio yn ymyl siopau'r dref
strydoedd gwag yn lle rhai llawn lorïau

yn erbyn
dod â mwy o draffig yn ei sgil
heolydd ar draws y wlad yn ei difetha
caiff parc siopa ei godi y tu allan i'r dref
angen defnyddio beiciau yn lle ceir

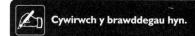

Cywirwch y brawddegau hyn.

1. Maen nhw wedi gwneud y gwaith ar gyfer fi.
2. Chwarddodd e ar fy mhen i.
3. Eisteddodd y ferch yn ymyl ni.
4. Cariodd y sach ar gefn e.
5. Ydych chi'n mynd i chwarae yn lle hi?
6. Roedd y tywydd yn ddrwg, yn ôl nhw.
7. Mae rhai gweithwyr da ymhlith nhw.
8. Mae e ar ochr ni bob tro, chwarae teg.

Llinellau melyn? Mae ceir yn parcio ar hyd iddyn nhw o hyd.

Cam 19 – arddodiaid cyfansawdd yn cynnwys 'i' ac 'o' – Sefyll etholiad

gwladoli	*to nationalize*	cyhoeddus	*public*
preifateiddio	*to privatize*	gwasanaethau	*services*
blaenoriaethau	*priorities*	etholaeth	*electorate*
etholwyr	*electors*	pleidleisio	*to vote*

Arddodiaid cyfansawdd yn cynnwys 'i' neu 'o' gyda rhagenw

Dyma'r rhagenwau rydyn ni'n eu defnyddio ar ôl 'i' ac 'o' (gweler Rhagenwau)

i'm…i	i'n…ni	o'm…i	o'n…ni
i'th…di	i'ch…chi	o'th…di	o'ch…chi
i'w…e	i'w…nhw	o'i…e	o'u…nhw
i'w…hi		o'i…hi	

i blith	i'n plith ni	*to the midst of*	Daeth i siarad i'n plith ni.
i fysg	i'w mysg nhw	*to the midst of*	Aeth yn syth i'w mysg nhw.
i ganol	i'w canol nhw	*to the middle of*	Cerddodd i'w canol nhw.
o amgylch	o'u hamgylch nhw	*around*	Roedd cefnogwyr o'u hamgylch nhw.
oblegid	o'i blegid e	*because of*	Pleidleisiais o'i blegid e.
o blaid	o'm plaid i	*in favour of*	Roedd pawb o'm plaid i.
o bobtu	o'i bobtu e	*an all sides of*	Roedd pobl o'i bobtu e.
o fewn	o'i mewn hi	*within*	Roedd arian o'i mewn hi.
oherwydd	o'm herwydd i	*because of*	Enillodd hi o'm herwydd i.
o flaen	o'n blaen ni	*in front of*	Safodd e o'n blaen ni.
o gwmpas	o'i gwmpas e	*around*	Roedd rhywun o'i gwmpas e o hyd.
o gylch	o'i chylch hi	*around, about*	Roedd plant o'i chylch hi.
o ran	o'm rhan i	*in terms of, for their part*	O'm rhan i, maen nhw i gyd yr un fath.

Rydych chi'n sefyll etholiad, ac am gael sedd yn Senedd Cymru. Rydych chi mewn cyfarfod cyhoeddus yn eich etholaeth chi, ac mae pobl yn eich holi chi. Dyma rai o'r cwestiynau.

Ydych chi o blaid gwario mwy o arian ar addysg, tai, y gwasanaeth iechyd, ffyrdd, rheilffyrdd…beth yw eich blaenoriaethau chi?

Ydych chi yn erbyn preifateiddio rheilffyrdd?

Ydych chi o blaid gwladoli'r gwasanaeth ffôn?

Beth byddech chi'n ei newid o fewn mis, ac o fewn blwyddyn?

Rydych chi eisiau gostwng y trethi. Sut byddech chi'n mynd o'i chwmpas hi?

Beth byddech chi'n ei wneud o ran gostwng y rhestr aros i ysbytai?

Rydych chi'n ohebydd papur newydd. Mae arlywydd America wedi dod i Gymru. Mae e'n cerdded o gwmpas strydoedd eich tref ac yn ateb rhai cwestiynau. Disgrifiwch yr ymweliad.

i'w plith nhw, i'w canol nhw, o'i gwmpas e, o blaid, yn erbyn, oherwydd

1. Cerddodd e yn ôl i ei dŷ ef.
2. Roedden nhw wedi rhedeg o'u amgylch nhw.
3. Cyrhaeddodd e'r coleg o flaen hi.
4. Siaradodd hi'n gryf iawn o'm blaid i.
5. Gorffennodd hi'n gynnar oherwydd ef.
6. Rhedon ni'n syth i ganol nhw.
7. Doedd neb o'm flaen i yn y rhes.
8. Mae rhyw ddillad od o'th cylch di heddiw.

Mae'r pleidiau eraill i gyd yr un fath!

1. Rhowch y rhagenwau hyn ar ôl neu ynghanol yr arddodiaid yn y brawddegau hyn:

Fe wnaeth e'r gwaith [er mwyn + i].

Roedd hi wrth ei bodd [ynghanol + nhw.]

Roedd pawb yn bresennol [heblaw + chi].

Roedd yr etholaeth yn gadarn iawn [o blaid + i].

Rhedodd hi'n gyflym [ar ôl + nhw].

Daeth yr arlywydd i gerdded [ymysg + ni].

Taflodd hi'r llyfr [tuag at + ef].

2. Dyma gynllun ar gyfer codi traffordd o gwmpas tref. Mae dau bosibilrwydd: A a B. Pa un byddech chi'n ei ddewis? Dadleuwch o blaid eich dewis.

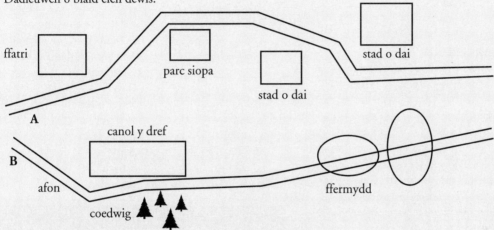

3. Mae Alun Morgan eisiau bod yn Brif Weinidog Cymru. Dyma'i bolisïau:

o blaid
  i. gwario mwy ar addysg
  ii. gwario llai ar ffyrdd
  iii. codi rheilffordd ar daws y wlad o'r de i'r gogledd
  iv. cael mwy o gaeau chwarae bach

yn erbyn
  i. preifateiddio dŵr
  ii. talu mwy i athrawon
  iii. talu ffïoedd myfyrwyr yn y coleg
  iv. gwerthu tai haf i estroniaid
  v. cael un cae chwarae mawr

Ysgrifennwch ei araith.

4. Rydych chi'n paratoi'r bwyd ar gyfer ymwelwyr. Yn anffodus, mae eich partner yn dod adref yn gynnar, ac mae llanast yn y gegin. Rhowch drefn ar y pethau y mae hi'n eu gweld yno.

Defnyddiwch yr arddodiaid hyn, ar hyn, o gwmpas, ynghanol, ymysg, ar bwys, ar ben

Soniwch am y pethau hyn, cig, y sbageti, tomatos, y llysiau, saws, y llawr, ffrwythau, y coffi, hufen, y sosban, menyn, y tatws

Dydy'ch partner ddim yn credu mai'r gath sydd ar fai. Esboniwch y cyfan.

5: Y Fannod - *The Article*

anifail anwes	*pet animal*
cig oen	*lamb ('s meat)*
cig eidion	*beef*
gafr	*goat*
pawen	*paw*
cawell	*cage*

Dim bannod amhendant

Does dim bannod amhendant *('a'* neu *'an')* yn y Gymraeg.
Sut rydyn ni'n dweud *'a'* neu *'an'*? Dydyn ni ddim yn ei
gynnwys

anifail	*an animal*	ci	*a dog*
cath	*a cat*	ceffyl	*a horse*

Mae dau enw'n gallu dilyn ei gilydd yn Gymraeg.
Mae hyn yn dangos cysylltiad un gair â'r llall. Mae'r gair
cyntaf yn perthyn i'r ail air. Yn Saesneg, fel arfer, mae *of*
neu *'s* neu *'* rhwng y ddau air. Weithiau does dim. Mae
trefn y geiriau yn Gymraeg yn wahanol i'r Saesneg

coler ci		*a dog's collar*
	NEU	*a dog collar*
bwyd ci		*dog food*
llaeth buwch		*cow's milk*
llaeth gafr		*goat's milk*

 Dywedwch yn Gymraeg.

a cat collar	a horse's foot
a cow's leg	goat cheese
lamb's meat	cat food
a cat's bed	a dog's tail
a farm animal	

Ymadroddion Saesneg a'r fannod amhendant

a little	ychydig
a little food	ychydig fwyd, ychydig o fwyd
a few	ychydig (+ enw lluosog), ambell (+ enw unigol)
a few animals	ychydig o anifeiliaid, ambell anifail
a lot	llawer
a lot of milk	llawer o laeth
a week ago	wythnos yn ôl
a good time	amser da
an hour ago	awr yn ôl
a little dog	ci bach
a good cause	achos da

**Rhowch awgrymiadau ar sut mae gofalu am anifeiliaid
anwes. Defnyddiwch rai o'r ymadroddion uchod.**

Rydw i wedi yfed llawer o laeth.

ar y chwith	*on the left*
ar y dde	*on the right*
i'r chwith	*to the left*
i'r dde	*to the right*

Y fannod bendant

y

Rydyn ni'n defnyddio 'y' o flaen cytseiniaid
    y sinema, y theatr, y stryd
Rydyn ni'n defnyddio 'y' o flaen 'w' gytsain
    y wal, y wennol *(swallow, shuttle)*
Mae enwau benywaidd yn treiglo ar ôl 'y'

pont	y bont
canolfan	y ganolfan
tref	y dref

Dydy geiriau benywaidd sy'n dechrau ag 'll' neu 'rh' ddim yn treiglo ar ôl 'y'
    y llyfrgell, y rhes *(row)*

yr

Rydyn ni'n defnyddio 'yr' o flaen llafariaid
    yr orsaf, yr egwyl, yr afon, yr ysgol, yr wythnos
Rydyn ni'n defnyddio 'yr' o flaen 'h'
    yr haul, yr heol

'r

Rydyn ni'n defnyddio ' 'r' ar ôl llafariad
    i'r ysgol, o'r parc, dringo'r Wyddfa, neidio'r wal
    Mae'r theatr ar y dde.
    Ydy'r sinema ar y chwith?
Mae geiriau benywaidd unigol (ac eithrio rhai'n dechrau ag 'll' neu 'rh') yn treiglo'n feddal ar ôl ' 'r'
    Mae'r bont wrth y castell.
    Mae'r llyfrgell wrth yr afon.

Os ydyn ni'n rhoi rhes o enwau ar ôl y fannod, mae rhaid rhoi'r fannod o flaen pob enw
    Mae hi'n hoffi'r parc, yr afon, yr eglwys a'r farchnad.

 Llanwch y bylchau.

Dydw i ddim yn gallu dod o hyd i__ llyfrgell. Mae__ castell wrth ___ parc, ond ble yn ___ byd mae__ llyfrgell? Ydy hi wrth ___ eglwys? Ydy hi wrth ___ sinema?
    "Esgusodwch fi."
    "Fi?"
    "Ie, chi. Ble mae__ llyfrgell, os gwelwch yn dda?"
    "___ llyfrgell? Llyfrgell __ coleg?"
    "Nage, llyfrgell __ dre."
    "Wel, ewch i__ chwith, at ___ ysgol. Wedyn trowch i__ heol ar ___ dde, at ___ afon. Wrth __ afon trowch i___ chwith eto, ac mae__ llyfrgell ar ___ heol wrth ___ ysbyty, ar ___ dde."

 Chi yw swyddog twristiaeth eich sir chi. Ysgrifennwch ateb at ymwelydd o Batagonia sy'n dod i'ch tref neu i'ch pentref chi.

Mae e'n gofyn beth sydd i'w weld, a beth sydd i'w wneud. Dywedwch ble mae'r gwesty. Does dim car gan yr ymwelydd, felly dywedwch sut mae e'n gallu mynd o'r gwesty i fannau diddorol.

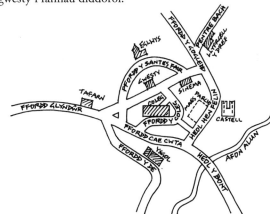

5.2

Y fannod bendant gydag enwau

Rydyn ni'n defnyddio 'y' neu 'yr' mewn rhai enwau gwledydd

Yr Alban	*Scotland*	Yr Aifft	*Egypt*
Yr Almaen	*Germany*	Yr Eidal	*Italy*
Y Swistir	*Switzerland*	Yr Ariannin	*Argentina*
Y Ffindir	*Finland*		

Rydyn ni'n defnyddio 'y' neu 'yr' mewn rhai enwau lleoedd

Y Barri	*Barry*	Y Bala	*Bala*
Y Drenewydd	*Newtown*	Y Felinheli	*Port Dinorwic*
Y Porth	*Porth*	Yr Wyddgrug	*Mold*
Y Fenni	*Abergavenny*	Y Trallwng	*Welshpool*
Y Gelli Gandryll	*Hay-on-Wye*		

Rydyn ni'n defnyddio 'y' neu 'yr' o flaen rhai enwau mynyddoedd a moroedd

Yr Wyddfa	*Snowdon*	Y Môr Canoldir	*The Mediterranean Sea*
Yr Alpau	*the Alps*	Yr Andes	*the Andes*
Y Môr Tawel	*the Pacific Ocean*		

Dydyn ni ddim yn defnyddio 'y' neu 'yr' o flaen enwau moroedd os oes enw gwlad neu le ar ddiwedd yr enw

Môr India	*the Indian Ocean*
Môr Hafren	*the Bristol Channel*
Môr Iwerydd	*the Atlantic Ocean*

Dydyn ni ddim yn defnyddio 'y' neu 'yr' o flaen enwau afonydd

afon Tawe	*the Tawe river*
afon Taf	*the river Taff*
afon Tafwys	*the river Thames*
afon Dyfrdwy	*the river Dee*
OND yr Iorddonen	*the river Jordan*
afon Menai, y Fenai	*Menai straits*

Yr Alpau? Nage, Cader Idris.

Rydyn ni'n defnyddio 'y' neu 'yr' o flaen tymhorau'r flwyddyn

y gwanwyn	*spring*		yr haf	*summer*
yr hydref	*autumn*		y gaeaf	*winter*

Rydyn ni hefyd yn defnyddio 'y' o flaen enwau rhai gwyliau

y Nadolig	*Christmas*		y Pasg	*Easter*
y Sulgwyn	*Whitsun*		y Grawys	*Lent*

Rydyn ni'n gallu rhoi 'y' o flaen enw iaith yn lle dweud 'iaith'

y Gymraeg	*the Welsh language*		y Saesneg	*the English language*

- yn (y) Gymraeg   *in Welsh*
  yng Nghymraeg Ceredigion   *in the Welsh of Ceredigion*

5.3

 Atebwch.

Beth wyt ti'n ei wneud yn ystod: gwyliau'r Pasg?, gwyliau'r Nadolig?, gwyliau'r haf?
Wyt ti wedi bod i'r: Almaen?, Alban?, Eidal?, Bala?
Beth sy yn: y Barri?, yr Ariannin?, y Gelli Gandryll?
Disgrifiwch y mynyddoedd hyn: yr Alpau, yr Wyddfa, y Rockies

 Lluniwch sgwrs.

Mae Mari a Huw, sy'n ŵr a gwraig, yn trefnu eu gwyliau. Mae Huw am fynd i leoedd o ddiddordeb hanesyddol yn yr Almaen neu yn yr Eidal yn y gwanwyn. Mae Mari am fynd i orwedd yn yr haul ar lan y môr yn yr haf, yn Sbaen neu yng Ngwlad Groeg.

 Cywirwch y brawddegau hyn.

1. Mae'r afon Hafren yn llifo i Fôr yr Hafren.
2. Mae Almaen, Eidal a Swistir yn yr Undeb Ewropeaidd.
3. Es i i Fangor, Barri a Bala'r haf yma.
4. Beth ydych chi am ei wneud yn ystod gwyliau Pasg?
5. Rydw i'n edrych ymlaen at wanwyn eleni.
6. Roedden ni'n hedfan dros y Môr India ar y ffordd i'r Awstralia.
7. Yn haf, maen nhw'n treulio eu gwyliau yn y Sbaen.
8. Roedd hi bob amser yn siarad yn Gymraeg Sir Benfro.

eirin	*plums*
gellyg	*pears*
pin afal	*pineapple*
eirin gwlanog	*peaches*
grawnwin	*grapes*
ceirios	*cherries*

Y fannod gydag ymadroddion mesur

Rydyn ni'n defnyddio'r fannod bendant ('y', 'yr' neu ' 'r', gweler Cam 2) yn lle'r fannod amhendant mewn rhai ymadroddion yn lle *'a' ('per')* yn Saesneg

wyth deg ceiniog y pwys	*80p a pound*
dwy bunt y kilo	*£2 a kilo*
tri deg pum milltir i'r galwyn	*35 miles a gallon*
naw milltir i'r litr	*9 miles a litre*
pum deg milltir yr awr	*50 miles an hour*

 Beth yw pris y ffrwythau a'r llysiau hyn?

(…ceiniog y kilo) (…ewro y kilo)

afalau	gellyg	ceirios	tatws	moron
65c/kilo	70c/kilo	80c/¼kilo	25c/kilo	35c/kilo
135e/kilo	140e/kilo	150e/¼kilo	115e/kilo	120e/kilo

Ymadroddion eraill

yr un	*each*
ugain ceiniog yr un	*20p each*
y ddau, y ddwy	*both*
Ydych chi'n moyn y ddau?	*Do you want both?*
Ydych chi eisiau'r ddau?	
OND fe a chi	*both he and you*
chi'ch dau	*both of you*
y naill a'r llall	*the one and the other*
y naill neu'r llall	*one or the other*
y cyntaf	*the former*
yr olaf	*the latter*
ar y naill law	*on the one hand*
ar y llaw arall	*on the other hand*
ar y llall	*on the other*

 Disgrifiwch beth wnaeth y groser yn y bore.

Bore'r groser

codi am bedwar: mae e'n hwyr
mynd i'r farchnad ffrwythau a llysiau
cyflymdra wrth deithio?
prynu ffrwythau: afalau: pris? orenau: pris?
gellyg: pris? eirin gwlanog: pris?
prynu llysiau: tatws: pris?
moron: pris?
mynd yn ôl i'r siop yn y car
gyrru: cyflymdra?
cyrraedd am 8 o'r gloch
agor y siop
gwerthu'r ffrwythau a'r llysiau: mae e'n dyblu pob pris
beth yw pris gwerthu'r llysiau a'r ffwythau?

'mewn' ac 'yn'

Gyda'r fannod, ac o flaen ymadroddion pendant, rydyn ni bob amser yn defnyddio 'yn'

yn y siop, yn siop Siân, yn amgueddfa'r dref

Gyda geiriau heb y fannod, ac o flaen ymadroddion amhendant, rydyn ni bob amser yn defnyddio 'mewn'

mewn siop, mewn tref, mewn siop ffrwythau, mewn gwlad

 **Lluniwch y sgwrs.**

Mae hen ddyn ffwdanllyd yn dod i'r siop. Mae e'n sgwrsio â'r siopwr. Mae e'n holi am ansawdd y ffrwythau a'r llysiau:
Pa mor ffres…? O ble mae…? Ydy'r…yn organig?
Mae e'n holi am y prisiau. Mae'r siopwr yn nodi pris y pwys am bob eitem, ac yn gobeithio gwerthu llawer o ffrwythau. Yn y pen draw, dim ond un neu ddau beth mae'r hen ddyn yn eu prynu.

5.5

Cam 5 – y fannod gyda chlefydau – Mynd at y meddyg

y ffliw	*influenza*	y frech goch	*measles*
y ddannodd	*toothache*	y pâs	*whooping cough*
y frech wen	*smallpox*	y frech Almaenig	*German measles*
yr eryr	*shingles*	y dwymyn	*fever*
y fogfa	*asthma*	y clefyd melyn	*jaundice*

Y fannod a chlefydau

Mae'r fannod yn digwydd o flaen enw rhai clefydau

Mae'r ffliw arna i.

Mae'r frech goch arna i.

Mae'r fannod yn digwydd rhwng y ddwy elfen

brech yr ieir	*chicken pox*
llid yr ymennydd	*meningitis*
llid yr ysgyfaint	*bronchitis*
twymyn y gwair	*hayfever*
clefyd y gwair	*hayfever*

Ydych chi wedi cael brech yr ieir?

Dydyn ni ddim yn defnyddio'r fannod o flaen y rhain

annwyd	cefn tost	llwnc tost/dolur gwddf
peswch	pen tost/cur pen	
coes dost	polio	

Oes annwyd arnoch chi?   Mae annwyd arna i.
Oes gwres arnoch chi?   Does dim gwres arna i.
Oes pen tost 'da chi?   Does dim pen tost 'da fi.

- Rydyn ni'n defnyddio 'ar' ar ôl enwau clefydau neu anhwylderau

Mae annwyd arna i.

- Rydyn ni'n gallu defnyddio 'gyda' ('da) ar ôl rhannau o'r corff sy'n dost

Mae clust dost 'da fi.

 **Dywedwch pa glefydau rydych chi wedi eu cael a pha rai dydych chi ddim wedi eu cael.**

e.e.   Rydw i wedi cael y frech goch.

Rhowch y geiriau hyn mewn sgwrs.

Mari:	gwres
meddyg:	pen tost ?
Mari:	cefn tost – annwyd – peswch
meddyg:	brech yr ieir – yn blentyn?
Mari:	y frech Almaenig – y frech goch – y frech wen – yn blentyn.
meddyg:	y fogfa
Mari:	pils – moddion ?
meddyg:	gwely – tri – diwrnod – ffliw.

Cam 6 – y fannod gydag ymadroddion lle, a dulliau o deithio – O'r ysgol i'r coleg

Y fannod gydag ymadroddion lle

Rydyn ni'n defnyddio'r fannod mewn rhai ymadroddion lle dydy'r fannod ddim yn cael ei defnyddio yn Saesneg.
Mae llawer o'r ymadroddion hyn yn nodi adeiladau neu leoedd

i'r dre	*to town*	o'r dre	*from town*
i'r ysgol	*to school*	o'r ysgol	*from school*
i'r coleg	*to college*	yn y coleg	*at college*
i'r eglwys	*to church*	i'r capel	*to chapel*
i'r ysbyty	*to hospital*	yn yr ysbyty	*in hospital*
i'r carchar	*to jail*	yn y carchar	*in jail*

Y fannod gyda dulliau o deithio

Rydyn ni'n defnyddio'r fannod wrth nodi rhai dulliau o deithio

ar y trên	*by train*
yn y car	*by car*
ar y bws	*by bus*

Ymadroddion eraill

Ymadroddion eraill sy'n defnyddio 'y', 'yr' neu ''r'

yn y gwaith	*at work*
yn y golwg	*in sight, in view*
yn y tŷ	*at home*
yn y gwely	*in bed*

 **Atebwch.**

1. Beth rydych chi wedi'i astudio yn yr ysgol?
2. Ydych chi'n mynd i'r ysgol neu i'r coleg nawr?
3. Wyt ti eisiau mynd i'r coleg neu i'r brifysgol? Pam?
4. Beth rydych chi eisiau ei astudio yn y coleg/brifysgol? Pam?
5. Wyt ti'n mynd i'r capel neu i'r eglwys?

Y fannod gyda theitlau

(gweler Enwau, Cam 12)

Yr Athro Siencyn ap Gwalchmai

Y fannod gydag enwau genidol

(gweler Enwau, Cam 9)

ceir y cwmni

Y fannod gydag enwau ieithoedd, gwledydd a llefydd

(gweler Enwau, Cam 12, hefyd Y Fannod, Cam 3)

y Gymraeg

Y fannod o flaen ansoddeiriau

(gweler Ansoddeiriau, Cam 10)

y tlawd

 Cyfieithwch y brawddegau hyn.

1. He was in prison for eight years.
2. What are you doing at work?
3. She went to chapel regularly.
4. We all went to bed early.
5. After the accident I was in hospital for a week.
6. Are you going to college today?
7. They're going there by bus.
8. Her petticoat was showing.

5.6

1. Dyma sgoriau rowndiau terfynol Cwpan y Byd, pêl-droed, yn y flwyddyn 2050.
   Ysgrifennwch adroddiad i bapur wythnosol ar y rowndiau terfynol. Cyfieithwch enwau'r gwledydd, wrth gwrs.
   curo *to beat*, colli yn erbyn *to lose against*, yn fuddugol *victorious*.

rownd 8 olaf	rownd gyn-derfynol	rownd derfynol
Wales 3		
England 0		
	Wales 2	
Scotland 5	Scotland 1	
Germany 2		Wales 8
		Italy 3
Ireland 3		
Italy 4		
	Italy 3	
Spain 2	Egypt 2	
Egypt 4		

2. Mae stondin 'da chi yn y farchnad. Rydych chi'n prynu ffrwythau a llysiau gan y dosbarthwr *(distributor)* yn y bore.
   Rydych chi wedi prynu llawer gormod, ac mae hi'n bwrw glaw. Mae rhaid i chi drafod gyda'ch partner beth rydych
   chi'n ei godi y pwys am y ffrwythau a'r llysiau. Rydych chi eisiau codi pris uchel er mwyn cael elw *(profit)*, ond mae eich
   partner eisiau codi pris isel, er mwyn gwerthu rhagor. Lluniwch y sgwrs.

3.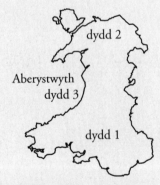

   Rydych chi'n trefnu ras feiciau Cymru. Mae rhaid i chi gyfieithu'r
   daflen wybodaeth i feicwyr.
   Start: Barry
   Day 1: Barry – Abergavenny – Mold
   Day 2: Mold – Snowdon – Bala
   Day 34: Bala – Aberystwyth – Carmarthen – Cowbridge – Barry
   Lluniwch lythyr i feicwyr, yn hysbysebu'r ras, ac yn tynnu sylw at y
   golygfeydd a'r pethau diddorol ar y ffordd.

4. Cyfieithwch y brawddegau hyn.
   i.   5% of the population of Wales have suffered from flu this winter.
   ii.   25% of the population of north Wales have had measles.
   iii. 10% of the children of south Wales have had chicken pox.
   iv.   A large number of the old miners suffer from heart disease.
   v.   We want enough beds in hospitals to deal with whooping cough.

5. Dyma ddulliau gwahanol bobl o gyrraedd y gwaith. Disgrifiwch yr ystadegau.

	i'r coleg	i'r ysgol	i'r gwaith dur	i'r swyddfa	i'r ffatri
yn y trên	8%	1%	6%	4%	2%
ar y bws	16%	68%	27%	18%	32%
â'r car	70%	14%	56%	61%	38%
cerdded	6%	17%	11%	17%	28%

Sut gallech chi annog mwy i gerdded? Beth byddech chi'n ei wneud?

6. Dyma farina Abertawe. Fyddech chi'n hoffi cael cwch? I ble byddech chi'n hoffi mynd? Pam?

Ymadroddion cyffredin â'r ansoddair o flaen yr enw

mae brith gof gen i	*I have a faint memory*
cyfan gwbl	*completely*
mewn da bryd	*in good time*
mewn dirfawr angen	*in great need*
gwyn fyd y tlodion	*blessed are the poor*
dyledus barch	*due respect*
hir oes!	*a long life!*
llwyr anobeithio	*to despair completely*
o bell ffordd	*by a long way*
dydd o brysur bwyso	*a day of reckoning*
rhyfedd wyrth	*a wonderful miracle*
rhwydd hynt iddo	*let him do as he wants*
mae taer angen	*there is an urgent need*
uchel siryf	*high sheriff*

 Cyfieithwch y brawddegau hyn.

1. Who's playing the part of the lonely wife?
2. They were showing various programmes all evening.
3. There was a real elephant on the stage.
4. Name your favourite programme and your most hated programme.
5. With all due respect, it was a completely awful film.
6. I only have a faint memory of the play.
7. We are the only people in the audience.
8. She has an excellent voice but an awful accent.

Cam 3 – benywaidd; 'bod yn' + ansoddair; braf – Yn y wlad

Benywaidd ansoddeiriau

Mae gan rai ansoddeiriau ffurf fenywaidd

bychan	bechan
byr	ber
crwn	cron
cryf	cref
dwfn	dofn
gwyn	gwen
gwyrdd	gwerdd
melyn	melen
tlws	tlos
trwm	trom

Dyma enghreifftiau cyffredin

nant ddofn	caseg drom	siaced fraith
pont fechan	afon ddofn	
stori fer	deilen werdd	
golygfa dlos	y ford gron	

- Mae'r ansoddair yn treiglo ar ôl enw benywaidd unigol.

Merch dlos

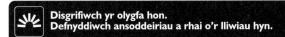

(Os ydych chi'n byw yn y dref, defnyddiwch eich dychymyg!) Defnyddiwch yr enwau a'r ansoddeiriau hyn yn eich disgrifiad. (Mae'r enwau hyn i gyd yn rhai benywaidd.)

Enwau:

    nant, afon, pont, ffordd, heol, coeden, eglwys, stryd, caseg, buwch, dafad, fferm

Ansoddeiriau (newidiwch nhw i'w ffurf fenywaidd os oes modd):

    dwfn, prysur, trwm, bychan, tlws, gwyrdd, gwyn, tenau, llydan, byr, mawr, tawel

---

'bod yn' + ansoddair

Rydyn ni'n gallu rhoi ansoddair ar ôl y ferf 'bod' + enw neu ragenw + yn (Mae…yn…; Roedd…yn…).

Mae'r ansoddair yn treiglo'n feddal

    Mae'r stryd yn brysur.

Dydy 'll' a 'rh' ddim yn treiglo

    Mae'r afon yn llydan.

    Roedd hi'n braf yn y wlad.

Dydyn ni ddim fel rheol yn defnyddio'r ffurf fenywaidd ar ôl 'yn'

    Roedd yr afon yn ddwfn.

- Dydy 'braf' byth yn treiglo

    Mae hi'n braf.

6.3

    coch, melyn, gwyrdd, glas, gwyn, brown, llwyd, porffor, oren

Lluosog ansoddeiriau

Mae i rai ansoddeiriau ffurf luosog. Rydyn ni'n gallu defnyddio'r rhain ar ôl enwau lluosog. Dyma'r rhai mwyaf cyffredin

arall	eraill
budr	budron
byr	byrion
bychan	bychain
caled	celyd
coch	cochion
crwn	crynion
cryf	cryfion
dall	deillion
dewr	dewrion
du	duon
garw	geirw, geirwon
glas	gleision
gloyw	gloywon
gweddw	gweddwon
gwyn	gwynion
gwyrdd	gwyrddion
hardd	heirdd, heirddion
hir	hirion
ieuanc	ieuainc
ifanc	ifainc
llwyd	llwydion
marw	meirw, meirwon
mawr	mawrion
trwm	trymion

Rydyn ni'n gallu dweud
   Mae'r plant bychain yn chwarae gyda'r mamau ifainc.
Ond rydyn ni fel arfer yn dweud
   Mae'r plant bach yn chwarae gyda'r mamau ifanc.
Dydyn ni ddim yn defnyddio ffurfiau lluosog yr ansoddair yn aml ar lafar, nac yn aml iawn wrth ysgrifennu.
Dydy ansoddair lluosog ddim yn treiglo ar ôl enw (benywaidd) lluosog
   merched bychain

Fel arfer, does dim ffurf fenywaidd i'r ansoddair lluosog
   siwmper werdd   siwmperi gwyrddion
- Mae 'pobl' yn enw unigol benywaidd, ond rydyn ni'n gallu rhoi ansoddair unigol neu luosog ar ei ôl
   pobl ifanc, pobl ifainc
   pobl ddu, pobl dduon
- Allwn ni ddim defnyddio 'arall' gyda enw lluosog. Mae rhaid defnyddio 'eraill'.

Rhai ymadroddion cyffredin

Indiaid cochion	*red Indians*
camau breision	*large steps, great increase, great progress*
mwyar duon	*blackberries*
plant bychain	*little children*
('Hoff yw'r Iesu o blant bychain' (Emyn adnabyddus)	
mewn dyfroedd dyfnion	*in deep waters (in trouble)*

Ansoddair lluosog fel enw

(gweler Enwau, Cam 8)

dall	deillion	y deillion	*the blind*
ifanc	ifainc	yr ifainc	*the young people*
tlawd	tlodion	y tlodion	*the poor people*
cyfoethog	cyfoethogion	y cyfoethogion	*the rich people*
mawr	mawrion	y mawrion	*the great people*
marw	meirw(on)	y meirwon	*the dead*
caredig	DIM FFURF LUOSOG	y caredigion	*the kind people, the patrons*
anffodus	DIM FFURF LUOSOG	yr anffodusion	*the unfortunate people, the sufferers*

- Rydyn ni'n gallu creu enw lluosog o'r ansoddair hyd yn oed pan nad oes ffurf luosog i'r ansoddair.

Cymharu ansoddeiriau

Mae pedair gradd gan ansoddair

1. cysefin: term am ansoddair heb ei gymharu, e.e. ffurfiau cysefin yw cyflym, glân, coch
2. cyfartal: pan ydyn ni'n dweud bod un peth yr un fath â'r radd gysefin, e.e. mor gyflym
3. cymharol: pan ydyn ni'n dweud bod rhywbeth yn fwy (llai ac ati) na rhywbeth arall
4. eithaf: pan ydyn ni'n dweud mai un peth yw'r gorau neu'r gwaethaf, y mwyaf neu'r lleiaf, ac ati.

Mae dwy ffordd o gymharu ansoddeiriau: y ffordd gryno a'r ffordd gwmpasog. Mae'r cam hwn a'r camau sy'n dilyn yn cyflwyno'r ffordd gwmpasog.

Ar lafar, rydyn ni'n aml yn defnyddio'r ffordd gwmpasog gyda'r rhan fwyaf o ansoddeiriau llai cyffredin.

Rydyn ni fel arfer yn defnyddio'r ffordd gryno gyda'r ansoddeiriau mwyaf cyffredin: da, gwael, mawr, bach.

Wrth ysgrifennu'n ffurfiol iawn, rydyn ni'n defnyddio'r ffordd gryno.

6.5

Cyfartal cwmpasog

Os ydy dau beth yn gyfartal, rydyn ni'n defnyddio'r patrwm hwn

Mae	'r	ddiod	mor	ddrud	â	'r bwyd
		llyfr		drwm	ag	bricsen
Roedd	y	siopwr		gyflym		mellten
		ffenest		fawr		'r siop
		siop		frwnt/fudr		thwlc mochyn
		llawr		lân		phapur gwyn
	e			fach		llygoden
	hi					amgueddfa

Eich tro chi!

Brawddegau negyddol

Dydy	'r siop	ddim mor	rhad	â	'r archfarchnad
	hi		ddrud	ag	archfarchnadoedd
	nhw		lân		
			effeithiol		

Eich tro chi!

Mae ansoddeiriau'n treiglo'n feddal ar ôl 'mor'
    drud   mor ddrud
Dydy 'll' a 'rh' ddim yn treiglo ar ôl 'mor'
    Mae'r dref mor llawn â thun o bysgod
    Mae'r cig mor rhad â'r caws.

Mae enwau'n treiglo'n llaes ar ôl 'â'
    twlc mochyn   mor frwnt â thwlc mochyn
Mae 'â' yn newid yn 'ag' o flaen llafariad
    Mae orenau mor rhad ag afalau.
Dydy 'mor' ddim yn treiglo
    Merch mor hardd.

Cymharwch y siop a'r archfarchnad. Defnyddiwch yr ymadroddion hyn.

mor dda, mor rhad, mor ddrud, mor lân, mor frwnt, mor llawn, mor daclus, mor ddiddorol, mor neis, mor brysur

Mae fy siop fach i ar agor tan ddeg y nos

Dw i ddim yn gallu ffeindio dim yn yr archfarchnad!

Ansoddeiriau sy'n diweddu yn -ol, -og, -us, -gar, -adwy, -edig

Os ydy ansoddair yn gorffen ag un o'r terfyniadau hyn, rhaid defnyddio'r ffordd gwmpasog wrth gymharu

-ol	dymunol	mor ddymunol
-og	godidog	mor odidog
-us	gwybodus	mor wybodus
-gar	gafaelgar	mor afaelgar
-adwy	ofnadwy	mor ofnadwy
-edig	gweledig	mor weledig

'da' a 'drwg'

da

Rydyn ni'n gallu defnyddio'r ffurf gryno 'cystal â' neu 'mor dda'
> Mae'r bwyd yn y siop fach cystal â'r bwyd yn yr archfarchnad.
> Mae hi mor dda â'i chwaer.

drwg

Rydyn ni'n gallu defnyddio'r ffordd gryno 'cynddrwg â' neu 'mor ddrwg â'
> Mae'r cig cynddrwg â'r pysgod.
> Mae e mor ddrwg â'i frawd.

- Dydyn ni ddim yn rhoi 'mor' o flaen yr ansoddair wrth ddefnyddio'r ffordd gryno.

Ymadroddion defnyddiol

cystal â'i gilydd	*as good as each other*
cynddrwg â'i gilydd	*as bad as each other*
cystal â fi	*as good as me*
Rydw i cystal â thi.	*I'm as good as you.*
yn ogystal â	*as well as, in addition to*
cystal cyfaddef	*just as well to confess*

Cywirwch y brawddegau hyn.

1. Roedd y gwasanaeth yn y siop fach mor cyflym ag yn yr archfarchnad.
2. Mae'r bwyd yn y cigydd yn mor flasus â'r cig yn y farchnad.
3. Mae'r llawr mor lân a'r bwrdd.
4. Mae orenau mor iachus â afalau.
5. Roedd y lle mor frwnt â twlc mochyn.
6. Mae'r ffilm mor ddiddorol ag y llyfr.
7. Roedd y moron mor rad â'r tatws.
8. Mae'r gwasanaeth yn cynddrwg â'r bwyd.

152

1. Mae cyflwynydd teledu'n gweld bod rhaglenni'r dydd yn rhai anniddorol iawn. Dyma'i farn e am y rhaglenni:

Rhaglen storïau   storïau di-fflach am bobl ddibwys
Opera sebon   yr un hen actorion
Rhaglen gwis   cyflwynydd diflas, cwestiynau arwynebol
Ffilm   hen ffasiwn a phlentynnaidd
Rhaglen natur   hen lygod a mwncïod mawr

Mae rhaid i'r cyflwynydd ysgrifennu sgript i gyflwyno'r rhaglenni hyn. Mae e am ddweud eu bod yn rhai diddorol a llawn dychymyg. Ysgrifennwch ei sgript.

2. Rydych chi'n golygu sgript rhaglen deledu. Mae'r awdur wedi ysgrifennu'r sgript mewn iaith flodeuog iawn, ond fydd y gwylwyr ddim yn hoffi hyn. Un ffordd o wneud y sgript yn fwy syml yw newid yr ansoddeiriau lluosog yn rhai unigol. Newidiwch y sgript.

Roedd coed mawrion yn tyfu o gwmpas y caeau melynion, a dail gwyrddion yn disgleirio yn yr haul. O gwmpas roeddwn i'n gallu gweld nentydd bychain, afonydd hirion a llynnoedd gwynion yn y cefndir. Yma, ers llawer dydd, roedd y Rhufeiniaid beilch wedi gorymdeithio. Roedden nhw wedi adeiladu heolydd hirion, sythion, wedi codi cestyll cedyrn, ac wrth gwrs roedd ganddyn nhw filwyr dewrion. Doedd y Cymry bychain, serch hynny, ddim yn mynd i ildio'n hawdd. Roedden nhw'n ymladdwyr dewrion, ond roedd gan y Rhufeiniaid wisgoedd trymion, tarianau crynion, ac arfau hirion. Yn y pen draw, roedd y Rhufeiniaid wedi aros am flynyddoedd meithion, ond pan adawon nhw, y Cymry gweinion oedd yn dal ar y tiroedd gwyrddion hyn, a heddiw dim ond olion gwelwon sydd o'r helyntion geirwon gynt.

3. Mae Mair yn priodi, ac mae ei rhieni eisiau trefnu'r wledd. Mae 75 o westeion, ac mae 45 ohonyn nhw eisiau aros dros nos. Bydd 130 yn dod i'r parti nos. Mae Cymru'n chwarae rygbi yn erbyn Seland Newydd yr un diwrnod. Maen nhw'n cymharu dau westy. Dyma fanylion y ddau westy:

	Y Ddraig	**Y Llew Coch**
pris bwyd	£20.50 yr un	£18.00 yr un
llogi ystafell	£150	£130
gwin	£6.50 y botel	£7.00 y botel
lle	85 o bobl	90 o bobl
gardd	gardd fach brydferth	gardd fawr heb fod mor brydferth
bar	lle i 60	lle i 70
neuadd gyngerdd	lle i 150	lle i 120
llety	lle i 40 gysgu	lle i 50 gysgu
adnoddau	offer sain, teledu mawr	offer sain, dim teledu mawr
safle	ynghanol y dref	wrth y môr

Lluniwch sgwrs rhwng y rhieni. Pa westy maen nhw'n ei ddewis? Defnyddiwch yr ansoddeiriau hyn wrth gymharu'r ddau westy:

mor gyfleus, mor rhad, mor fawr, cystal, mor brydferth, mor swnllyd, mor gostus, mor ddrud

Cofiwch ddefnyddio brawddegau negyddol ('ddim'...) weithiau.

annatblygedig	*underdeveloped*
difreintiedig	*underprivileged*
diwydiannol	*industrial*
poblog	*populated*

'mwy' a 'llai'

Rydyn ni'n gallu defnyddio ffurfiau cryno dau ansoddair i ffurfio'r ffordd gwmpasog gydag ansoddeiriau eraill

| mawr | mwy | *more* |
| bach | llai | *less, smaller* |

Os ydy un peth yn fwy neu yn llai na rhywbeth arall, rydyn ni'n gallu defnyddio'r patrwm hwn

Mae	hi	yn fwy	na	Lloegr	
	India	'n fwy	nag	Chymru	**Eich tro chi!**
	Ffrainc	yn llai		Denmarc	
	Canada	'n llai		Israel	
Dydy	Sbaen	ddim yn fwy			
		ddim yn llai			

Mae enwau'n treiglo'n llaes ar ôl 'na'

    Cymru   na Chymru

Mae 'na' yn newid i 'nag' o flaen llafariad

    Mae India'n fwy nag Ewrop.

Yn y negyddol rydyn ni'n defnyddio'r patrwm hwn

    Dydy Cymru ddim yn fwy nag India.

Dydyn ni ddim yn defnyddio ffurf fenywaidd neu luosog yr ansoddair wrth gymharu

    Mae'r wlad yn fwy llwm na'r dref.

Mae 'mwy' a 'llai' yn gallu bod yn enw

| mwy o fwyd | *more food* |
| llai o law | *less rain* |

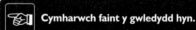 **Cymharwch faint y gwledydd hyn.**

China	–	Cymru
yr Ariannin	–	Lloegr
Ethiopia	–	Llydaw
yr Aifft	–	Iwerddon

Cymharol cwmpasog

Rydyn ni'n gallu defnyddio 'yn fwy' neu 'yn llai' wrth gymharu ansoddeiriau eraill. Rydyn ni'n defnyddio'r patrwm hwn

Mae	Ethiopia	yn/'n fwy	tlawd	na	hi	
Roedd	hi	yn/'n llai	sych	nag	Chymru	**Eich tro chi!**
Dydy	India	ddim yn fwy	cyfoethog		Sweden	
Doedd	Norwy	ddim yn llai			Albania	
	Sbaen					

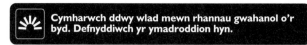
mwy/llai +

poeth, gwlyb, cyfoethog, oer, diwydiannol, breintiedig, annatblygedig, poblog

Ffurfiau cwmpasog ar ôl enwau

Mae 'mwy' a 'llai' yn treiglo ar ôl enw benywaidd

mwy cyfoethog	Mae'r Swistir yn wlad fwy cyfoethog na Chymru.
mwy tlawd	Mae Affrica'n gyfandir mwy tlawd nag Ewrop.
llai prydferth	Mae Lloegr yn wlad lai prydferth na Chymru.

6.6

Eich tro chi!

Mae'r	Almaen Swistir Eidal Alban Aifft Iseldiroedd	yn wlad	fwy cyfoethog na fwy mynyddig na fwy prydferth na lai poblog na lai diwydiannol na lai mynyddig na	Chymru Lloegr Ffrainc Gwlad Belg Japan Sbaen
Dydy'r		ddim yn wlad		

Pa broblemau sydd yn y trydydd byd? Pam?

economi: llai datblygedig, llai diwydiannol, nwyddau llai costus

y bobl: llai cyfoethog, llai materol, llai addysgedig

disgwyliad bywyd (*life expectancy*) yn fwy byr

ffyrdd a chludiant: llai datblygedig, llai trefnus, llai effeithiol

dull o fyw: llai prysur, llai cymhleth, llai amhersonol

Cymharol cryno

(gweler Camau 11-13)

Ar lafar ac wrth ysgrifennu, rydyn ni'n aml yn defnyddio'r ffordd gryno wrth gymharu ansoddeiriau cyffredin

tlawd	tlotach na
drud	drutach na
sych	sychach na
gwlyb	gwlypach na
rhad	rhatach na
glân	glanach na
byr	byrrach na
gwyn	gwynnach na
cyfoethog	cyfoethocach na

Eich tro chi!

Mae'r	Indiaid Awstriaid Gwyddelod Americaniaid	yn	dlotach na'r lanach na'r fyrrach na'r gyfoethocach na'r	Cymry Saeson Ffrancod Rwsiaid

Ffurfiau gwahanol

da	gwell na
drwg	gwaeth na
uchel	uwch na
isel	is na
cyflym	cynt na, cyflymach na
agos	nes na

Enghreifftiau

Mae mynyddoedd y Swistir yn uwch na mynyddoedd Cymru.

Mae'r Iseldiroedd yn is na'r Swistir.

Mae byw yn y wlad yn well na byw yn y dref.

Mae'r Alpau'n fynyddoedd uwch na'r Pyreneau.

Mae tîm rygbi Cymru'n waeth na thîm merched yr Uplands.

Mae Merched yr Uplands yn dîm gwell na thîm Chymru.

Defnyddiwch yr ymadroddion hyn mewn brawddegau i gymharu byw yn y wlad a byw yn y dref.

bywyd	yn well na
traffig y dref	yn gyflymach na
awyr	yn waeth na
bryniau	yn uwch na
incwm ffermwyr	yn is na

Cyfieithwch y brawddegau hyn.

1. Wales is richer than many other small countries.
2. The weather is colder in summer than in winter.
3. Third world countries aren't as industrial as western countries.
4. Poverty in the country is not as bad as poverty in the town.
5. The mountains are always colder than the valleys.
6. Life in the country is less complicated than life in the city.
7. Africa is a richer continent than Europe.
8. Taxi drivers' income is higher than farmers' income.

> Mae mwy o fwytai Indiaidd yng Nghymru nag yn y Swistir.

Cam 7 – cymharu; eithaf 'mawr' a 'bach'; eithaf cwmpasog a chryno – Mabolgampau

naid hir	*high jump*	ras wib	*sprint*
picell	*javelin*	disgen	*discus*
naid driphlyg	*triple jump*	naid bolyn	*pole vault*
ras gyfnewid	*relay race*	herc, cam a naid	*hop, step and jump*

'mwyaf' a 'lleiaf'

Os ydy un peth yn fwy neu'n llai, yn well neu'n waeth, na phopeth arall, rydyn ni'n defnyddio'r patrwm hwn.

Huw Fe	ydy'r	mwyaf lleiaf
Siân Hi		fwyaf lleiaf

Wrth siarad, rydyn ni'n gallu defnyddio 'mwya' a 'lleia'.
Os ydyn ni'n cymharu dau beth, rydyn ni'n defnyddio 'mwyaf' (yn lle *bigger*, neu *more* yn Saesneg)

    Hi yw'r fwyaf o'r ddwy.   *She is the bigger of the two.*
Mae 'mwyaf' yn treiglo'n feddal os ydyn ni'n sôn am enwau benywaidd unigol

    Hi ydy'r fwyaf.

Eithaf cwmpasog

Os ydyn ni'n defnyddio ansoddair arall, rydyn ni'n gallu defnyddio'r patrwm hwn

Siôn Fe	ydy'r	mwyaf lleiaf	cyflym araf
Siân Hi		fwyaf lleiaf	cryf tal

Rydyn ni'n gallu rhoi'r ansoddeiriau 'ofnadwy', 'difrifol', 'dychrynllyd', 'rhyfeddol', 'eithriadol' ar ôl ansoddair
>   peryglus ofnadwy
>   oer difrifol
>   peryglus eithriadol

- Os bydd yr ymadrodd yn sôn am enw benywaidd, bydd y ddau ansoddair yn treiglo
>   Mae hi'n oer ddifrifol.

Rydyn ni hefyd yn gallu rhoi 'iawn' a 'dros ben' ar ôl ansoddair
>   niweidiol iawn
>   cyflym dros ben

> Rydyn ni'n gallu defnyddio 'uffernol' a 'diawledig' ar lafar (ond nid mewn Cymraeg ffurfiol)
>   poeth uffernol, diawledig o beryglus
>   Mae plwtoniwm yn stwff uffernol o beryglus.

Cam 9 – gwrthwyneb – Y dref a'r wlad

Gwrthwyneb ansoddeiriau gyda'r rhagddodiad 'an-'

I nodi ystyr gwrthwyneb ansoddair, rydyn ni weithiau'n gallu rhoi'r rhagddodiad 'an-' ar y dechrau
>   hapus   an + hapus   anhapus

Mae cytsain gyntaf yr ansoddair wedyn yn treiglo'n feddal (b, g, m) neu'n drwynol (c, d, p, t,)
>   cynnes   an + nghynnes   anghynnes
>   bodlon   an + fodlon   anfodlon

Lle mae 'an' o flaen 'd' neu 't', rydyn ni'n dyblu 'n' wrth dreiglo'n drwynol
>   dealladwy   an + nealladwy   annealladwy
>   teg   an + nheg   annheg

Dydyn ni ddim yn dyblu 'n' lle mae 'tr' yn treiglo'n drwynol
>   trefnus   an + nhrefnus   anhrefnus

Lle mae 'p' yn treiglo'n drwynol, mae 'an' yn newid yn 'am'
>   parod   an + mharod   amharod (dydyn ni ddim yn dyblu 'm')

addas	anaddas		esmwyth	anesmwyth
aml	anaml		gwâr	anwar
arferol	anarferol		gweddus	anweddus
bodlon	anfodlon		hwylus	anhwylus
cwrtais	anghwrtais		moesol	anfoesol
cyfarwydd	anghyfarwydd		parod	amharod
cyffredin	anghyffredin		personol	amhersonol
cyfiawn	anghyfiawn		poblogaidd	amhoblogaidd
cyfleus	anghyfleus		sicr	ansicr
cyfreithlon	anghyfreithlon		taclus	annhaclus
deallus	anneallus		tebyg	annhebyg
dibynnol	annibynnol		tebygol	annhebygol
diddorol	anniddorol		teg	annheg
diffuant	anniffuant		trefnus	anhrefnus
diogel	anniogel		trugarog	anhrugarog
effeithiol	aneffeithiol		ymwybodol	anymwybodol
eglur	aneglur			

Defnyddiwch wyth o'r parau uchod i ddisgrifio'r gwahaniaeth rhwng pobl y wlad a phobl y dref, a bywyd y wlad a bywyd y dref.

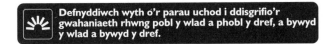

Ysgrifennwch baragraff yn cymharu'r wlad a'r dref. Meddyliwch am y pethau hyn.

y bobl	traffig	teithio	yr amgylchedd
swyddi	adloniant	tai	cymdogion

Gwrthwyneb ansoddeiriau gyda'r rhagddodiad 'di-'

Ffordd arall o lunio ansoddair gwrthwyneb ei ystyr yw rhoi 'di-' o flaen enw (neu ansoddair weithiau)

diddim	*worthless*
diamynedd	*impatient*
diofal	*careless*
difeddwl	*thoughtless*
di-baid	*unceasing*
di-ben-draw	*never ending*
di-blant	*childless*
dibrofiad	*inexperienced*
dibwys	*unimportant*
di-dâl	*unpaid*
dideimlad	*unfeeling*
didrafferth	*trouble free*
di-drefn	*untidy*
diduedd	*impartial*
didwyll	*sincere*
dienaid	*soulless, awful*
di-fai	*faultless*
diflas	*miserable*
di-flas	*tasteless*
digalon	*dismal*
digartref	*homeless*
di-gwsg	*sleepless*
digywilydd	*shameless*
di-hwyl	*miserable*
diniwed	*innocent, harmless*
di-nod	*insignificant*
di-oed	*immediate*

diofal	*careless*
di-rif	*countless*
di-rym	*powerless*
diystyr	*meaningless*

Mae'r elfen sy'n dilyn 'di-' yn treiglo'n feddal
  calon   digalon
Rydyn ni'n rhoi '-' cyn y sillaf olaf, lle mae'r acen ar y sillaf olaf
  di-flas
Rydyn ni'n rhoi '-' rhwng yr elfennau lle mae sawl elfen
  di-ben-draw

Lluniwch y sgwrs rhwng Huw a Marged, gan ddefnyddio'r ansoddeiriau hyn.

diniwed, direol, di-fai, difeddwl, dideimlad, diflas, di-rym, dienaid

Mae Huw Siencyn a'i wraig Marged wedi mynd i Abertawe i siopa. Mae gêm bêl-droed yn y dref, ac mae nifer o fandaliaid yn chwalu ffenestri'r siopau er bod heddlu ar gefn ceffylau yn ceisio eu symud nhw i ffwrdd. Mae llawer o bobl ifanc yn yfed ar y strydoedd, ac maen nhw'n rhegi ac yn ymosod ar bobl sy'n mynd heibio. Mae Marged wedi dychryn, ac yn dweud fydd hi byth yn dod i Abertawe eto. Mae Siencyn yn dadlau mai cefnogwyr o Loegr sy'n ymddwyn yn wael.

Rhowch ansoddeiriau gwrthwyneb eu hystyr yn y brawddegau hyn.

1. Roedd y noson yn hwyliog iawn.
2. Mae'r trefniadau teithio'n gyfleus.
3. Maen nhw'n credu eu bod nhw'n bwysig.
4. Roedd hi'n ymddwyn mewn ffordd anweddus iawn.
5. Ydy'r cwpwrdd yn dal yn drefnus?
6. Rydw i'n barod i helpu fy hen goleg.
7. Mae'r cinio'n flasus iawn.
8. Mae hi wedi mynd yn ferch ddibynnol iawn.

Goleddfu ansoddeiriau

Rydyn ni'n gallu rhoi geiriau o flaen ansoddeiriau i newid yr ystyr ychydig (gweler Adferfau, Cam 8).

Mae'r ansoddair yn treiglo'n feddal ar ôl y rhain

rhy ddrud	*too expensive*
gweddol rad	*fairly cheap*
cwbl beryglus	*completely dangerous*
gwirioneddol ddrud	*really expensive*
hollol benderfynol	*completely determined*
hynod ddiolchgar	*most thankful*
go dda	*quite good*
cymharol rad	*comparatively cheap*
pur wael	*quite poor*
lled dda	*fairly good*
llawer rhy ddrud	*far too expensive*

Dydy'r ansoddair ddim yn treiglo ar ôl y rhain

eitha da	*quite good*
digon drud	*expensive enough*

Mae'r ansoddair yn treiglo'n llaes ar ôl 'tra'

tra chostus	*very expensive*

Rydyn ni'n gallu rhoi 'iawn' a 'dros ben' ar ôl ansoddeiriau

drud iawn	*very expensive*
drud dros ben	*extremely expensive*

Rydyn ni'n defnyddio'r rhain o flaen 'yn' + ansoddair

ychydig yn gostus	*a little expensive*
braidd yn ddrud	*rather expensive*
tipyn yn fawr	*quite/a bit large*
ychydig bach yn fach	*a little bit small*

Rydyn ni'n gallu defnyddio 'hanner' a 'chwarter' mewn brawddeg negyddol. Does dim treiglad

Dydy e ddim hanner da.	*He's not well at all.*
Dydy hi ddim chwarter call.	*She's not all there.*

 Lluniwch sgwrs gan ddefnyddio'r ymadroddion hyn.

rhy ddrud, eitha rhesymol, lled rad, ychydig yn gostus, ychydig bach yn gostus, cwbl anobeithiol, llawer rhy ddrud, eitha da, gwirioneddol ddrud, rhad dros ben, drud iawn, costus iawn.

Mae'r Prifathro Herbert, pennaeth y coleg, yn ennill arian mawr, ond dydy e ddim yn hoffi gwario arian ar ddillad. Mae Dolly ei wraig wedi ei berswadio fe i fynd i siopa yn sêls Ionawr. Maen nhw'n mynd o gwmpas y siopau, a hithau'n ceisio ei gael e i brynu siwt, crysau, siwmperi ac esgidiau, ond mae e'n ceisio cael y dillad rhrataf.

Ansoddeiriau a berfenwau

Mae modd rhoi ansoddair o flaen y berfenw. Mae'r ansoddair yn achosi treiglad meddal

llwyr gytuno	*to agree completely*
prin ddechrau	*scarcely begin*

Mae hi'n fwy cyffredin dweud

  cytuno'n llwyr

Wrth ddefnyddio'r rhain mewn brawddeg, dydyn ni ddim yn treiglo'r ansoddair ar ôl 'yn' – mae'r ymadrodd i gyd yn cael ei ddefnyddio fel berfenw

  Rydw i'n llwyr gytuno.
  Mae e'n camddarllen y pris.
  Rydyn ni'n gwirioneddol obeithio y bydd hi'n ei ffitio.
  Roedd y siop yn llawn haeddu'r wobr.
  Mae pethau'n lled wella.

 Defnyddiwch yr ymadroddion hyn wrth lunio'r sgwrs rhwng yr Athro Herbert a'r siopwr.

camddarllen, gwirioneddol obeithio, gwir werthfawrogi, cwbl gredu

Dydy'r dillad mae'r Athro Herbert wedi eu prynu yn y sêls ddim yn ffitio. Mae e'n mynd â nhw yn ôl i'r siop, ond dydy'r siop ddim yn fodlon eu newid nhw. Mae'r siopwr a'r Athro'n dadlau, ond mae'r Athro'n rhy gwrtais i droi'n gas.

Tactegau cyfieithu

Rydyn ni'n gallu defnyddio'r dulliau hyn wrth gyfieithu'r
canlynol i'r Gymraeg

enw + ansoddair + o + ansoddair (gweler Cam 8)

wonderfully attractive area   ardal ryfeddol o brydferth

enw + ansoddair + ansoddair (gweler Cam 10)

fairly good book   llyfr gweddol dda

enw + ansoddair + rhagenw + enw: i ddisgrifio un agwedd o rywbeth

wonderfully scenic route   ffordd ryfeddol ei golygfeydd
healthy looking horse   ceffyl iach ei olwg

'wedi' + rhagenw + berf + adferf: i ddisgrifio sut mae rhywbeth wedi ei wneud

strongly built house   tŷ wedi ei adeiladu'n dda

'â' + enw + ansoddair: i ddisgrifio ansawdd rhywbeth

mildly flavoured cheese   caws â blas gwan

'sy' + cymal ansoddeiriol: i ddisgrifio ansoddair berfol

the heavily falling rain   y glaw sy'n disgyn yn drwm
the nasty looking woman   y fenyw sy'n edrych yn gas

6.10

 **Cyfieithwch.**

1. The cheap looking book.
2. An excellently prepared meal.
3. The wonderfully cooked food.
4. A cleverly written letter.
5. A solidly built bridge.
6. The quickly running stream.
7. A half-read novel.
8. The excellently painted picture.

Bargeinion! Llyfrau wedi hanner eu darllen!

1. Mae cyngor eich tref chi eisiau gwella'r amgylchedd yn y dref. Dyma'r posibiliadau.
   i. Creu lôn ar gyfer bysiau. Effaith: bysiau'n fwy cyflym na cheir. Cost: uchel.
   ii. Casglu tuniau, poteli a phapur. Effaith: rhoi ychydig o help i'r amgylchedd dros amser hir. Cost: casglu sbwriel yn fwy drud, ond cost isel.
   iii. Creu ardal ddidraffig. Effaith: cael awyr fwy glân yng nghanol y dref. Cost: isel.
   iv. Cael system newydd o dramiau. Effaith: pawb eisiau mynd ar gludiant cyhoeddus. Cost: y prosiect mwyaf drud.
   v. Creu lôn i feiciau. Effaith: anodd dweud. Cost: cymedrol.
   vi. Plannu coed ar y strydoedd. Effaith: tref fwy dymunol. Cost: isel.

   Dydy'r cyngor ddim yn gallu dewis pob cynllun. Mae arian ar gael i ddewis NAILL AI un cynllun cost uchel ac un cynllun cost cymedrol neu isel NEU dri chynllun cost isel ac un cynllun cost cymedrol. Mae pwyllgor o bedwar yn dadlau. Beth yw'r dadleuon? Beth yw'r penderfyniad? Ysgrifennwch y sgwrs.

2. Mae Ysgrifennydd y Cenhedloedd Unedig am i wledydd cyfoethog y byd helpu'r gwledydd tlawd. Mae rhaid iddo fe lunio araith mewn cynhadledd fyd-eang. Mae e am i'r gwledydd cyfoethog
   i. roi arian i helpu'r diwydiant ffermio yn y gwledydd tlawd
   ii. benthyg arian yn ddi-log i helpu diwydiannau newydd yn y gwledydd tlawd
   iii. diogelu fforestydd glaw y byd trwy roi arian i gronfa arbennig.

   Mae e'n cymharu cyfoeth gwledydd tlawd a gwledydd cyfoethog. Ysgrifennwch ei araith.

3. Rhagolygon y tywydd. Dyma'r manylion.

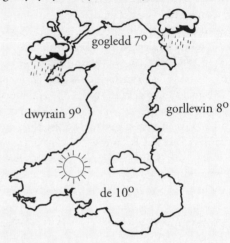

gogledd 7°

dwyrain 9°

gorllewin 8°

de 10°

   Gwnewch frawddegau'n cymharu'r de a'r gogledd, y dwyrain a'r gorllewin
   e.e. Heddiw bydd y gogledd yn fwy cymylog na'r de.
   Defnyddiwch yr ansoddeiriau hyn
       heulog, gwlypach, oerach, twymach, niwlog, sychach

4. Rydych chi'n beirniadu mewn sioe ffasiwn, ac yn trafod y gwisgoedd gyda'ch cyd-feirniaid. Defnyddiwch yr ymadroddion hyn yn y drafodaeth
       gweddol brydferth   eitha ffasiynol
       eitha atyniadol   lled ddeniadol
       rhy lachar   gwir gredu
       gwirioneddol obeithio   camfarnu

Ffurfio ansoddeiriau o ferfenwau trwy ychwanegu '-adwy'

Rydyn ni'n gallu ychwanegu '-adwy' at fôn rhai berfenwau (fel *–able* yn Saesneg).

canu	canadwy	*singable*
bwyta	bwytadwy	*edible*
canmol	canmoladwy	*praiseworthy*
cofio	cofiadwy	*memorable*
credu	credadwy	*believable*
darllen	darllenadwy	*readable*
deall	dealladwy	*understandable*
dibynnu	dibynadwy	*dependable*
gweld	gweladwy	*in sight*
ofni	ofnadwy	*awful*
teimlo	teimladwy	*emotional, moving*

 Newidiwch y brawddegau hyn, gan ddilyn y patrwm hwn.

Mae modd bwyta'r cig. Mae'r cig yn fwytadwy.

1. Mae modd gweld yr effaith ar y gwylwyr.
2. Mae modd yfed y gwin.
3. Mae modd gweld y gwahaniaeth.
4. Mae modd cofio'r perfformiad.
5. Mae modd darllen y llyfr.
6. Mae modd deall y neges.

Ffurfio ansoddeiriau o ferfenwau trwy ychwanegu '-edig'

Rydyn ni'n gallu ychwanegu '-edig' at fôn rhai berfenwau (fel *-ed/-t* yn Saesneg).

dysgu	dysgedig	*learned*
caru	caredig	*kind*
colli	colledig	*lost*
diwyllio	diwylliedig	*cultured*
ethol	etholedig	*elected*
goleuo	goleuedig	*enlightened*
gostwng	gostyngedig	*humble*
gweld	gweledig	*seen, visible*
llygru	llygredig	*polluted, corrupt*
siomi	siomedig	*disappointed*
sychu	sychedig	*dried, thirsty*

 Rhowch ansoddair addas ar ôl yr enwau hyn. Dewiswch o'r rhestr hon.

diwylliedig, gwasgaredig, sychedig, goleuedig, dyddiedig, siomedig, colledig

pobl, dadl, person, llythyr, achos, teulu, bachgen

6.11

Ffurfio ansoddeiriau o ferfenwau trwy ychwanegu '-ol'

Rydyn ni'n gallu ychwanegu '–ol' at fôn rhai berfenwau (neu at enwau) i wneud ansoddair.

arfer	arferol	*usual*
boddhau	boddhaol	*satisfactory*
breuddwydio	breuddwydiol	*dreamy*
cadarnhau	cadarnhaol	*positive*
canlyn	canlynol	*following*
defnyddio	defnyddiol	*useful*
derbyn	derbyniol	*acceptable*
dymuno	dymunol	*pleasant*
effeithio	effeithiol	*effective*
ffurfio	ffurfiol	*formal*
goddef	goddefol	*passive*
gorfodi	gorfodol	*compulsory*
gwahanu	gwahanol	*different*
gweithredu	gweithredol	*active, acting*
gweld	gweledol	*visual*
niweidio	niweidiol	*harmful*
tueddu	tueddol	*tending*
uno	unol	*united*
ysgubo	ysgubol	*sweeping*
ystyried	ystyriol	*considerate*

Mae Ann Hovis wedi anghofio mynd i weld y ffilm newydd yn y sinema. Mae rhaid iddi hi ysgrifennu beirniadaeth ar y ffilm erbyn y bore. Mae hi'n penderfynu defnyddio ansoddeiriau i ddisgrifio agweddau ar y ffilm.

actio	dymunol
diweddglo	ysgubol
neges	gadarnhaol
effeithiau	gweledol
cymeriadu	ystyriol
perfformiad	gwahanol
cerddoriaeth	effeithiol
naws	tueddol o fod yn drist

Ychwanegu terfyniadau eraill at y bôn

Dyma rai ansoddeiriau eraill sydd wedi eu ffurfio trwy ychwanegu terfyniad at fôn y berfenw

-us	gwybod	gwybodus	*knowledgeable*
		gwybyddus	*known, acknowledged*
	adnabod	adnabyddus	*well-known*
	medru	medrus	*skilled*
	cyffroi	cyffrous	*exciting*
	parhau	parhaus	*continual, continuing*
	chwarae	chwareus	*playful*
	cynhyrfu	cynhyrfus	*stirring, exciting*
-og	rhedeg	rhedegog	*running*
	gallu	galluog	*able*
	sefydlu	sefydlog	*established, standing*

1. The food was edible, but the water wasn't drinkable.
2. The music is pleasant, and the actors are very able.
3. The Welsh think that they are a cultured people.
4. Although the film was awful, we had a satisfactory evening.
5. An elected body is better than a selected one.
6. Don't talk to me about politicians. They're all corrupt.
7. Sustainable growth? What does that mean?
8. She was a kind, dreamy person.

Cyfartal cryno

Rydyn ni'n ychwanegu –'ed' at yr ansoddair

    glân   glaned

Mae 'g', 'b' a 'd' ar ddiwedd yr ansoddair cysefin yn caledu i 'c', 'p' a 't'

    teg   teced

    gwlyb   gwlyped

    rhad   rhated

cyn…â/ag *as…as*

    cyn oered ag eira

Mae'r ansoddair yn treiglo'n feddal ar ôl 'cyn', ac eithrio 'll' a 'rh'

    cyn rhated â, cyn llawned â

Fel arfer rydyn ni'n gallu rhoi ffurf 'gryno' i ansoddeiriau byr.

Dydyn ni ddim fel arfer yn gallu rhoi ffurf 'gryno' i ansoddeiriau hir neu lai cyffredin

    anarferol   mor anarferol

6.12

Eich tro chi!

Mae	y	ganrif hon	cyn	wlyped	â'r	ganrif ddiwethaf
Roedd	yr	tywydd		boethed	â	tywydd ganrif yn ôl
Ydy	'r	gaeaf		hyfryted	ag	haf
Bydd		gwanwyn		fyrred		hydref
		hinsawdd		oered		phapur teipio
Dydy		tymheredd	ddim cyn	ised		erioed
Doedd						y buodd
Fydd						

 Soniwch am yr hinsawdd.

1. Yr haf a'r gaeaf
2. Y tywydd yn gyffredinol
3. Yr Alpau
4. Yr Arctig
5. Yr Eidal
6. Affrica

Iaith lafar

Ar lafar yn y de rydyn ni'n gallu dweud:
'mor gynted â'
yn lle
'cyn gynted â'

Rydw i'n edrych ymlaen i'r byd dwymo - bydd hi'n haws tyfu bananas na gwair.

Ffurf gyfartal rhai ansoddeiriau

agos	nesed, agosed
bach	lleied
cas	cased
coch	coched
cryf	cryfed
cyflym	cynted, cyflymed
dewr	dewred
drud	druted
glân	glaned
gwlyb	gwlyped
gwyn	gwynned
hawdd	hawsed
hen	hyned
hir	hired, cyhyd
hyfryd	hyfryted
ifanc	ifanced
isel	ised
rhad	rhated
sych	syched
tlws	tlysed

 Cymharwch y rhain heddiw a chan mlynedd yn ôl gan ddefnyddio'r ansoddeiriau hyn.

(Cofiwch, gallwch chi ddefnyddio negyddol y ferf.)

tymheredd Cymru + uchel
mynyddoedd iâ yr Arctig + oer
hafau Ewrop + poeth
y gaeaf yng Nghymru + gwlyb
tir Ethiopia + sych
afon Hafren + llydan
yr Wyddfa + uchel

Ffurf gryno afreolaidd

Mae'r ansoddeiriau hyn yn afreolaidd a dydyn ni ddim yn rhoi 'cyn' o flaen yr ansoddair

Mae'r tywydd eleni cynddrwg â'r tywydd y llynedd.

mawr	cymaint	drwg	cynddrwg
da	cystal	llydan	cyfled
hir	cyhyd	uchel	cyfuwch

 Rhowch yr ymadroddion hyn yn sgwrs yr arbenigwr.

Mae arbenigwr ar hinsawdd yn sôn am y newidiadau yn yr hinsawdd yn yr hanner can mlynedd diwethaf.

tywydd y byd yn gyffredinol cynddrwg â
glawiad yn Ewrop cymaint â
sychder yn Affrica cynddrwg â
hinsawdd Cymru cynddrwg â
tymheredd yr haf cyn ised â
tymheredd y gaeaf cyfuwch â

Ffurf gyfartal o flaen berfau

O flaen berfau, rydyn ni'n defnyddio 'ag y' neu 'ag yr' yn lle 'â'

Cyn gynted ag y gwelodd y ferch, aeth adref.
Dysgodd gymaint ag y gallai.
Adeiladodd y wal cyn uched ag yr oedd modd.

Ymadroddion cyffredin yn defnyddio'r cyfartal

llawn cystal	*just as well*
bron cynddrwg	*almost as bad*
hanner cystal	*half as good* (gyda berf negyddol)
cyn gynted ag y gallwch	*as soon as you can*

 Cywirwch y brawddegau hyn.

1. Mae chwaraewyr Cymru heddiw cyn gynddrwg â phlant.
2. Dydy'r swper ddim cyn gystled â'r cinio.
3. Roedd y gwaith cartref mor hawsed â'r gwaith dosbarth.
4. Mae siop Aldo cyn rated â'r archfarchnad.
5. Fydd y tywydd eleni ddim mor syched â'r tywydd y llynedd.
6. Dydy ddim wedi bwrw cyn gymaint eleni.
7. Dydy'r ffilm ddim hanner mor gystal â'r llyfr.
8. Roedd y ferch mor fached â'i mam.

Cymharol cryno

Rydyn ni'n rhoi '-ach' ar ôl yr ansoddair cysefin

iach	iachach

Mae 'g', 'b' a 'd' ar ddiwedd yr ansoddair cysefin yn caledu i 'c', 'p' a 't'

teg	tecach

Rydyn ni'n aml yn defnyddio'r ffurf 'cryno' gydag ansoddeiriau un sillaf, ond nid gydag ansoddeiriau hir neu anghyfarwydd

rhad	rhatach
anghyffredin	mwy anghyffredin

Rydyn ni'n dyblu 'n' ac 'r' ddiwethaf ansoddeiriau sydd â llafariad fer

gwyn	gwynnach
byr	byrrach

Mae rhai ansoddeiriau'n afreolaidd

anodd	anos

Mae 'na' *(than)* yn dilyn y radd gymharol.
Mae treiglad llaes yn dilyn 'na'

Mae Abertawe'n hyllach na Chaerdydd.

Eich tro chi!

Mae	Aberystwyth Bangor Wrecsam	yn	hyllach iachach bertach hyfrytach lanach wlypach	na nag	Chaerdydd Chaernarfon Phen-y-bont Aberteifi Chaerfyrddin

Ffurfiau cymharol ansoddeiriau cyffredin

agos	nes, agosach
anodd	anos
bach	llai
cas	casach
coch	cochach
cryf	cryfach
cyflym	cynt, cyflymach
cynnar	cynt
da	gwell
dewr	dewrach

doeth	doethach
drud	drutach
drwg	gwaeth
du	duach
glân	glanach
gwlyb	gwlypach
gwyn	gwynnach
hawdd	haws
hen	hŷn
hir	hwy, hirach
ieuanc	iau
ifanc	ifancach
isel	is
llawn	llawnach
llydan	lletach
mawr	mwy
rhad	rhatach
sych	sychach
tlws	tlysach
twp	twpach
uchel	uwch
ysgafn	ysgafnach

6.13

- Dydyn ni ddim yn treiglo enw ar ôl y radd gymharol
  gwell Cymro;   tecach gwlad
- Os ydyn ni'n cymharu dau beth, rydyn ni'n defnyddio'r radd eithaf, nid y radd gymharol (gweler Cam 14)
  y gorau o'r ddau   *the better of the two*
  yr orau o'r ddwy   *the better of the two*
- Rydyn ni'n rhoi 'nag y' yn lle 'na' o flaen berfau
  Mae e'n rhedeg yn gynt nag y rhedodd ddoe.
  Mae hi'n gweithio'n well nag y gweithiodd ei chwaer.

 Cymharwch y trefi hyn.

Caernarfon a Bangor	Aberyswyth ac Aberteifi
Caerfyrddin a Llanelli	Caerdydd a Chasnewydd
Y Barri a Phontypridd	Wrecsam a Llanberis
Y Rhyl a'r Bala	

Ymadroddion cyffredin yn defnyddio'r cymharol cryno

llawer gwell	*much better*
ychydig mwy	*a little more*
gwell dysg na golud	*knowledge is better than wealth*
gwell byth	*better still*
rhywfaint callach	*somewhat wiser*
tipyn gwell	*quite a bit better*
llawer cynt	*much sooner*
llawer iawn cynt	*very much sooner*
o flaen ei well	*before the judge, in court*
haws dweud na gwneud	*easier said than done*

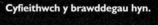 **Cyfieithwch y brawddegau hyn.**

1. Is Cader Idris higher than Pumlumon?
2. Harlech castle is smaller than Caernarfon, but it is prettier.
3. She's wiser than her brother.
4. Of the two towns, Pwllheli is the prettier.
5. He was a better poet than his father.
6. The river was much wider near the sea.
7. Newport is lower than Pontypridd in the league.
8. Hungarian wine is redder and drier than French wine.

Cam 14 – eithaf cryno – Gwasanaethu Cymru

Eithaf cryno

Rydyn ni'n ychwanegu '-af' at yr ansoddair

    coch   cochaf

> Ar lafar, mae'r 'f' olaf yn gallu diflannu yn y radd eithaf
>   cryf   cryfa
>   Hi yw'r ferch gryfa.

Iaith lafar

Rydyn ni'n aml yn defnyddio'r ffurf gryno gydag ansoddeiriau cyffredin a rhai un sillaf, ond nid gydag ansoddeiriau hir neu anghyfarwydd

    byr   byrraf

    anghyfarwydd   mwyaf anghyfarwydd

Rydyn ni'n dyblu 'n' ac 'r' ddiwethaf ansoddeiriau sydd â llafariad fer

    gwyn   gwynnaf

    byr   byrraf

Rydyn ni'n gallu defnyddio gradd eithaf yr ansoddair fel enw

    y gorau, y cochaf, y bertaf

 Eich tro chi!

Beth	yw'r	dull	gorau	o	amddiffyn yr iaith
Mynd i'r carchar			hawsaf		ddysgu'r Gymraeg
Mynd i brotest			gwaethaf		gadw'r iaith
Dechrau ysgolion Cymraeg			cyflymaf		
Siarad Cymraeg gartref					
Llosgi tai haf					

Eithaf cryno ansoddeiriau cyffredin

agos	nesaf, agosaf
anodd	anhawsaf
bach	lleiaf
cas	casaf
coch	cochaf
cryf	cryfaf
cyflym	cyntaf, cyflymaf
cynnar	cynharaf
da	gorau
dewr	dewraf
drud	drutaf
drwg	gwaethaf
du	duaf
glân	glanaf
gwlyb	gwlypaf
gwyn	gwynnaf
hawdd	hawsaf
hen	hynaf
hir	hwyaf, hiraf
hyfryd	hyfrytaf
ieuanc	ieuengaf
ifanc	ifancaf
isel	isaf
llawn	llawnaf
llydan	lletaf
mawr	mwyaf
rhad	rhataf
sych	sychaf
tlws	tlysaf
uchel	uchaf
ysgafn	ysgafnaf

Pwy ydy'r gorau/orau? Meddyliwch am y canlynol ac yna dewiswch un, a dywedwch pam.

1. tri gwleidydd
2. tri band roc
3. tair cantores
4. tair opera sebon
5. tri thîm rygbi/pêl-droed
6. tair tref

Ymadroddion cyffredin yn defnyddio'r eithaf

gwneud ei orau glas	*doing his very best*
gwneud ei gorau glas	*doing her very best*
ar ei orau	*at his best*
ar ei gorau	*at her best*
o'r gorau	*O.K.*
er gwaethaf popeth	*in spite of everything*
y cyntaf i'r felin gaiff falu	*first come first served*
y cyntaf oll	*the very first*
ar ei waethaf	*at his worst*
rhoi'r gorau i'r gwaith	*to give up working*

Beth wnaeth pentrefwyr Capel Celyn i achub y pentref? Ymchwiliwch i'r hanes. Allai'r pentref fod wedi cael ei achub? Sut?

6.14

Llyn Celyn. Mae pentref Capel Celyn o dan y dŵr. Cafodd y pentref ei foddi i roi dŵr i Loegr.

Eithaf gyda 'po'

I gyfieithu'r Saesneg *'the (more)…, the (greater)…'* rydyn ni'n defnyddio'r patrwm hwn: po + gradd eithaf…, gradd eithaf…

>Po fwyaf o anifeiliaid sydd yn y byd, mwyaf gaiff eu lladd.
>Po leiaf o forfilod sydd yn y môr, mwyaf yw'r perygl iddynt.

Rydyn ni'n gallu rhoi 'oll' ar ôl yr ail ansoddair i'w gryfhau

>Po leiaf o wledydd sy'n hela morfilod, gorau oll.

Rydyn ni'n gallu rhoi 'gorau' ar ddechrau'r frawddeg

>Gorau po leiaf sy'n cael eu lladd.

Mae ansoddeiriau'n treiglo'n feddal ar ôl 'po'

>Po brinnaf yw'r anifeiliaid, mwyaf o berygl sydd iddynt.

 Eich tro chi!

Po leiaf o obaith sydd sydd ganddyn nhw, mwyaf gwyllt ydyn nhw.

Po		
	brinnaf yw nifer y pysgod	mwyaf oll yw'r perygl i forfilod
	fwyaf yw pris morfilod	lleiaf o obaith sydd ganddynt
	ddrutaf yw pris ifori	mwyaf o berygl sydd i eliffantod
	leiaf o forfilod sydd yn y môr	gwaethaf oll yw hi ar eirth
	fwyaf o bobl sy'n hela	lleiaf o obaith sydd iddynt
	fwyaf dof yw'r anifeiliaid	lleiaf oll yw eu siawns i fyw
	brinnaf yw'r fforestydd	lleiaf o fwyd sydd ganddynt

- Ymadrodd cyffredin

  gorau po gyntaf   *the sooner the better*

Ysgrifennwch baragraff ar anifeiliaid mewn perygl.

Defnyddiwch yr enwau hyn:

morfilod   eliffantod   teigrod
eirth   orangwtangod

Beth yw'r perygl iddynt? Beth mae dynion wedi ei wneud iddynt? Sut gallwn ni eu hachub nhw?

Defnyddiwch yr ymadroddion hyn:

gorau po fwyaf   po fwyaf o wledydd sy'n hela
po fwyaf o bobl sy'n prynu
po brinnaf yw'r amgylchedd naturiol

'bynnag' gydag ansoddeiriau

pa mor + ansoddair + bynnag *however…*
pa mor ddrud bynnag *however expensive*

Rydyn ni'n treiglo'n feddal ar ôl 'mor' (ac eithrio 'll' a 'rh')

>Pa mor greulon bynnag yw hela, mae angen bwyd ar bobl.
>Pa mor ofalus bynnag y byddwn ni, bydd rhai anifeilaid mewn perygl o hyd.

'bynnag' gydag enwau

pa + enw + bynnag *whichever…*
pa anifail bynnag *whichever animal*

Rydyn ni'n treiglo'n feddal ar ôl 'pa'

>Pa wlad bynnag sy'n peidio â hela, bydd gwlad arall yn gwneud hynny.
>Pa bysgod bynnag sy'n flasus, bydd pobl yn eu dal nhw.

'bynnag' mewn is-gymalau

(pa) beth bynnag *whatever*

Beth bynnag yw'r manteision, mae'n rhaid dod â'r hela i ben.

pa le bynnag, lle bynnag *wherever*

Lle bynnag mae pobl, bydd pobl yn hela.

(pa) faint bynnag *however much*

Faint bynnag yw'r gost, mae'n rhaid gofalu am forfilod.

 Rhowch eich barn ar hela llwynogod. Defnyddiwch yr ymadroddion hyn.

lle bynnag mae pobl yn hela

faint bynnag o lwynogod maen nhw'n eu dal

pryd bynnag mae pobl leol yn cwyno

beth bynnag yw barn y bobl

pa ddeddf bynnag sy'n cael ei phasio

pa mor greulon bynnag yw hela

6.15

Gorau po fwyaf o dwristiaid sy'n dod i Affrica. Roedd y fenyw 'na'n flasus iawn.

1. Rydych chi'n ysgrifennu adroddiad i bapur newydd ar dref wyliau yn Lanzarote. Defnyddiwch ansoddeiriau yn lle'r berfenwau i ddisgrifio'r pethau isod.

e.e.   adroddiad – dadlau   adroddiad dadleuol

poblogaeth – gwasgaru	bywyd nos – boddhau
traethau – dymuno	ffyrdd – troelli
llosgfynydd – rhyfeddu	pentrefi – cysgodi
bwyd – blasu	blodau – persawru

2. Dewiswch ddwy gerdd. Mae'n rhaid i chi gymharu'r ddwy gerdd. Rhowch eich sylwadau gan sôn am y pethau hyn

    odli, ansoddeiriau, diwedd, dechrau rhythm, geirfa, cymariaethau, cyflythrennu

Defnyddiwch rai o'r ansoddeiriau hyn

    effeithiol, annisgwyl, diddorol, gwreiddiol, cyffrous, ofnadwy, dymunol, gweddol, gwell, da, cystal, gorau, trawiadol, anniddorol

3. Rydych chi'n trafod ieithoedd lleiafrifol Ewrop. Gan ba rai mae'r gobaith gorau i oroesi?

Dyma sefyllfa rhai ohonyn nhw

iaith	defnydd o'r iaith gan y llywodraeth	canran plant yn derbyn addysg trwy'r iaith	oriau teledu y dydd	nifer a chanran siaradwyr	
Basgeg	llawer	70%	12	600.000	25%
Cymraeg	gweddol	20%	4 + digidol	500,000	20%
Gwyddeleg	dim llawer	90%	4	1,000,000	30%
Catalaneg	llawer	99%	2 sianel deledu	9,000,000	90%
Llydaweg	bron dim	5%	1	250,000	10%

Cymharwch yr ieithoedd hyn. Meddyliwch am ffactorau eraill. Pam mae rhai'n dweud bod gwell gobaith gan y Gymraeg na'r Wyddeleg? Pa iaith yw'r fwyaf diogel? Pa fanteision sydd ganddi dros yr ieithoedd eraill? Beth mae rhaid ei wneud yng Nghymru i roi mwy o obaith i'r iaith? Beth am y Llydaweg?

4. Mae Prif Weinidog Cymru'n wynebu sefyllfa anodd. Mae gwahanol ffactorau'n effeithio ar yr economi. Dyma rai ohonyn nhw.

gweithwyr am gael cyflog uwch	–	mwy o weithwyr yn colli gwaith
gwerth y bunt Gymreig yn codi	–	llai o allforion
mwy o allforion	–	mwy o incwm i'r wlad
mwy o fewnforion	–	mwy o arian yn mynd o'r wlad
mwy o arian i ysbytai	–	llai o arian i heolydd
mwy o arian i ysgolion	–	llai o arian i adeiladu tai
mwy o bobl yn ddi-waith	–	llai o arian i'r economi

Chi yw'r prif was sifil. Ysgrifennwch adroddiad i'r Prif Weinidog yn ei gynghori. Defnyddiwch y patrwm 'po fwyaf/leiaf…mwyaf/lleiaf o…' i ddadansoddi'r problemau.

5. Cyfieithwch y brawddegau hyn.

1. She was far better than her brother at school.
2. They worked harder today than they worked yesterday.
3. He is clearly the better of the two candidates.
4. Whatever they think of it, they will have to do the work.
5. The more people are here, the more food we will have to cook.
6. However careful we'll be, we'll always make mistakes.
7. Gwynfor Evans was the greatest Welshman of the twentieth century.
8. It's much better to stay at home if you're ill.

7: Enwau - *Nouns*

Enwau gwrywaidd a benywaidd

Mae'r rhan fwyaf o enwau Cymraeg naill ai'n wrywaidd neu'n fenywaidd. Dyma rai amlwg

Gwrywaidd	Benywaidd
Pobl	
dyn	menyw
bachgen	merch
brawd	chwaer
mab	merch
tad	mam
cefnder	cyfnither
nai	nith
ewythr	modryb
tad yng nghyfraith	mam yng nghyfraith
mab yng nghyfraith	merch yng nghyfraith
tad-cu	mam-gu
taid	nain
Anifeiliaid	
ci	gast
cwrcyn	cath
ceffyl	caseg
tarw	buwch
hwrdd	dafad
cadno	cadnöes
mochyn	hwch

Mae rhai enwau'n gallu bod yn wrywaidd neu'n fenywaidd. Dyma rai
afal
cinio
cwpan
cyngerdd
munud

Mae enwau benywaidd unigol yn treiglo'n feddal ar ôl y fannod (y, yr, 'r) ac eithrio rhai sy'n dechrau ag 'll' ac 'rh'
yr ast, y fuwch, y llong, y rhaff
Mae enwau benywaidd unigol yn treiglo'n feddal ar ôl 'un' (ac eithrio rhai sy'n dechrau ag 'll' a 'rh')
un ddafad, un gaseg, un llong, un rhaw
Mae pob enw'n treiglo'n feddal ar ôl 'yn' traethiadol (ac eithrio rhai'n dechrau ag 'll' a 'rh')
Mae Siân yn feddyg.
Mae Huw yn beiriannydd.
Mae Ali'n llawfeddyg.
Rydyn ni'n defnyddio'r rhifolion 'dau', 'tri', 'pedwar' o flaen enwau gwrywaidd unigol
dau + treiglad meddal   dau darw
tri + treiglad llaes   tri cheffyl
Rydyn ni'n defnyddio'r rhifolion 'dwy', 'tair', 'pedair' o flaen enwau benywaidd unigol
dwy + treiglad meddal   dwy fam

 Rhowch y geiriau hyn ar ôl 'y' neu 'yr'.

mam yng nghyfraith	gast	mam-gu	cefnder
cwrcyn	cyfnither	tarw	cath
gardd	hwch	dafad	buwch
mochyn	chwaer	brawd	modryb

 Ysgrifennwch/Siaradwch am eich teulu chi.

Mae…gyda fi/Mae gen i… *I have…*

Rydych chi'n gwneud cais am dŷ cyngor. Dywedwch pa dŷ rydych chi'n ei ddewis, a dywedwch pam.

Swyddog:	Bore da, eisteddwch.
Chi:	
Swyddog:	Ydych chi eisiau tŷ cyngor?
Chi:	*(Yes)*
Swyddog:	Faint o blant sy 'da chi?
Chi:	*(Five)*
Swyddog:	Sawl bachgen, a sawl merch?
Chi:	*(3 boys, 2 girls)*
Swyddog:	Oes anifeiliaid 'da chi?
Chi:	*(2 cats)*
Swyddog:	Ydych chi eisiau fflat neu dŷ â gardd?
Chi:	*(Choose)*
Swyddog:	Sawl ystafell fyw ydych chi eisiau, a sawl ystafell wely?
Chi:	*(2 living rooms, 4 bedrooms)*
Swyddog:	Ydych chi'n gweithio?
Chi:	*(No)*
Swyddog:	Mae tŷ ar gael i chi nawr, ond does dim lle yno i anifeiliaid. Mae pedair ystafell wely yn y tŷ, ond does dim gardd yno. Os ydych chi'n gallu aros tri mis, bydd tŷ mawr â gardd gennyn ni, a digon o le i anifeiliaid, ond dim ond tair ystafell wely. Ydych chi eisiau'r tŷ â gardd, neu'r tŷ heb ardd?
Chi:	*(Answer)*

Cywirwch y brawddegau hyn.

1. Mae dau chwaer ac un brawd gen i.
2. Mae tri ci a dwy gath yn y tŷ.
3. Mae dau ystafell wely yn ein tŷ ni.
4. Dim ond un long oedd ar y môr.
5. Rydyn ni'n chwilio am dŷ gyda thri ystafell.
6. Roedd y ddwy merch wedi gadael y tŷ.
7. Mae un merch ac un mab ganddyn nhw.
8. Dydyn ni ddim wedi gweld y menyw lanhau.

Cysylltu geiriau

a/ac	*and*	a + treiglad llaes; ac + llafariad
		gwlad a thref, afal ac oren
neu	*or*	+ treiglad meddal
		gwlad neu dref, coch neu frown

Mae deg o blant 'da fi, felly rydw i'n gorfod mynd â chart i siopa.

Troi enwau gwrywaidd yn enwau benywaidd

Er bod enw yn wrywaidd, mae'r ystyr yn gallu bod yn wrywaidd neu'n fenywaidd

llyfrgellydd (g) *librarian*

Mae Miriam yn llyfrgellydd da.

Troi '-wr' yn '-wraig'

Weithiau mae hi'n bosibl newid y terfyniadau '-wr' / '-iwr' yn '-wraig' i gael gair benywaidd

adroddwr	adroddwraig
cyfarwyddwr	cyfarwyddwraig
cyfreithiwr	cyfreithwraig
darlledwr	darlledwraig
glanhäwr	glanhawraig
gŵr	gwraig
myfyriwr	myfyrwraig

- Weithiau rydyn ni'n rhoi '-ydd' yn lle '-wr', i wneud y syniad yn 'niwtral'

cynorthwywr	cynorthwyydd

Ond yn ramadegol enw gwrywaidd yw 'cynorthwyydd' hefyd.

Ychwanegu '-es'

Mae hi'n bosibl ychwanegu'r terfyniad '-es' i wneud gair yn fenywaidd. Mae modd ychwanegu '-es' at y terfyniadau hyn

-mon/-mones plismon/plismones

-adur/-adures pechadur/pechadures

-or/-ores actor/actores, telynor/telynores

-ydd/-yddes cadeirydd/cadeiryddes, organydd/organyddes, seiciatrydd/seiciatryddes, ysgrifennydd/ysgrifenyddes

Enwau eraill sy'n ychwanegu '-es'

awdur	awdures
dyn	dynes
Gwyddel	Gwyddeles
llanc	llances
llew	llewes
meistr	meistres

Newid llafariad ac ychwanegu '-es'

athro	athrawes
Cymro	Cymraes
Sais	Saesnes

Enwau gwrywaidd sydd hefyd yn cyfeirio at fenywod

Mae llawer o enwau'n gallu cyfeirio at fenywod neu ddynion. Mae'r enwau hyn yn wrywaidd. Dydyn ni ddim yn rhoi '-es' ar ddiwedd y geiriau hyn

aelod seneddol	argraffydd
biolegydd	cemegydd
cynhyrchydd	darlithydd
gohebydd	gweinidog
llawfeddyg	meddyg
peiriannydd	prif weinidog
swyddog	trefnydd

- Mae 'pobl' yn enw benywaidd gydag ystyr lluosog
  y bobl *the people*
- Mae 'y **b**obloedd' *(the peoples)* yn treiglo yn y lluosog – yn wahanol i bob enw arall.
- Er bod 'pobl' yn enw benywaidd unigol, rydyn ni'n dweud 'y bobl hyn' *these people*.
- Mae'n bosibl rhoi ansoddair lluosog ar ôl 'pobl'(ond gan gadw'r treiglad)
  pobl ifanc/pobl ifainc *young people*
  pobl **dd**u/pobl **dd**uon *black people*.

 Atebwch y canlynol.

Beth yw gwaith…?

Beth yw gwaith aelodau eich teulu?

Beth rwyt ti eisiau bod?

Rydw i eisiau bod yn…

Pa swydd sy'n apelio atoch chi?
Pam?
Beth yw manteision Swydd 1?
Beth sy'n atyniadol am Swydd 2?
Beth rydych chi'n ei hoffi am Swydd 3?
Beth dydych chi ddim yn ei hoffi am Swydd 4?

Hysbysebion am swyddi.

Swydd 1
Ysgrifenyddes
£10,000 y fl. gyda chwmni o gyfreithwyr. Gwaith diddorol. Gwyliau da.

Swydd 2
Athrawes ysgol gynradd
Cyflog £14,000-£21,000 i arbenigo mewn mathemateg a gwyddoniaeth.

Swydd 3
Technegydd labordy mewn gwaith cemegol
£17,000 Angen Safon A Cemeg a Ffiseg. 30 dydd o wyliau y flwyddyn.

Swydd 4
Gwerthwr yswiriant
Cyflog yn dibynnu ar fonws – hyd at £40,000. Hyfforddiant ar gael. Chi sy'n dewis yr oriau gwaith.

7.2

Enwau gwrywaidd a benywaidd

Mae'r terfyniad '-yn' fel arfer yn digwydd mewn enwau gwrywaidd
   hogyn, dieithryn, cerdyn, nodyn
Mae'r terfyniad '-en' fel arfer yn digwydd mewn enwau benywaidd
   hogen, derwen, carden, cacen
Mae'r terfyniad '-adur' fel arfer yn digwydd mewn enwau gwrywaidd
   cyfrifiadur, teipiadur, holiadur, rheiddiadur
Mae'r terfyniad '-aeth' fel arfer yn digwydd mewn enwau benywaidd
   amaethyddiaeth, tystiolaeth, rheolaeth, gwybodaeth
   Eithriadau: hiraeth, gwahaniaeth, pennaeth, gwasanaeth
Mae'r enwau hyn yn gallu bod yn wrywaidd neu'n fenywaidd
   lluniaeth, amrywiaeth

Rydw i'n chwilio am ysgrifenyddes sy'n gallu teipio'n gyflym, a gwneud coffi.

Enwau gwrywaidd

Yn gyffredinol, mae'r terfyniadau hyn yn digwydd mewn enwau gwrywaidd

-adur, -deb, -der, -dod, -dra, -der, -edd, -er, -had, -i, -iad, -iant, -id, -in, -ineb, -ni, -og, -rwydd, -waith, -wm, -ws, -wch, -wr, -yd, -ydd, -yn

cyfrifiadur	dymuniad	firws
undeb	haeddiant	cyfeillgarwch
poethder	rhyddid	ffermwr
undod	brenin	anesmwythyd
tewdra	doethineb	teipydd
uchder	glesni	gwelltyn
arwynebedd	gweinidog	pleser
ansicrwydd	boddhad	peirianwaith
tlodi	ffwlcrwm	

Enwau benywaidd

Yn gyffredinol mae'r terfyniadau hyn yn digwydd mewn enwau benywaidd

-ach, -aeth, -as, -eb, -eg, -ell, -en, -es, -fa, -igaeth, -wraig, -yddes

cyfrinach	taflen	tystiolaeth
llewes	perthynas	meddygfa
derbynneb	gweledigaeth	technoleg
myfyrwraig	llinell	cogyddes

- 'math'

fel enw gwrywaidd	*type, kind*
yr un math	*the same type*
y math hwn o beth	*this kind of thing*
rhywbeth o'r math yma	*something of this kind*
fel enw benywaidd	*(the) same*
yr un fath â hwn	*the same as this*
dim byd o'r fath	*nothing of the sort*
mae e'r un fath	*it's the same, it's similar*

- 'nifer'

enw benywaidd gydag ansoddeiriau cyffredin
nifer dda, nifer fawr

enw gwrywaidd gydag ansoddeiriau eraill
nifer cynyddol, nifer rhyfeddol

 Cyfieithwch y brawddegau hyn.

1. The people ar working hard.
2. The librarian has read a few books.
3. She's the chairman of the committee.
4. Have you had a receipt?
5. Do you understand the new technology?
6. I can use a computer, but I can't type.
7. Has the service started?
8. What is the difference between the two jobs?

Fi gafodd y swydd! Dydw i ddim yn gallu teipio, ond rydw i'n gallu gwneud coffi

Lluosog enwau: ychwanegu terfyniad

Dyma'r terfyniadau

-au	-iau	-on	-ion	-i	-ydd
afal	bloc	awel	ateb	tref	afon
arholiad	cloc	gofal	ysgol	llwyn	fferm
cae	esgid	cyfrifiadur	swyddog	cerdd	cawod
enw	clust	awdur	tywysog	plwyf	
llong	llun	ystyr	breuddwyd		
ffrwyth	llanc	dyddiadur	golygydd	siaced	
coleg		holiadur	arwydd	ffenestr	
camp			dyn	perth	
boch			disgybl	eglwys	
undeb			gweinidog	cornel	
berf			dyled		
adroddiad					
croes					
llyfr			[cymydog > cymdogion		
papur			perchennog > perchenogion]		

-oedd	-edd	-ed	-aint	-od	-iaid
lle	ewythr	merch	gof	cath	estron
gwisg	ewin	pryf		baban	amatur
mynydd	rhian			menyw	creadur
teyrnas				bwgan	ffoadur
ystafell				geneth	tenant
milltir				mynach	
mil				camel	
gyrfa				llew	
gwersyll					
ardal					
cynulleidfa					
cymanfa					

-iadau	-ogioǹ
addurn	Cristion
argraff	[Cristion > Cristnogion/Cristionogion]
diolch	

Profion, traethodau, cwestiynau, o diar, mae arholiaditis arna i.

7.3

- Dydyn ni ddim yn treiglo enw lluosog ar ôl y fannod

	y fenyw	y menywod
Eithriadau	pobl	y bobloedd
	gefell	yr efeilliaid

- Rydyn ni'n defnyddio berf unigol o flaen enw lluosog

  Mae'r disgyblion yn gweithio.

  Roedd y ffrwythau'n flasus.

  Daw'r plant heno.

Newid llafariad ac ychwanegu terfyniad

a > e	nant	nentydd	gardd	gerddi
a > ei	mab	meibion		
ae > ei	maen	meini	saer	seiri
ae > ey	maes	meysydd		
ai > a	gwraig	gwragedd		
*ai > ae	Sais	Saeson		
ai > ei	ffair	ffeiriau		
*au > aw	cenau	cenawon		
au > eu	haul	heuliau		
aw > ew	cawr	cewri		
aw > o	traethawd	traethodau	prawf	profion
*e > ei	gefell	gefeilliaid		
uw > u	buwch	buchod		
w > y	cwm	cymoedd	sŵn	synau

* Does dim llawer o'r rhain.

Beth yw mwy nag un 'sbaner'?

Mae sain 'y' yn gallu newid hefyd: 'y glir' yw'r enw ar y sain 'y' yn 'bryn'
(fel '**Ly**dney' yn Saesneg); 'y dywyll' yw'r enw ar y sain 'y' yn 'bryniau' (fel 'Rh**u**mney' yn Saesneg).

'y glir' yn newid yn 'y dywyll'

bryn	bryniau	llyn	llynnoedd

Dyblu llythyren

Mae llawer o enwau'n dyblu 'n' neu 'r' wrth ychwanegu terfyniad

Geiriau'n gorffen yn '-nt'.

dant	dannedd
punt	punnoedd
tant	tannau

Enwau â llafariad 'fer' yn y bôn

rhai â llafariad fer		rhai â llafariad hir	
llan	llannau	tân	tanau
llen	llenni	gwên	gwenau
pìn	pinnau	gwin	gwinoedd
ton	tonnau	tôn	tonau
gwn	gynnau	gŵn	gynau
llyn	llynnoedd	emyn	emynau
tocyn	tocynnau	amser	amserau
twr	tyrrau	tŵr	tyrau
gyr	gyrroedd	llythyr	llythyrau

- Dydyn ni ddim yn dyblu 'r' ac 'n' ar ôl deuseiniaid
  caer   caerau   maer   meiri
- Dydyn ni ddim yn dyblu 'r' ac 'n' o flaen '-wyr' (mae'r 'w' yn '-wyr' yn 'w' gytsain)
  annibynnwr   annibynwyr
  gyrrwr   gyrwyr
- Dydyn ni ddim yn dyblu 'r' ac 'n' o flaen '-iaid', '-iau' a '-ion' (mae'r 'i' yn '-iaid', '-iau' a '-ion' yn 'i' gytsain).

Ar ôl arholiadau'n 7 oed, 11 oed, 14 oed, arholiadau TGAU, ac arholiadau lefel uwch, byddwn ni'n barod i fwynhau yn y coleg!

 Newidiwch y darn hwn i'r lluosog.

Mae arwydd newydd ar y wal yn yr ysgol. Wel, yn anffodus, doedd y bachgen ddim wedi gweld yr arwydd. Mae e fel arfer yn codi am wyth o'r gloch, yn dal bws, ac yna'n cerdded milltir. Mae e bob amser yn hwyr.

Mae'r arholiad yn dechrau am naw o'r gloch

Am hanner awr wedi wyth mae'r athro'n agor y gofrestr, ac yn galw enw'r bachgen. Yn anffodus, dyw e ddim yno. Mae merch yn edrych trwy'r ffenest ar y goeden yn y cae, ac mae'r athro'n rhoi'r papur arholiad ar y ddesg. Mae llyfr, bag a phapur wrth y ddesg. Mae'r arholiad yn dechrau am naw.

Am hanner awr wedi naw, daw'r bachgen i mewn i'r ystafell.

"Ble rwyt ti wedi bod? Rwyt ti'n hwyr!" Mae'r athro'n edrych yn gas.

"Rydw i wedi codi mewn pryd, ac rydw i wedi cerdded yn bell…"

"Ond mae'r prawf wedi dechrau!"

"O diar, a does dim pensil gen i."

 Cyfieithwch y brawddegau hyn.

1. They had pleasant dreams.
2. The wives went on holiday.
3. We saw rivers, lakes and mountains.
4. The computers did not work.
5. The examinations are starting in a month.
6. There were miles of roads.
7. The Englishmen couldn't speak Spanish.
8. The mansion had lovely gardens.

7.3

Lluosog enwau: newid llafariad

asgwrn	esgyrn
bardd	beirdd
bachgen	bechgyn
car	ceir
carreg	cerrig
carw	ceirw
castell	cestyll
cefnder	cefndyr/cefndryd
corff	cyrff
corn	cyrn
cragen	cregyn
cyllell	cyllyll
Cymro	Cymry
dafad	defaid
ffon	ffyn
fforc	ffyrc
ffordd	ffyrdd
gafr	geifr
gwasg	gweisg
gwesty	gwestai
iâr	ieir
llo	lloi
maneg	menig
oen	ŵyn
pabell	pebyll
porth	pyrth
post	pyst
sant	saint
tarw	teirw
tŷ	tai

Newid terfyniad

Mae '-wr' / '-iwr' yn newid yn '-wyr'

gyrrwr	gyrwyr
amaethwr	amaethwyr
gweithiwr	gweithwyr
myfyriwr	myfyrwyr
teithiwr	teithwyr

Mae '-ydd' yn gallu newid yn '-yddion' neu '-wyr'

cynhyrchydd	cynhyrchwyr
teipydd	teipyddion
ymgeisydd	ymgeiswyr

Mae '-mon' yn newid yn '-myn'

plismon	plismyn
postmon	postmyn

Mae '-fa' yn newid yn '-feydd' / '-faoedd'

arddangosfa	arddangosfeydd
cynulleidfa	cynulleidfaoedd
golygfa	golygfeydd
swyddfa	swyddfeydd
mynedfa	mynedfeydd
amgueddfa	amgueddfeydd
seyllfa	sefyllfaoedd

Ffurfiau lluosog eraill

amheuaeth	amheuon
blodyn	blodau
cardotyn	cardotwyr
crwydryn	crwydriaid
cwningen	cwningod
dafad	defaid
dieithryn	dieithriaid
diferyn	diferion
gwifren	gwifrau
hoelen	hoelion
malwen	malwod
piben	pibau
planhigyn	planhigion
unigolyn	unigolion

Moron yw lluosog moronen, pys yw lluosog pysen, felly ai tat yw lluosog taten? Wel, pam lai?

Colli terfyniad

blewyn	blew
derwen	derw
gellygen	gellyg
gwenynen	gwenyn
mesen	mes
mochyn	moch
mwyaren	mwyar
pluen	plu
pysgodyn	pysgod
seren	sêr

Colli terfyniad a newid llafariad

aderyn	adar
cneuen	cnau
collen	cyll
deilen	dail
dilledyn	dillad
plentyn	plant
postyn	pyst

 Nodwch y geiriau lluosog yn y darn hwn. Trowch nhw i'r unigol.

e.e.   ffermwyr – ffermwr

Problemau ffermio

Mae ffermwyr yn wynebu problemau mawr y gaeaf hwn. Mae pris defaid mynydd wedi gostwng, ac mae pris moch wedi aros yr un fath. Mae'r fferi sy'n cludo ŵyn i'r Cyfandir wedi bod yn segur, ac mae rhai gwledydd yn Ewrop yn dal i wrthod derbyn buchod o Gymru.

Mae rhai ffermwyr wedi penderfynu newid eu dulliau ffermio. Ym Mhenfro, mae un wedi dechrau fferm bysgod, ac mae un arall yn newid ei feudai yn dai gwyliau. Mae un arall wedi dechrau cadw cwningod, ac mae un arall yn cadw gwenyn.

"Os nad ydyn ni'n newid, fydd dim dillad amdanon ni," meddai siaradwr yng nghyfarfod gwragedd fferm.

"Mae rhaid i ni roi croeso i dwristiaid, a phlannu blodau yn lle llysiau," meddai un arall.

 Ysgrifennwch baragraff am eich ymweliad â fferm i ymwelwyr.

Rydych chi'n aros ar fferm. Mae'r ffermwr wedi troi llawer o adeiladau'r fferm yn fflatiau i dwristiaid ac i ymwelwyr. Beth yw'r gwahaniaethau rhwng y fferm hon a fferm draddodiadol? Sut mae'r ffermwr yn elwa (cael rhagor o arian)? Beth yw'r perygl i fywyd y wlad?

 Newidiwch yr enwau yn y brawddegau hyn i'r lluosog.

1. Roedd arddangosfa ardderchog yn yr amgueddfa ym Mharis.
2. Aeth yr ymgeisydd o gwmpas yr ysbyty.
3. Mae gwesty, llyfrgell a phwll nofio yng Nghaernarfon.
4. Eisteddai'r cardotyn ym mynedfa'r adeilad.
5. Enillodd cefnder y bardd y brif wobr.
6. Fe brynon ni fuwch a tharw – yn y gobaith o gael llo.
7. Roedd llythyr ym mhoced y postmon.
8. Mae angen hoelen i roi'r pren ar y postyn.

Beth yw lluosog 'saws mintys'?

Enwau â mwy nag un lluosog

cynnal	*to hold*
trefnu	*to arrange*
cofnodion	*minutes*
cadeirydd	*chairman*
ysgrifennydd	*secretary*

Enwau â mwy nag un lluosog
Dim gwahaniaeth yn yr ystyr

amser	amserau	amseroedd
caer	caerau	ceyrydd
cofrestr	cofrestri	cofrestrau
darlith	darlithiau	darlithoedd
glan	glannau	glennydd
Groegwr	Groegwyr	Groegiaid
gwesty	gwestai	gwestyau
gyrfa	gyrfaoedd	gyrfâu
lle	lleoedd	llefydd
llythyr	llythyrau	llythyron
mynydd	mynyddoedd	mynyddau
neges	negesau	negeseuon
oes	oesoedd	oesau
padell	padelli	padellau
pentref	pentrefi	pentrefydd
pibell	pibellau	pibelli
porfa	porfaoedd	porfeydd
Rhufeiniwr	Rhufeiniaid	Rhufeinwyr
stori	storïau	straeon
tref	trefi	trefydd
wal	waliau	welydd

Ystyr gwahanol yn y lluosog

bron	bronnau	*breasts*
	bronnydd	*hills*
cais	ceisiadau	*attempts*
	ceisiau	*tries*
cyngor	cynghorau	*councils*
	cynghorion	*advices*
dosbarth	dosbarthau	*categories*
	dosbarthiadau	*classes*
gwaith	gweithfeydd	*factories*
	gweithiau	*factories, writings, times*
	(weithiau	*sometimes)*
gwasg	gweisg	*printing presses*
	gwasgau	*waists*
llif	llifiau	*saws*
	llifogydd	*floods*
llwyth	llwythau	*tribes*
	llwythi	*loads*
nodyn	nodau	*musical notes, aims*
	nodiadau	*written notes*
person	personau	*people*
	personiaid	*clergy*
pryd	prydau	*meals*
	prydiau	*times*
	(ar brydiau	*at times)*
pwys	pwysau	*weights*
	pwysi	*pounds*

Cyfieithwch y brawddegau hyn.

1. I have written many letters to the councils.
2. They have started Welsh classes in the factories.
3. The hotels serve good meals.
4. The languages of the Greeks and Romans are still living.
5. There were loads of waste paper in the printing presses.
6. Floods occur many times during the year.
7. At times the notes were sung too loudly.
8. After many attempts, they scored tries.

Lluniwch daflen i alw cyfarfod o bobl ifanc yn eich ysgol/coleg/ardal, gan nodi'r prif bryderon.

Rydych chi'n trefnu cyfarfod Mae'r cyngor lleol wedi penderfynu adeiladu gweithfeydd cemegol wrth yr ysgol.

1. Rydych chi eisiau cael cyngor arbenigwyr.
2. Rydych chi eisiau casglu deiseb i wrthwynebu.
3. Rydych chi am gadw nodiadau o bopeth sy'n digwydd.
4. Rydych chi am gyhoeddi taflen, ac am gael prisiau gan weisg lleol.
5. Rydych chi am wybod ble bydd pibellau'r gwaith yn rhedeg.
6. Rydych chi am gysylltu â phersonau pwysig yn eich ardal.
7. Rydych chi am ysgrifennu llythyrau at y wasg leol.

Ysgrifennwch lythyr i'r papur lleol yn mynegi eich barn.

Ysgrifennwch gofnodion y cyfarfod cyntaf o dan y penawdau hyn.

Presennol
Ymddiheuriadau
Cofnodion y cyfarfod diwethaf
Pwyntiau i'w trafod
Unrhyw fater arall
Dyddiad y cyfarfod nesaf

Lluniwch daflen sy'n apelio at bobl bwysig am gymorth.

Ysgrifennwch lythyr i weisg lleol, yn gofyn am bris argraffu taflen. Nodwch y maint, a'r nifer o daflenni rydych chi am eu cael.

7.5

Pwy sy'n ennill yr arian mwyaf - athrawon, cyfreithwyr neu feddygon?

Actorion Pobol y Cwm.

1. Newidiwch yr enwau a'r rhagenwau yn y darn hwn yn rhai benywaidd, os oes modd.

   Mae'r prifathro wedi dod i edrych ar waith y bechgyn. Mae un bachgen wedi gwneud gwaith da, ond dydy'r athro Cymraeg ddim yn hapus. Mae e'n credu bod un bachgen yn cael help gan ei dad-cu a'i fam-gu. Mae e'n siarad Cymraeg yn rhugl. Mae cefnder ac ewythr y bachgen yn siarad Cymraeg hefyd, ac maen nhw'n ei helpu e. A dweud y gwir, mae'r athro'n credu bod brawd y bachgen yn ei helpu e hefyd. A beth am y bechgyn eraill? Mae tad pob un ohonyn nhw'n siarad Saesneg. Mae brodyr un bachgen yn siarad Cymraeg. Mae'r prifathro eisiau siarad â'r athrawon i gyd.

2. Mae'r disgrifiad hwn yn dod o 'Profens' gan Wyn Bellis Jones (*Byd y Cymro*, Y Lolfa, 1998, t.121). Gwnewch restr o'r enwau lluosog a newidiwch nhw i'r ffurf unigol.

   Mae miloedd o ddefaid ar y bryniau, ac mae'r Ffrancwyr yn talu pris da am ŵyn sydd wedi eu magu ar lystyfiant amrywiol y bryniau yn yr haf ac wedi pori glaswellt y morfeydd yn y gaeaf. I sicrhau hynny fe fyddai'r bugeiliaid, hyd yn gymharol ddiweddar, yn gyrru'r defaid o diroedd y gwaelodion yr holl ffordd i borfeydd yr hafotai ac fe gymerai'r daith dair wythnos a mwy. Erbyn hyn mae'r defaid yn cael eu cario ar y rheilffyrdd ac mewn lorïau at draed y bryniau, ond mae llawer o fugeiliaid yn dal i fyw ar y bryniau drwy'r haf gan ddod i lawr i'r pentref agosaf ar y Sadwrn i brynu bwyd a llyncu *pastis* neu ddau i dorri ar undonedd ac unigrwydd y bywyd.

3. Ysgrifennwch frawddegau i ddangos y gwahaniaeth rhwng y geiriau hyn.
   i. cynghorau   cynghorion
   ii. llwythi   llwythau
   iii. pwysi   pwysau
   iv. ceisiadau   ceisiau
   v. nodau   nodiadau
   vi. personau   personiaid

4. Pobl yng Nghymru
   Ysgrifennwch hanes cryno'r bobl sydd wedi dod i Gymru. (C.C. – cyn Crist; O.C. – oed Crist)

cyn 800 C.C.	Iberiaid
800 C.C. +	Celtiaid
0	Rhufeiniaid
400 O.C.	Saeson
800 O.C.	Llychlynwyr
1100 O.C.	Normaniaid
1900 O.C.	Saeson, Gwyddelod ac Eidalwyr
2000 O.C.	Cymry

5. Mae ceidwad amgueddfa'n trefnu arddangosfa ar hanes y Rhufeiniaid yng Nghymru. Mae'n ysgrifennu'r darn canlynol, ond mae rhaid i chi newid yr enwau unigol yn enwau lluosog.

   Roedd y [Rhufeiniwr] yn byw yng Nghymru am bedwar cant o [blwyddyn]. Roedden nhw wedi adeiladu llawer o [heol] ac rydyn ni wedi darganfod llawer iawn o [arf]. Roedden nhw'n defnyddio [edau] i wneud [dilledyn], ac roedden nhw'n defnyddio [dŵr] y [nant] i wneud trydan hydroelectrig. Roedden nhw'n adeiladu [tŷ] o [carreg] ac yn defnyddio [hoelen] i hongian [llun] ar y [mur]. Roedd [cerbyd] gyda nhw, ac roedden nhw'n hoffi taflu [Cristion] i'r [llew]. Yn y [teml] roedden nhw'n addoli [gwyryf], ac roedden nhw'n cael llawer o hwyl yn y [dathliad] Nadolig. Roedden nhw'n rhoi [coeden] yn eu [ystafell] ac yn clymu [goleu] bach trydan arnynt.
   (Fe gafodd ceidwad yr amgueddfa'r sac ar ôl yr arddangosfa.)

Enwau heb ffurf luosog

Does dim lluosog i nifer o enwau. Yn aml, enwau bwyd yw'r enwau hyn

> bara, blawd, caws, coffi, llaeth, mêl, menyn, siwgr, te

Does dim lluosog i lawer o enwau haniaethol

> gwres, hiraeth, llawenydd, newyn, oerfel, syched, tywydd, tristwch

Does dim lluosog i enwau priod

> Awst, Cymru, Huw, Sudan

- Weithiau rydyn ni'n defnyddio enw lluosog bwyd yn lle enw unigol

> bresych, eirin, blodfresych, moron, tatws, pannas, erfin, pys, ffa

 Ysgrifennwch adroddiad i Oxfam. Defnyddiwch y geiriau sy'n dilyn.

Mae newyn wedi bod yn Sudan. Disgrifiwch y wlad, y tywydd a'r bobl a dywedwch beth mae rhaid ei wneud i wella'r newyn.

gwres	newyn	syched	bwyd
tristwch	tywydd	bara	llaeth
blawd	olew	siwgr	

 Lluniwch sgwrs rhyngoch chi a gyrrwr y lorri. Defnyddiwch yr ymadroddion sy'n dilyn.

Rydych chi wedi trefnu lorri i fynd â bwyd i Somalia.

torthau o fara	poteli o win
pecynnau o siwgr	peli o gig
sacheidiau o flawd	tuniau o fwyd
pwysi o fenyn	

 Trafodwch.

Sut gall Cymru ac Ewrop helpu'r trydydd byd?

7.6

189

Ansoddeiriau fel enwau

Rydyn ni'n gallu defnyddio ansoddeiriau fel enwau. Yn yr unigol, mae'r ystyr yn gyffredinol

    y tlawd   y bobl dlawd

    y da   y pethau da, y bobl dda

Rydyn ni'n aml yn defnyddio'r ansoddeiriau hyn ar ôl y fannod

    y deillion

Dyma rai cyffredin

unigol	lluosog
(cyffredinol)	
y tlawd	tlodion
y cyfoethog	cyfoethogion
y du	duon
y dall	deillion
yr enwog	enwogion
y gorau	goreuon
y cryf	cryfion
y gwan	gweiniaid
y marw	meirwon
y byw	(dim lluosog)
y da	(dim lluosog)
y drwg	(dim lluosog)
yr hen	(dim lluosog)
yr ifanc	(dim lluosog)

 Gwnewch frawddegau am gymdeithas gan ddefnyddio ansoddeiriau fel enwau. Newidiwch y rhain yn enwau.

pobl dlawd

pobl hen

pobl ifanc

pobl ddu

pobl ddall

e.e. pobl gyfoethog   cyfoethogion

Yn ein cymdeithas ni, mae'r cyfoethogion yn berchen ar y rhan fwyaf o dir y wlad.

 **Trafodwch.**

Beth yw'r ffordd orau o roi tai i'r tlawd yng Nghymru: codi fflatiau newydd neu adnewyddu hen dai?

(llun: Maredudd ab Iestyn)

Berfenw fel enw

Rydyn ni'n gallu defnyddio berfenwau fel enwau

Mae penodi staff newydd yn bwysig.

Dydyn ni ddim wedi gorffen y teipio.

Mae berfenw'n gallu gwneud gwaith enw haniaethol yn Saesneg

penodi staff *the appointment of staff*

fel goddrych	gweithio	Gweithio yw'r ateb.
gyda'r fannod, goddrych	y gyrru	Y gyrru sy'n blino dyn.
fel gwrthrych	gweithio	Mae hi'n hoffi gweithio.
gyda'r fannod, gwrthrych	y teipio	Roedd hi wedi gorffen y teipio.
gydag ansoddair	teipio da	Mae'n bwysig cael teipio da.
gyda rhagenw	ei yrru	Roedd ei yrru wedi ei helpu.
		Roedd e'n hoffi ei choginio.
ar ôl arddodiad	ar gyrraedd	Roedd y bòs ar gyrraedd.
genidol	y dathlu	Dyma gopi o raglen y dathlu.
fel goleddfydd	ysgrifennu	papur ysgrifennu
(disgrifio)		

7.8

 Nodwch y berfenwau sy'n gweithredu fel enwau yn y darn hwn, a dywedwch beth yw eu swyddogaeth yn y frawddeg.

Roedd gwenu ffug y bòs yn mynd o dan fy nghroen i.

"Teipio da," meddai fe, "ond cywiro'r gwaith yw'r peth mwyaf pwysig. Ydy'r papur teipio gyda chi? Rydw i'n mynd i drefnu'r cyfarfod y prynhawn 'ma."

Rhegi o dan fy anadl oedd fy ymateb.

"Y bwyta wedi dod i ben?" dywedais i'n sarcastig. Roeddwn i'n gwybod ei fod e wedi cael dwy awr i ginio.

"Llai o'r poeni yna, os gwelwch yn dda," atebodd e.

"Rydw i wedi cael hen ddigon ar eich gwenu ffals chi," dywedais i. Dyna fy nghamgymeriad.

"Wel rydw i wedi cael digon ar eich mân siarad chi hefyd! Ac o'ch rhegi chi…fe glywais i chi…wel, gallwch chi gasglu'ch pethau, gwisgo'ch cot a gadael nawr!"

Ces i fy siglo, braidd. Dydy rhywun ddim yn cael y sac bob dydd.

 Rhowch yr ymadroddion hyn mewn brawddegau.

1. mân siarad
2. siarad call
3. teipio da
4. ar orffen
5. cwpan yfed
6. penodi ysgrifenyddes
7. Diogi yw…
8. gweithredu cyflym
9. gallu trin cyfrifiadur
10. papur ysgrifennu

 Rydych chi'n deipydd mewn swyddfa. Disgrifiwch fore o waith, gan ddefnyddio'r berfenwau hyn.

teipio	casglu	ffeilio	cywiro	trefnu
gweithredu	ffonio	anfon	ateb	gadael

Y genidol

cyffuriau	*drugs*	cydwybod	*conscience*
cardod	*charity*	ewyllys da	*good will*
dirmyg	*scorn*		

Rydyn ni'n gallu rhoi dau enw gyda'i gilydd. Mae'r ail enw yn nodi'r genidol

cartref Mrs Jones	*the home of Mrs Jones/ Mrs Jones's home*
ysbyty Treforys	*Morriston hospital*

Rydyn ni'n rhoi'r fannod (y/yr/'r) rhwng y ddau air; dydyn ni ddim yn rhoi'r fannod o flaen y ddau air

cartref y bobl ifanc	*the young people's home*
drws y siop	*the shop's door*

Dydyn ni ddim yn defnyddio 'o' i gyfieithu *of*

tlodi'r bobl	*the poverty of the people*

Dydyn ni ddim yn treiglo'r ail enw (ond gweler Cam 11)

gardd plant	*children's garden*

Rydyn ni'n gallu rhoi mwy na dau enw gyda'i gilydd

drysau siopau'r dref	*the doors of the town's shops*

Os yw'r ail enw'n enw priod, dydyn ni ddim yn defnyddio'r fannod

Canolfan Dewi Sant	*the St. David's Centre*
Prifysgol Cymru	*the University of Wales*
poblogaeth Caerdydd	*the population of Cardiff*

 Rhowch yr ymadroddion hyn mewn brawddegau.

1. chwalu'r teulu (*the destruction of the family*)
2. cartref pobl ifanc
3. drysau'r siopau
4. oerfel y stryd
5. papur y di-waith
6. cau'r ffatri (*the closure of the factory*)
7. perygl marw
8. niwed cyffuriau
9. dirmyg pobl
10. ewyllys da'r bobl

 Cysylltwch eiriau yn y golofn chwith â geiriau yn y golofn dde, a defnyddiwch nhw mewn brawddegau.

poblogaeth	de Cymru
tai	Cymru
strydoedd	pobl ddigartref
cartrefi	Morgannwg
gwerthu	pobl ifanc
tlodi	papurau newydd
cynghorau	y gymdeithas
cydwybod	trefi

Ansoddeiriau gydag ymadrodd sy'n cynnwys dau enw

Os ydy'r ansoddair yn disgrifio'r enw cyntaf, rhowch yr ansoddair ar ôl yr enw cyntaf

tai tlawd Cymru	*the poor houses of Wales*

Os ydy'r ansoddair yn disgrifio'r ail enw, rhowch yr ansoddair ar ôl yr ail enw

strydoedd trefi tlawd	*the streets of poor towns*
strydoedd y trefi tlawd	*the streets of the poor towns*

 Mae'r ffatri leol wedi cau. Ddylwn i chwilio am waith yn Lloegr, neu aros yn ddi-waith yng Nghymru? Trafodwch.

Problemau'r digartref

Mae problem y digartref yng Nghymru'n gwaethygu bob blwyddyn. Erbyn hyn mae canran y digartref wedi codi i 2% o'r boblogaeth. Mae traean ohonyn nhw'n dod o gartrefi sydd wedi chwalu. Mae rhai wedi dioddef oherwydd problemau rhieni sy'n dal i fyw gyda'i gilydd – mae perthynas rhieni a phlant yn gallu dioddef os yw'r plant yn dechrau cymryd cyffuriau. Mae problemau'r plant yn gwaethygu os ydyn nhw'n cael eu cam-drin yng nghartref eu rhieni; aelodau'r teulu sydd fel arfer yn cam-drin plant, nid dieithriaid.

Dydy dod o hyd i waith ddim yn hawdd i'r digartref. Mae swyddfeydd a siopau'r dref fel arfer am wybod cyfeiriad y person di-waith, a dydy'r digartref ddim yn gallu rhoi cyfeiriad. Mae llawer ohonyn nhw'n dechrau trwy gysgu yn nrysau'r siopau neu mewn mannau cysgodol eraill. Mae hyn yn gallu bod yn iawn yn yr haf, ond yn nhywydd oer y gaeaf mae hyn yn gallu bod yn beryg bywyd.

Mae bod heb arian yn arwain at droseddu, ac mae dioddef dirmyg cymdeithas yn gwneud i'r bobl ifanc deimlo mai nhw yw gwehilion cymdeithas.

Mae cynghorau trefi a mudiadau gwirfoddol erbyn hyn yn darparu cartrefi i'r digartref, ac yn y cartrefi hyn mae'r bobl ifanc yn gallu cael cyfle newydd. Maen nhw'n gwerthu papurau'r di-waith, yn dysgu patrwm byw'r cartref, yn cael lloches rhad ac yn dechrau byw eto yn ôl rheolau'r gymdeithas.

1. Esboniwch yr ymadroddion
   traean ohonyn nhw   cam-drin plant
   cael lloches   dirmyg cymdeithas
   gwehilion cymdeithas
2. Beth yw prif broblemau pobl ifanc sydd wedi gadael cartref?
3. Pa gamau mae cynghorau trefi'n eu cymryd i wella'r sefyllfa?
4. Pam mae hi'n anodd i'r bobl ifanc gael gwaith yn swyddfeydd y trefi?
5. Sut mae'r digartref yn gallu ennill arian?
6. Ym mha ffordd mae'r cartref yn rhoi cymorth i'r di-waith?

 Ysgrifennwch erthygl i bapur newydd ar y digartref yn eich tref chi.

Dyma'r ystadegau:

nifer y digartref	200
oedran y digartref	70% o dan 25
yng nghartref y cyngor	110
mewn adeiladau wedi eu meddiannu	50
yn cysgu yn nrysau'r siopau	35
yn gwerthu papur newydd y digartref	20
nifer y di-waith	2,500
canran y di-waith	9%
nifer y swyddi gwag	286

Lluniwch gyfweliad rhwng swyddog tai Cymdeithas Dai a pherson digartref.

Does dim gwaith gan y person digartref, ond mae e'n gwerthu papur y digartref. Mae e am gael fflat â dwy ystafell wely, ond dim ond un ag un ystafell wely sydd gan y Gymdeithas Dai. Mae'r Cyngor lleol eisiau gwario arian ar wella stryd fawr y dref a'r siopau cyn gwella'r tai. Beth dylen nhw ei wneud gyntaf? Trafodwch.

Enwau fel ansoddeiriau

Rydyn ni'n gallu rhoi dau enw at ei gilydd, a'r ail enw'n disgrifio'r enw cyntaf

> gwaith tŷ

Mae berfenw'n gallu cymryd lle enw wrth roi enwau gyda'i gilydd

> canolfan siopa, maes parcio

Os yw'r enw cyntaf yn enw benywaidd unigol, rydyn ni'n treiglo'r ail enw

> siop gig

Os yw'r ail enw'n cyfeirio at sawl elfen, rydyn ni'n defnyddio'r lluosog

> siop lyfrau (sylwer: *book shop* yn Saesneg)

Os ydyn ni'n disgrifio'r ail elfen, dydyn ni ddim yn treiglo'r elfen honno

> siop llyfrau plant

 Defnyddiwch yr ymadroddion hyn mewn brawddegau.

1. marchnad ffrwythau
2. canolfan siopa
3. catalog dillad
4. maes parcio
5. canolfan waith
6. siop amladran

> Mae fy nghocos i bob amser yn ffresh!

 Dywedwch sut mae siopa wedi newid yn eich ardal chi.

Pa siopau bach sy'n dal yn eich stryd neu dref? Ble mae'r rhan fwyaf o bobl yn mynd i siopa bwyd? Pam? Oes gan eich tref ganolfan siopa dan do? Oes maes siopa ger eich tref, lle mae llawer o siopau mawr gyda'i gilydd? Beth ydy manteision ac anfanteision hyn? Ydych chi'n defnyddio catalog siopa neu siop gatalog?

 Ar ffurf sgwrs, lluniwch ran o'r ddadl rhwng y datblygwyr a'r trigolion. Defnyddiwch yr ymadroddion sy'n dilyn.

Mae datblygwyr eisiau adeiladu canolfan siopa fawr dan do yng nghanol y dref. Os byddan nhw'n gwneud hyn, bydd llawer o siopau bach yn diflannu. Mae ymchwiliad cyhoeddus yn cael ei gynnal, ac mae'r datblygwyr yn dadlau dros y cynllun. Mae trigolion lleol yn dadlau yn erbyn y cynllun. Maen nhw'n dweud y bydd hyn yn lladd siopau bach, a bydd hi'n anghyfleus iawn i'r henoed a'r anabl. Bydd rhaid i bawb ddibynnu ar gludiant cyhoeddus neu gar.

manteision canolfan siopa
anfanteision siopau bach
siopau cadwyn
siopau amladran
siopau cornel
siopau catalog
siopa ffôn
siopa ar y we

1. Rydych chi'n ysgrifennu erthygl fer ar ymladd rhwng cefnogwyr cyn gêm bêl-droed. Defnyddiwch y geiriau hyn.

   casineb   cydymdeimlad   caredigrwydd
   egni   gelyniaeth   niwed
   gwastraff   gwallgofrwydd

2. Rhowch wrthwyneb yr enwau hyn.
   y tlawd   yr amharchus
   y gwych   y melys
   y drwg   y doeth
   yr ifanc   yr afiach

3. Rydych chi'n ysgrifennu erthygl i bapur newydd ar y fasnach goffi rhwng gwledydd cyfoethog y gorllewin a gwledydd tlawd y trydydd byd. Disgrifiwch y sefyllfa a chynigiwch atebion i ddatrys y problemau.
   i.   tir ffermio'r gwledydd tlawd yn cael ei ddefnyddio i dyfu coffi;
   ii.   dim digon o fwyd gan y gwledydd i fwydo'u pobl eu hunain;
   iii. arian am y coffi'n mynd i ddwylo perchenogion tir;
   iv.   llawer o'r rhain yn gyfalafwyr y byd gorllewinol;
   v.   â'r tlawd yn dlotach a'r cyfoethog yn gyfoethocach.

4. Mae rhaid i chi ysgrifennu adolygiad ar ddrama gerdd eich coleg. Yn anffodus roedd y ddrama'n anobeithiol – y canu'n wael, y perffformio'n brennaidd, y llwyfannu'n ddi-siâp, y coluro'n aneffeithiol… Rhaid i chi benderfynu a oes angen bod yn llawdrwm neu'n ddiplomatig er mwyn hybu'r myfyrwyr. Mae angen osgoi bod yn nawddoglyd. Defnyddiwch yr ymadroddion hyn yn eich adolygiad.
   yr actio   y perfformio   y canu   y llwyfannu
   y coluro   y dawnsio   y llefaru

5. Beth yw'r gwahaniaeth rhwng y rhain?
   siop ddillad fawr   siop dillad mawr
   amgueddfa werin Cymru   amgueddfa gwerin Cymru
   cystadleuaeth gerdd hir   cystadleuaeth cerdd hir
                                (cerdd = *music* neu *poem*)
   siop lyfrau newydd   siop llyfrau newydd
   siop hen lyfrau   hen siop lyfrau
   senedd fach Cymru   senedd Cymru fach

6. Oes dau ystyr i'r rhain? Beth ydyn nhw?
   siop recordiau newydd   darlithydd coleg mawr
   athrawes ysgol fawr   casét cerddoriaeth newydd
   coleg athrawon ifanc   bws ysgol newydd

7. Cyfieithwch y brawddegau hyn.
   1. After the closure of the factory, the town council tried to do something.
   2. The band's new record was played in the T.V. programme.
   3. Do you want to spend the rest of your life in an old people's home?
   4. Are the countries of Europe trying to help the countries of the third world?
   5. The team's hope was to win the world cup.
   6. Youth is wasted on the young.
   7. The teaching of Welsh should be compulsory in the west of England.
   8. The disabled and the aged should have more shopping facilities.

Enwau llefydd, gwledydd, pobloedd ac ieithoedd

Enwau Llefydd a Gwledydd

Mae enwau llefydd a gwledydd fel arfer yn fenywaidd
> Cymru fach, Abertawe lawiog

Rydyn ni fel arfer yn treiglo enwau llefydd yng Nghymru, ac enwau Cymraeg ar drefi a gwledydd tramor
> yng Nghaerdydd, ym Mharis, a Chernyw

Rydyn ni'n rhoi'r fannod o flaen rhai enwau llefydd,
> y Barri, y Bala, y Fenni, y Rhyl

Rydyn ni'n rhoi'r fannod o flaen enwau rhai gwledydd,
> yr Almaen, yr Eidal, yr Aifft, y Swistir, yr Alban, y Ffindir (gweler Y Fannod, Cam 3)

 Lluniwch sgwrs rhwng Jake a Janet yn rhoi dadleuon pam maen nhw am fynd i lefydd arbennig, gan ddweud beth sydd ym mhob lle.

Mae Jake a Janet yn crwydro'r we. Maen nhw'n dadlau ynglŷn â ble i fynd. Mae'r ddau am fynd i lefydd gwahanol. Mae'r person â'r dadleuon gorau'n ennill.

Jake	Janet
Paris	Tokyo
Caerdydd	Llundain
Cairo	Berlin
Efrog Newydd	Prâg
yr Eidal	y Swistir

Enwau afonydd

Dydyn ni ddim fel arfer yn rhoi'r fannod o flaen enw afon
> afon Ystwyth, afon Taf

Enwau pobloedd

Rydyn ni'n gallu rhoi'r fannod o flaen enw pobloedd
> y Cymry, y Saeson, yr Almaenwyr

Enwau ieithoedd

Rydyn ni'n gallu rhoi'r fannod o flaen enw ieithoedd, yn lle dweud 'yr iaith Gymraeg'
> y Gymraeg, y Saesneg, yr Eidaleg, y Roeg

 Gwnewch adroddiad ar sail yr wybodaeth ganlynol.

Mae hanner pobl y byd yn gallu siarad mwy nag un iaith. Rydych chi eisiau mynd ar y we er mwyn trefnu cysylltiadau rhyngwladol i'ch coleg. Yn gyntaf mae rhaid i chi wybod pa iaith mae pobl yn ei siarad. (Chwiliwch y we i gael gwybodaeth am ieithoedd bach.)

Ffrainc: Ffrangeg,
hefyd 1,500,000 Ocsitaneg a 550,000 Llydaweg
Sbaen: Sbaeneg,
hefyd 2,200,000 Galiseg, 800,000 Basgeg, 7,500,000 Catalaneg
yr Eidal: Eidaleg, hefyd 740,000 Ffriwleg, 15,000 Ladin
yr Almaen: Almaeneg, hefyd 50,000 Sorbeg
Iwerddon: Saesneg, hefyd 1,000,000 Gwyddeleg

- Mae 'yn Gymraeg' yn dod o 'yn y Gymraeg'. Rydyn ni'n dweud 'yn Gymraeg' am *in Welsh*
  > Beth yw *'continent'* yn Gymraeg?
- Os ydyn ni'n sôn am Gymraeg rhyw ardal, rydyn ni'n dweud 'yng Nghymraeg' + lle
  > Beth yw 'llaeth' yng Nghymraeg Patagonia?
  > Beth yw 'nain' yng Nghymraeg y de?
- Os ydyn ni'n rhoi ansoddair ar ôl 'Cymraeg', rydyn ni'n defnyddio 'mewn' yn lle 'yn'
  > mewn Cymraeg da

 Atebwch.

Pa ieithoedd eraill sy'n cael eu siarad yn Ewrop?

Mae'r bòs yn credu fy mod i'n teipio, ond rydw i'n crwydro'r we!

ymgyrch	*campaign*
dylanwadol	*influential*
Aelod Seneddol (AS)	*Member of Parliament (MP)*
Aelod Cynulliad (AC)	*Member of Assembly (MA)*

Teitlau pobl

Rydyn ni'n defnyddio'r fannod yn aml o flaen teitlau pobl

yr Archesgob	y Pab	yr Arglwydd
y Barnwr	y Cwnstabl	y Cynghorydd
y Doethur	yr Esgob	y Tywysog
y Dywysoges	y Brawd	y Bonwr
y Fones	yr Athro	y Fonesig
y Brenin	y Parchedig	yr Anrhydeddus

Rydyn ni'n defnyddio'r fannod gyda'r teitlau hyn pan ydyn ni'n rhoi enw person ar ôl y teitl

yr Esgob Mulcahy, yr Athro Werner Daniel

y Tywysog Llywelyn

Rydyn ni'n defnyddio'r fannod o flaen 'Br' ('Bonwr' *Mr*) a Bns ('Bones' *Ms*)

y Br Dafydd Cadwaladr, y Fns Meri Morris

Dydyn ni ddim yn rhoi'r fannod o flaen y teitl os ydyn ni'n rhoi enw lle neu enw gwlad ar ôl y teitl (gweler Cam 10)

Tywysog Cymru, Esgob Bangor, Athro Prifysgol

Brenin Sbaen

Dydyn ni ddim yn rhoi'r fannod ar ôl 'Annwyl' ar ddechrau llythyr

Annwyl Athro Hughes

Mae 'y Fns. Nansi Ifans' yn swnio'n fwy pwysig na 'Ms. Nansi Ifans'.

Lluniwch restr o bobl ddylanwadol ynghyd â'u teitlau.

Mae'r Br a'r Fns Edwards eisiau dechrau ymgyrch i gael canolfan gymdeithasol i'r pentref. Maen nhw am gael cefnogaeth nifer o bobl ddylanwadol, ac felly maen nhw'n gwneud rhestr o swyddi ac o bobl.

plismon – H. Low
gweinidog – Dewi Aull
athro prifysgol – Acker Demick
cynghorydd lleol – Ff. Hoolkin
tafarnwr lleol – L. Ager
rheolwraig cartref hen bobl – Gwen Hain
meddyg – Ann Esthetic

7.12

Rydych chi'n galw cyfarfod yn y pentref, ac mae rhaid i chi gadw'r cofnodion. Ysgrifennwch y cyfnodion.

Dyma'r bobl a siaradodd, a'u prif bwyntiau.

Gwen Hain – byddai'r ganolfan yn lle da i hen bobl gael cyngherddau

H. Low – byddai'r ganolfan yn cadw pobl ifanc oddi ar y stryd

Acker Demick – byddai lle yn y ganolfan i gynnal dosbarthiadau nos

L. Ager – byddai'r ganolfan yn lle da i gynnal gŵyl gwrw

Alun Llwyd – byddai'r ganolfan yn gallu cael ei defnyddio i gynnal sesiynau rhoi gwaed

Dewi Aull – byddai'n bosibl cynnal/trefnu gweithgareddau elusennol yn y ganolfan

Ff. Hoolkin – byddai'r ganolfan yn lle da i gynnal bingo

1. Mae Mike Roberts yn trefnu diwrnod gwaith gohebwyr radio. Mae'r pethau hyn wedi digwydd.

   Y Fatican ar dân

   Eglwys Caer-gaint wedi ei tharo gan fellten

   Y Reichstag wedi'i chwalu mewn daeargryn

   Sgandal rhyw yn y Tŷ Gwyn

   Afon Tafwys wedi llifo i mewn i Dŷ'r Cyffredin

   Beth yw cyfarwyddiadau Mike Roberts i'w ohebwyr – pwy mae angen rhoi cyfweliad iddyn nhw, ym mha ddinas neu dref, ac ym mha wlad?

2. Cysylltwch y teitlau hyn â'r enwau, a dywedwch pryd roedden nhw'n byw.

Y Brenin	Diana
Y Brenin	David Lloyd-George
Y Tywysog	Arthur
Yr Esgob	Hywel Dda
Y Prif Weinidog	Nelson Mandela
Y Parchedig	Martin Luther King
Yr Arlywydd	William Morgan
Y Dywysoges	Llywelyn

3. Rydych chi'n astudio ieithoedd Celtaidd. Dyma'r wybodaeth sy gennych chi am yr ieithoedd hyn.

		nifer siaradwyr	radio	teledu	llyfrau
1.	Cymraeg	500,000	100 awr yr wythnos	30 awr yr wythnos	400 y flwyddyn
2.	Cernyweg	200	15 munud yr wythnos	dim	ambell un
3.	Gaeleg	79,000	31 awr yr wythnos	300 awr y flwyddyn	50 y flwyddyn
4.	Gwyddeleg	1,200,000	74 awr yr wythnos	30 awr yr wythnos	150 y flwyddyn
5.	Llydaweg	300,000	30 awr yr wythnos	90 munud yr wythnos	50 y flwyddyn

   Cyflwynwch eich gwybodaeth i gynhadledd ar yr ieithoedd hyn.

4. Cywirwch y brawddegau hyn.

   i. Dywedodd yr Arlywydd America ei fod yn mynd i ymddeol.

   ii. Beth yw 'parliament' yng Nghymraeg?

   iii. Beth yw 'llefrith' mewn Cymraeg y de?

   iv. Ydych chi wedi clywed am dywysog Llywelyn yr ail?

   v. Beth yw eich barn chi am yr ysgrifennydd y cynulliad?

   vi. Annwyl yr Arglwydd Elvis-Thomas,
       Diolch am eich llythyr.

   vii. Mae'r senedd yr Alban yng Nghaeredin.

   viii. Mae'r afon Tawe a'r afon Taf yn llifo i'r Môr Hafren.

8: Rhagenwau - *Pronouns*

Rhagenwau ategol

Mae'r rhain yn gallu ategu'r ferf

(f)i	rydw i	Rydw i'n yfed.	(f)i
ti	rwyt ti	Rwyt ti'n talu.	ti
e(f)/o	mae e(f)	Mae e'n bwyta.	ef
hi	mae hi	Mae hi'n dod.	hi
ni	rydyn ni	Rydyn ni'n prynu.	ni
chi	rydych chi	Rydych chi'n archebu.	chi/chwi
nhw	maen nhw	Maen nhw'n gofyn.	hwy

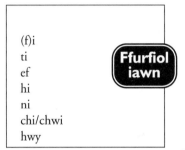

Ffurfiol iawn

Yn y gogledd, rydyn ni'n gallu defnyddio 'o' yn lle 'e' neu 'fe'

Mae o'n dŵad.

Ffurfiol iawn

Wrth ysgrifennu mewn Cymraeg ffurfiol iawn, does dim rhaid defnyddio'r rhagenwau ategol gyda'r ferf (ac eithrio ef/hi i nodi'r gwahaniaeth rhwng gwrywaidd a benywaidd).
Maent yn yfed.
Dododd yr het ar ei ben.
       Dododd e yr het ar ei ben.
neu   Dododd hi yr het ar ei ben.

Rydyn ni'n gallu defnyddio 'ti'('chdi' yn y gogledd) wrth siarad â ffrindiau, plant, y teulu ac anifeiliaid.
Rydyn ni'n gallu defnyddio 'chi' yn yr unigol wrth siarad â phawb arall.
Rydym ni'n defnyddio berf 3ydd unigol o flaen enwau unigol ac enwau lluosog
       mae'r bachgen, mae'r bechgyn
Gyda rhagenwau rydyn ni'n defnyddio berf unigol o flaen 'ef' a 'hi' a berf luosog o flaen 'nhw'
       mae e, maen nhw

 Defnyddiwch ragenwau yn y paragraff hwn, yn lle enwau'r bobl. Bydd rhaid newid y ferf hefyd weithiau.

Mae Siân a Simon yn mynd i'r caffe. Mae Simon a Siân yn cwrdd â ffrindiau yno. Mae'r disgyblion yn eistedd wrth y ffenest, yn yfed coffi. Mae Simon yn gofyn am sudd oren, ac mae Siân yn gofyn am Coca Cola. Dydy Siân ddim eisiau bwyta, ond mae Simon eisiau bwyta sglodion a physgod. Yn anffodus, dydy Simon ddim yn gallu talu, felly mae Siân yn talu.

Mae Simon a Siân yn mynd allan. Mae Simon eisiau mynd i weld ffilm, ond dydy Siân ddim eisiau gweld ffilm. Mae Siân eisiau mynd i fowlio yn y ganolfan hamdden.

Defnyddio rhagenwau ategol
Ar ôl arddodiaid rhediadol
(gweler Arddodiaid, Camau 2 – 7)

arna i	amdana i
arnat ti	amdanat ti

Gyda rhagenwau blaen
(gweler Cam 2, 3)
       dy fam di

8.1

- Wrth siarad am y tywydd, yr amser, pellter, barn ac emosiwn, ac am rywbeth cyffredinol (it) rydyn ni'n defnyddio 'hi'

Mae hi'n braf.	*It's fine.*
Mae hi'n bosibl.	*It's possible.*
Mae hi'n eitha gwir.	*It's quite true.*
Mae hi'n naw o'r gloch.	*It's nine o'clock*
Mae hi'n gan milltir o Abertystwyth i Gaerdydd.	*It's a hundred miles from Aberystwyth to Cardiff.*

Rhagenwau annibynnol

Mae'r rhain yn gallu bod yn wrthrych neu oddrych.

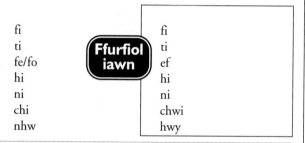

fi		fi
ti		ti
fe/fo	**Ffurfiol iawn**	ef
hi		hi
ni		ni
chi		chwi
nhw		hwy

Defnyddio rhagenwau annibynnol

Heb ferf, wrth ateb cwestiwn

Pwy sy'n dod?	Fe.
Pwy sy eisiau coffi?	Ni.

Gwrthrych berf gryno

Caraf di.

Ar ôl arddodiaid dirediad

â, gyda, i

Rydw i'n mynd â fe.
Mae hi'n rhoi'r coffi i fi.
Rydyn ni'n yfed gyda thi.

Ar ôl cysylltair

Mae e a fi'n mynd i'r dref.

O flaen 'bod' i ddweud pwy yw rhywun

Fi yw'r athrawes

Mewn brawddeg bwyslais

Nhw sy'n iawn.
Ti sy'n gyrru heno.

- Yn y gogledd, rydyn ni'n dweud 'fo' yn lle 'fe', a 'chdi' yn lle 'ti' weithiau

Fo ydy'r athro.
Chdi sy'n iawn.

 Ysgrifennwch y sgwrs rhwng Siôn, Mari, Simon a Louise. Defnyddiwch yr ymadroddion sy'n dilyn.

Mae Siôn, Mari, Simon a Louise yn y caffe. Maen nhw eisiau bwyta, ond mae Siôn eisiau mynd i fwyty crand. Mae Mari eisiau mynd i barlwr hufen iâ, ac mae Simon eisiau mynd i siop sglodion. Mae Louise yn hapus yn y caffe. (Mae Siôn yn dod o'r gogledd, a Simon yn dod o'r de.)

fi sy'n dewis	fo
gyda chi	a chdi
a fe	hi yw'r ferch
rydyn ni	Pwy sy…?

> Fi sy'n sychu'r llestri bob dydd - ond bydda i'n prynu llestri papur heddiw.

cyfnither	*cousin (female)*	nai	*nephew*
cefnder	*cousin (male)*	nith	*niece*

Rhagenwau blaen

Rydyn ni'n defnyddio'r rhagenwau blaen o flaen enw ac o flaen berfenw i ddangos meddiant.

Dyma'r ffurfiau

Iesu oedd enw fy mab i. Pwy ydw i?

Ffurfiol iawn

rhagenwau blaen	rhagenwau ategol		
fy…	(i)	fy…	(i)
dy…	(di)	dy…	(di)
ei…	(e/o)	ei…	(ef)
ei…	(hi)	ei…	(hi)
ein…	(ni)	ein…	(ni)
eich…	(chi)	eich…	(chwi)
eu…	(nhw)	eu…	(hwy)

Iaith lafar

Ar lafar rydyn ni'n aml yn gallu newid y rhain

fy	'y neu ei golli, e.e. 'y 'nhad, 'nhad
ei	'i, e.e. 'i weld e
eu	'u, e.e.'u gweld nhw

Ar lafar rydyn ni'n newid sain y rhain

ein	yn
eich	ych

Rydyn ni'n treiglo ar ôl y rhagenwau hyn (gweler Cam 3)

fy	+	treiglad trwynol	tref	fy nhref i, 'nhref i
dy	+	treiglad meddal	tref	dy dref di
ei	+	treiglad meddal	tref	ei dref e
ei	+	treiglad llaes	tref	ei thref hi
	+	'h' o flaen llafariad	ysgol	ei hysgol hi
ein	+	'h' o flaen llafariad	ysgol	ein hysgol ni
eich	+	dim treiglad	ysgol	eich ysgol chi
eu	+	'h' o flaen llafariad	ysgol	eu hysgol nhw

- Mewn rhes o enwau mae'n rhaid rhoi'r rhagenw o flaen pob enw
  ei fam, ei chwaer, ei frawd a'i gi.

8.2

1. Mae fy [tad-cu]'n dod o'r Rhondda.
2. Mae fy [brawd] yn gweithio mewn swyddfa.
3. Ydych chi'n nabod fy [tad]?
4. Rydw i'n nabod dy [mam-gu] di.
5. Rydw i'n gweld ei [tad] hi bob dydd.
6. Mae dy [brawd] di'n gweithio gyda fi.
7. Ble mae dy [cefnder] di'n byw?
8. Rydw i'n gweld ei [mab] e yn yr ysgol.
9. Ydy dy [cyfnither] di'n dod i de?
10. Ydych chi'n nabod ei [ewythr] hi?

 Lluniwch y sgwrs rhyngoch chi ac Ahmed a'i deulu.

Dyma deulu Ahmed Faruk o'r Aifft.

tad	llongwr – 48 – hoffi pysgota
mam	gwraig tŷ – 45 – hoffi bwyta pysgod
brawd	Abdul – 17 – yn y coleg – hoffi ffilmiau
brawd	Nasser – 16 – yn yr ysgol – ddim yn hoffi darllen
chwaer	Neffertiti – 24 – gweithio mewn amgueddfa – hoffi archaeoleg
tad-cu	72 – masnachwr – hoffi camelod
mam-gu	70 – artist – hoffi'r môr

Rydych chi'n mynd i'r Aifft, ac yn aros gydag Ahmed. Mae Ahmed yn cyflwyno'r teulu i chi. Rydych chi'n gofyn beth maen nhw'n ei wneud, a beth maen nhw'n hoffi'i wneud. Maen nhw'n gofyn am eich teulu chi.

1. Do you know her father?
2. Have you met his cousin?
3. This is my wife.
4. Where is your brother tonight?
5. I saw his mother last night.
6. Her family comes from Cornwall.
7. I met their uncle in town.
8. I hope my husband is listening.

Rhagenwau blaen mewn rhai tafodieithoedd

Rydyn ni'n aml yn defnyddio ' 'yn' yn lle 'fy'.
Rydyn ni'n treiglo'n feddal ar ôl ' 'yn'.

 mam   'yn fam (i)

Mae 'ei' yn gallu newid yn ' 'i' ar ôl llafariad

 Mae ei gi   Mae'i gi

Mae 'eu' yn gallu newid yn ' 'u' ar ôl llafariad

 Mae eu ci   Mae'u ci

Ar lafar mae 'ei' yn cael ei ynganu fel 'i', ac 'eu' fel 'u'.

Mae 'ein' yn gallu newid yn ' 'n' ac mae 'eich' yn newid yn ' 'ch' ar ôl llafariad

 Rydyn ni wedi gwerthu'n car.
 Mae'ch tad yn y dref.

Iaith lafar

Oes rhaid i ni gael blaidd? Pam dydyn ni ddim yn gallu cadw ci fel pawb arall?

elw	*profit*	colled	*loss*

Rhagenwau blaen yn wrthrych berfenw

Rydyn ni'n gallu defnyddio'r rhain yn wrthrych berfenw

fy…i + talu	Mae e'n fy nhalu i.	*He is paying me*
eich…chi + gweld	Mae e wedi dod i'ch gweld chi.	*He has come to see you.*

Wrth ysgrifennu Cymraeg ffurfiol iawn, dydyn ni ddim yn defnyddio'r rhagenw ategol bob amser
fy…i + talu   Mae e'n fy nhalu.

Ffurfiol iawn

Dyma'r patrwm

Eich tro chi!

Mae e	yn	fy	nhalu	i
Mae hi	wedi	dy	dalu	di
Roedd e		ei	dalu	(f)e
Bydd hi		ei	thalu	hi
Rydyn ni		ein	talu	ni
Fe fydda i		eich	talu	chi
Maen nhw		eu	talu	nhw

- Mae treigladau ar ôl y rhagenwau blaen (gweler Cam 2).

Rhowch ragenw yn lle enw yn y brawddegau hyn.

e.e. Mae Mr Bakir yn gwerthu'r ddesg.
Mae e'n ei gwerthu hi.

1. Mae Mrs Jones yn gwerthu'r llyfrau.
2. Mae Mrs Evans wedi talu'r dyn.
3. Roedd hi'n darllen y papur.
4. Maen nhw'n gweld y ferch bob dydd.
5. Fe fyddan nhw'n prynu papur newydd bob bore Sadwrn.
6. Mae e'n moyn prynu'r bwrdd.
7. Roedden ni wedi gwerthu lamp, desg a ffilmiau.
8. Dydyn ni ddim yn gwerthu'r car.

9. Mae Mr Thomas yn talu'r plant.
10. Dydy e ddim wedi gwerthu'r lamp.

Mae Mr Thomas yn mynd bob wythnos i sêl cist car. Mae

Lluniwch y sgwrs rhyngoch chi a Mr Thomas. Defnyddiwch yr ymadroddion sy'n dilyn.

e'n mynd yn gynnar – mae e'n prynu pethau o stondinau eraill, wedyn mae e'n gwerthu'r pethau hyn ar ei stondin ei hun. Mae e'n gwneud elw mawr. Rydych chi ar stondin, ac mae Mr Thomas eisiau prynu'r pethau hyn.

enwau benywaidd

lamp	record	siaced	set deledu

enwau gwrywaidd

llun	tebot	clwb golff	carped

Rydych chi'n bargeinio â Mr Thomas.

ei gael e	ei phrynu hi	ei chael hi	ei brynu e
ei werthu e	ei gwerthu hi	eu cael nhw	eu prynu nhw

8.3

Rhagenwau blaen a'r cymal enwol

Mae 'bod' yn gallu cyflwyno cymal enwol ar ôl y berfau hyn: dweud, meddwl, honni, cytuno, gwybod, gobeithio, credu.

Rydyn ni'n gallu rhoi'r rhagenwau blaen o flaen 'bod' mewn cymal enwol (gweler Cymalau, Cam 3).

Rydyn ni'n treiglo 'bod'.

	Negyddol	**Negyddol**, wrth ysgrifennu Cymraeg ffurfiol iawn
fy mod i	fy mod i ddim	nad wyf (i)
dy fod ti	dy fod ti ddim	nad wyt (ti)
ei fod e	ei fod e ddim	nad yw (ef)
ei bod hi	ei bod hi ddim	nad yw (hi)
ein bod ni	ein bod ni ddim	nad ydym (ni)
eich bod chi	eich bod chi ddim	nad ydych (chwi)
eu bod nhw	eu bod nhw ddim	nad ydynt (hwy)

Ffurfiol iawn

Enghreifftiau

Rydw i'n gwybod eu bod nhw yn y gogledd.
Mae hi'n credu eu bod nhw'n ddrud.
Roedden nhw'n credu fy mod i'n byw mewn tŷ haf.
Roedd e'n gwybod ei bod hi'n cael gwyliau mewn tŷ haf.
Mae e'n gobeithio ein bod ni'n prynu tŷ haf.

Eich tro chi!

Ydych chi'n credu ei bod hi'n iawn…?
    cael tŷ haf?
    cael gwyliau mewn tŷ haf?
    prynu ail dŷ?

Atebwch y cwestiynau hyn, gan ddefnyddio rhagenw yn lle'r enw mewn print trwm.

1. Ydych chi'n credu bod **Saeson** yn hoffi dod ar wyliau i Gymru?
2. Ydych chi'n credu bod **Cymry** ar fai yn gwerthu tai fel tai haf?
3. Ydych chi'n credu bod **pobl ifanc** yn ei chael hi'n anodd yn y wlad?
4. Ydych chi'n credu nad yw'r **llywodraeth** yn gwneud digon am y peth?
5. Ydych chi'n credu bod **y wlad** yn colli ei chymeriad?
6. Ydych chi'n credu bod **y tywydd** yn dda yng Nghymru?

Lluniwch y sgwrs rhwng y ffermwr a'i wraig, a defnyddiwch yr ymadroddion sy'n dilyn.

Mae Sais cyfoethog ar wyliau yn Aberdaron. Mae e eisiau prynu tŷ haf. Mae ffermwr tlawd eisiau gorffen ffermio. Ydy e'n mynd i werthu'r tŷ i'r Sais? Mae e'n trafod y peth gyda'i wraig.

fy mod i'n mynd i werthu	ein bod ni'n dlawd
dy fod ti'n gwerthu i Sais	fy mod i wedi gweithio digon
ein bod ni'n mynd i gael arian	dy fod ti'n iawn

Does neb ar y strydoedd yn y gaeaf, felly rydw i'n credu eu bod nhw i gyd yn dai haf.

Rhagenwau mewnol

Rydyn ni'n defnyddio'r rhagenwau mewnol ar ôl y geiriau hyn:

a *(and)*, â *(with)*, efo, gyda, i, tua, mo, na, o

Dyma'r ffurfiau	a dyma'r treigladau	
'm	+ 'h' o flaen llafariad	i'm hysgol
'th	+ treiglad meddal	o'th gartref
'i	+ treiglad meddal	na'i fag
'i	{ + treiglad llaes	gyda'i thad-cu
	{ + 'h' o flaen llafariad	tua'i hysgol
'n	+ 'h' o flaen llafariad	efo'n harian
'ch	+ dim treiglad	a'ch tŷ
'u	+ 'h' o flaen llafariad	â'u hamser

Ar ôl 'i' rydyn ni'n defnyddio'r ffurf ' 'w' gyda'r 3ydd person

i + ei dad-cu	+ treiglad meddal	i'w dad-cu
i + ei thad-cu	+ treiglad llaes	i'w thad-cu
i + ei hysgol	+ 'h' o flaen llafariad	i'w hysgol
i + eu tad-cu	+ dim treiglad	i'w tad-cu
i + eu hysgol	+ 'h' o flaen llafariad	i'w hysgol

- Sylwer: rydyn ni'n gallu dweud 'i'w wneud' yn lle 'i gael ei wneud'

    Beth sydd i'w fwyta?
    Oes rhywbeth yma i'w yfed?
    Beth sydd ar ôl i'w wneud?

 Rhowch ragenw mewnol yn y bylchau, a threiglwch os oes angen.

1. Rydw i wedi dod â ____camera.
2. Rydw i a ___ brawd wedi colli'r tocyn.
3. Rwyt ti a ____ mam wedi chwilio.
4. Mae e wedi rhoi'r llyfr i ___ tad.
5. Mae hi eisiau diolch i ___ rhieni.
6. Rydyn ni'n mynd i ___ ysgol.
7. Rydych chi wedi dod o ___ ysgol.
8. Maen nhw wedi mynd i ___ gwely.
9. Mae Siân yn mynd i'r dref efo ___ tad.
10. Mae Huw'n cerdded adre gyda ___ tad-cu.

Aeth y bêl ddim i'w ddwylo fe.

8.5

205

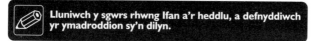

Mae Ifan a'i frawd Siôn yn mynd i Gaerdydd am y diwrnod. Maen nhw'n eistedd wrth y castell. Wedyn, wrth gerdded o gwmpas y ddinas, mae Ifan yn sylwi ei fod e wedi anghofio'i gamera. Mae e'n mynd i swyddfa'r heddlu. Mae rhywun eisoes wedi ei roi e i'r heddlu, ond dydy'r heddlu ddim yn dweud hyn wrth Ifan ar unwaith. Mae'r heddlu'n ei holi e. Maen nhw eisiau bod yn siŵr pwy yw e.

Gadawais i 'nghamera fideo i gartre, ond des i â'm camera bach, diolch byth.

dod â'ch camera	gadael fy nghamera
mynd â'm camera	eistedd gyda'm camera
mynd o'm cartref	cerdded gyda'm brawd
eich adnabod chi	dod â'm cerdyn coleg

Rhagenwau mewnol ar ôl 'fe'

Rydyn ni'n defnyddio'r ffurfiau hyn ar ôl 'fe' ac 'a' *(who, which)*, i nodi gwrthrych y ferf. Sylwch ar y treigladau fe + 'i: dim treiglad, ond ychwanegu 'h' o flaen llafariad.

Fe + prynais i hi	Fe'i prynais hi	Fe + anfonais hi	Fe'i hanfonais hi
Fe + prynais i fe	Fe'i prynais e(f)	Fe + anfonais e(f)	Fe'i hanfonais e(f)
Y ferch a'i prynodd e	Y dyn a'i cusanodd hi	Y bobl a'm hanfonodd hi	Y merched a'i hanfonodd e

Os ydy Indiaid yn flasus, fe'u bwytwn ni nhw, sbo.

1. Soniwch am eich teulu chi. Dywedwch pwy ydyn nhw, beth yw eu hoedran nhw, beth yw eu gwaith nhw. Oes anifeiliaid gennych chi? Soniwch amdanyn nhw hefyd.

2. Mae cynghorwyr lleol yn dadlau am adeiladu stad o dai. Llanwch y bylchau yn y sgwrs gyda'r ffurf gywir ar y patrwm 'fy mod i' ac ati.

   Mr Jones: Rydw i'n credu bod y bobl yn byw mewn slymiau ar hyn o bryd.
   Mr Lloyd: Dim o gwbl. Rydw i'n siŵr _____ cael bywyd braf.
   Mr Singh: Bywyd braf? Ydych chi'n credu _____ bosibl cael bywyd braf mewn hen dai tlawd?
   Mr Lloyd: Ydych chi'n credu _____ i'n dwp?
   Mrs Harvey: Rydw i'n credu _____ chi'n dwp iawn! Mae Mrs Lewis wedi ysgrifennu adroddiad hir. Ydych chi credu _____ hi'n anghywir?
   Mr Lloyd: Rydw i'n siŵr _____ ddim yn iawn.
   Mrs Harvey: (wrth Mr Jones a Mr Singh) Nefoedd wen! Rydw i'n siŵr _____ ddim yn hanner call.
   Mr Lloyd: Ydych chi'n dweud _____ ddim yn hanner call? Wel, mae stad o dai'n ddrud iawn.
   Mr Singh: Dydw i ddim yn credu _____ hi'n ddrud. Rydw i'n credu _____ ni'n gwastraffu amser. Rydw i'n cynnig _____ ni'n adeiladu'r stad.

3. Mae gwleidyddion yn trafod codi gorsaf niwclear wrth y môr, ger Llandudno. Mae rhai'n dweud ei bod hi'n angenrheidiol. Mae rhai'n dadlau ei bod hi'n beryglus. Mae rhai'n dweud ei bod hi'n ddrud iawn. Lluniwch y sgwrs. Defnyddiwch yr ymadroddion hyn.

   ei bod hi'n beryglus   ei hamddiffyn hi
   ei bod hi'n angenrheidiol   ein bod ni ddim
   ei gredu e   wrth fy nhŷ i
   ei diogelu hi   yn fy ngardd gefn i
   fy mod i   yn ein gwlad ni

4. Mae Mr a Mrs Herbert ar wyliau. Maen nhw'n agor y ces yn y gwesty, ond maen nhw'n gweld eu bod nhw wedi anghofio llawer o bethau. Maen nhw'n dadlau. Lluniwch y sgwrs. Defnyddiwch yr ymadroddion hyn.

   dod â'm crys   i'th wely   dod â'th drowsus
   o'n harian   dod â'm cap   o'm pwrs
   dod â'n harian tramor   o'th fag
   i'n gwesty   gyda'm tocyn   i'm hystafell
   gyda'th daclau ymolchi

5. Cyfieithwch y brawddegau hyn.
   1. Talk to your father about it.
   2. Bring my coat and my bag.
   3. I don't believe her.
   4. Do you answer them every time?
   5. I've seen them do that before.
   6. I hope that you've seen it in my garden.
   7. We saw her working in her house.
   8. I don't think that I've read it.

Rhagenwau gofynnol a threigladau

Mae'r treigladau ar ôl rhagenwau gofynnol yn gallu amrywio

Sut + berf: dim treiglad	Sut **c**awsoch le?
Sut + enw: treiglad meddal	Sut **g**ar?
Pryd + berf: dim treiglad	Pryd **b**yddwch chi'n cyrraedd?
Ble + berf: dim treiglad	Ble **b**yddwch chi'n bwyta?
Beth + berf: treiglad meddal	Beth **f**ydd yno?
Faint + berf: treiglad meddal	Faint **f**ydd yno?
Pwy + berf: treiglad meddal	Pwy **f**ydd yn bwyta? Pwy fwytodd y cig?
Pa + enw: treiglad meddal	Pa **f**wyd?
Pa + enw + berf: treiglad meddal	Pa **g**aws **f**wytoch chi?
Beth/Faint/Pwy/Pa + enw: + 'bydd' + rhagenw blaen + berfenw: dim treiglad	Beth **b**ydd e'n ei fwyta?/Faint **b**yddwch chi'n ei yfed?/ Pwy **b**yddwch chi'n ei weld?/ Pa fwyd **b**ydd hi'n ei fwyta?

- Rydyn ni'n gallu rhoi arddodiad o flaen nifer o ofyneiriau

  Ble? O ble? I ble?

  Beth? At beth? Wrth beth? Ger beth? O beth? I beth?

- Mae 'r' ar ddechrau'r ferf 'bod' yn gallu diflannu

  Beth rydych chi'n ei wneud? Beth ydych chi'n ei wneud?

  Am beth rydw i'n poeni? Am beth ydw i'n poeni?

  Ble rydyn ni'n mynd? Ble ydyn ni'n mynd?

Rhagenwau gofynnol a'r negyddol

Rydyn ni'n gallu rhoi 'na' ar ôl y rhagenw gofynnol (+ treiglad llaes neu dreiglad meddal; 'nad' o flaen llafariaid)

Pam na chest ti ginio?

Pam na ddest ti ynghynt?

Pam nad oeddet ti yma?

Sut nad yw e'n gwybod?

Rydyn ni'n gallu rhoi 'ddim' ar ôl y ferf negyddol

Pam dydy e ddim am gael bwyd?

Sut doedden ni ddim yn gwybod?

> Ar lafar yn y de rydyn ni'n gallu defnyddio 'nag' yn lle 'nad'
>
> Pam nag yw e'n dod?

Iaith lafar

A, maen nhw'n gwneud y caws gawson ni ddoe!

Defnyddio'r rhagenwau gofynnol

Gyda berfau cwmpasog rydyn ni'n rhoi rhagenw o flaen y berfenw i awgrymu'r gwrthrych yn yr ateb

Beth mae e'n ei fwyta?

Wrth ddefnyddio berfenw + berfenw (e.e. hoffi + bwyta) rydyn ni hefyd yn defnyddio rhagenw i awgrymu'r ateb

Beth rydych chi'n hoffi ei fwyta?

Sawl cwrs mae e'n gallu eu bwyta?

Beth?

+ berf

Beth rydych chi'n ei wneud?

Beth welwch chi yma?

Beth ydy e?

Beth rydych chi'n ei yfed?

+ cymal ansoddeiriol

Beth sydd yn y cwpan?

Beth oedd yn y botel?

+ arddodiad ar y diwedd

Beth roedd hi'n siarad amdano?

Am beth?

Am beth rydych chi'n poeni?

Am beth clywsoch chi sôn?

Â beth?

Â beth rydych chi'n bwyta?

Â beth lladdoch chi fe?

I beth?

I beth mae hyn yn arwain?

Ble?

+ berf

Ble byddwch chi'n mynd heno?

O ble?

+ berf

O ble daethoch chi heddiw?

I ble?

+ berf

I ble rydych chi'n gyrru?

Ymhle?

+ berf

Ymhle mae'r fwydlen?

Faint?

+ 'o' + enw lluosog neu enw amhendant

Faint o blant sydd yma?

Faint o fara sydd ar ôl?

+ ansoddair cymharol

Faint gwell fyddwch chi?

Faint glanach yw e?

+ berf

Faint fwytoch chi?

Faint mae e'n ei fwyta?

Faint bydd hi'n ei fwyta?

+ cymal ansoddeiriol

Faint sydd ar ôl?

Faint oedd wedi cael bwyd?

Pa?

Rydyn ni'n gallu rhoi 'pa' o flaen llawer o eiriau i ofyn cwestiwn

Pa beth? (Beth?) Pa le? (Ble?)

Pa ffordd? Pa goffi? Pa faint?

+ enw + berf

Pa liw ydy e?

Pa liw sydd ar y lliain bwrdd?

Pa liw bydd e'n ei wisgo?

Pa fath?

+ enw (treiglad meddal) neu + 'o' + enw

Pa fath gar sydd gyda chi?

Pa fath o gar ydy e?

Pa fath o gaws bydd e'n ei fwyta?

Pa mor?

+ ansoddair (treiglad meddal)

Pa mor fawr yw hi?

P'un?

+ berf

P'un rydych chi'n ei hoffi?

P'un brynodd e?

P'un bydd hi'n ei brynu?

Pam? Paham?

+ berf

Pam mae e'n cysgu?

Pam roedd hi'n bwyta mor gyflym?

Pryd?

+ berf

Pryd bydd hi yma?

Pryd daeth hi?

Pwy?

+ berf ar batrwm cymal ansoddeiriol

Pwy sy'n dod?

Pwy welodd e?

Pwy fydd yma?

+ berf

Pwy yw hi?

Pwy yw'r weinyddes?

Pwy mae e'n ei hoffi?

Pwy bydd hi'n ei briodi?

enw + pwy

Diod pwy yw hwn?

Bwyd pwy gwnaeth e ei fwyta?

At bwy?

+ berf

At bwy ysgrifennoch chi'r llythyr?

Gyda phwy?

+ berf

Gyda phwy gweloch chi'r ffilm?

Gyda phwy rydych chi'n bwyta heno?

I bwy?

+ berf

I bwy rydych chi'n chwarae?

Sawl?

+ enw unigol

Sawl myfyriwr sydd yn y dosbarth?

Sawl ffrwyth byddwch chi am ei fwyta i frecwast?

Sut?

+ ffurfiau gofynnol 'bod', ac eithrio 'mae/maen'

Sut oedd hi'n rhedeg?

Sut maen nhw wedi cael gwybod?

Sut wyt ti'n gwybod?

Sut byddan nhw'n chwarae?

+ berf

Sut cest ti'r bwyd mor gyflym?

+ enw

Sut gar sydd gennych chi?

 Rydych chi mewn gwesty. Gofynnwch am y pethau hyn gan ddefnyddio rhagenwau gofynnol.

| ble? | pryd? | pwy? | pryd? | sawl? |
| faint? | pa fath? | p'un? | pa? | beth? |

1. y fwydlen
2. amser swper
3. y weinyddes
4. nifer o gyrsiau i swper
5. nifer o bobl sy'n aros yn y gwesty
6. y ffordd i'r pwll nofio
7. y math o gawl ar y fwydlen
8. y gwin gorau
9. bwyd i'r plant
10. maint pwll nofio'r gwesty

 Gofynnwch gwestiynau i gael yr atebion hyn.

1. Mae e'n yfed coffi.
2. Maen nhw'n bwyta tri chwrs.
3. Roedd dwy weinyddes yma.
4. Daw'r bil ar unwaith, syr.
5. Roedden nhw'n bwyta dair gwaith y dydd.
6. Roedd hi'n bwyta selsig.
7. Rydw i wedi bod yma unwaith o'r blaen.
8. Hen gawl diflas yw e.

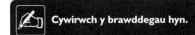
1. Sawl cwpan ydy ar y silff?
2. Faint o fara mae e'n bwyta?
3. Sut brecwast gawsoch chi heddiw?
4. Beth ydy hi'n ei yfed i frecwast?
5. Sawl platiau sydd ar y bwrdd?
6. Beth roedd e'n siarad am?

Rydw i wedi gwneud cawl unwaith eto!

Cam 7 – rhagenwau dangosol – Dysgu iaith arall

gwrywaidd	benywaidd	diryw		lluosog	
hwn	hon	hyn	*this*	y rhain/y rhai hyn	*these*
hwnnw	honno	hynny	*that*	y rheini/y rheiny/y rhai hynny	*those*

8.7

Rhagenwau dangosol

Rydyn ni'n defnyddio
'hwn'/'hwnnw' wrth sôn am rywbeth gwrywaidd
    Beth yw hwn? Ydy hwnnw'n iawn?
'hon'/'honno' wrth sôn am rywbeth benywaidd
    Hon oedd y ferch orau. Mae honno'n gwybod.
'hyn'/'hynny' wrth sôn am rywbeth haniaethol, fel syniad neu frawddeg
    Mae e wedi dweud hyn ddoe.
    Rwy'n gwybod bod hynny'n wir.
'y rhain'/'y rheini' wrth sôn am bethau lluosog
    Mae e wedi dysgu'r rhain.

Iaith lafar

Ar lafar rydyn ni'n gallu dweud 'hwnna' yn lle 'hwnnw' a 'honna' yn lle 'honno'
    Ble rwyt ti wedi rhoi hwnna?
    Mae honna'n dweud y gwir.

Beth yw	hwn	yn	Gymraeg
	hon		Ffrangeg
	hynny		Almaeneg
	'r rhain		Sbaeneg
	'r rheini		Eidaleg

Eich tro chi!

Ymadroddion cyffredin gyda rhagenwau dangosol

am hynny	*because of that*
ar hyn o bryd	*at the moment*
ar hynny	*at that instant*
cymaint â hyn	*as much as this*
cymaint â hynny	*as much as that*
er hyn	*in spite of this*
er hynny	*in spite of that*
erbyn hyn	*by now*
erbyn hynny	*by then*
gan hynny	*because of that*
hwn a hwn	*such and such a person*
hon a hon	*such and such a person*
hyd hynny	*until then*
hyn o fyd	*the world as it is*
o hyn ymlaen	*from now on*
oherwydd hyn	*because of this*
o ran hynny	*for that matter*
wedi hyn	*after this*
wedi hynny	*after that*

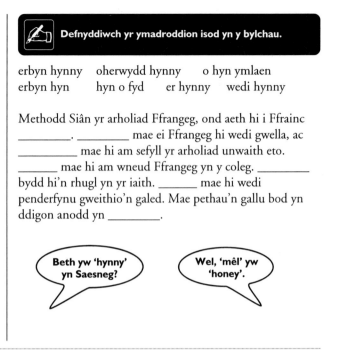

Defnyddiwch yr ymadroddion isod yn y bylchau.

erbyn hynny   oherwydd hynny   o hyn ymlaen
erbyn hyn   hyn o fyd   er hynny   wedi hynny

Methodd Siân yr arholiad Ffrangeg, ond aeth hi i Ffrainc
_____. _____ mae ei Ffrangeg hi wedi gwella, ac
_____ mae hi am sefyll yr arholiad unwaith eto.
_____ mae hi am wneud Ffrangeg yn y coleg. _____
bydd hi'n rhugl yn yr iaith. _____ mae hi wedi
penderfynu gweithio'n galed. Mae pethau'n gallu bod yn
ddigon anodd yn _____.

Beth yw 'hynny' yn Saesneg?

Wel, 'mêl' yw 'honey'.

Rhagenwau dangosol fel ansoddeiriau

Cymraeg ffurfiol a ffurfiol iawn

gwrywaidd	**benywaidd**		**diryw + lluosog**	
y…hwn	y…hon	*this*	y…hyn	*these*
y…hwnnw	y…honno	*that*	y…hynny	*those*

Cymraeg ffurfiol (ac ar lafar)

y…yma	*this, these*
y…yna	*that, those*

A! ffilm Swedeg! Cyfle da i ddysgu'r iaith honno!

Beth yw ystyr	y gair	hwn/hwnnw
	yr ymadrodd	hon/honno
	yr ansoddair	yma
	y ddihareb	yna
	yr idiom	

Eich tro chi!

- Mae 'yma' yn aml yn newid i ' 'ma'
  (y) bore 'ma
- Mae 'yna' yn aml yn newid i ' 'na'
  y car 'na

Ymadroddion cyffredin gyda rhagenwau dangosol fel ansoddeiriau

y tro hwn	*this time*
yr wythnos hon	*this week*
y bore 'ma	*this morning*
y mis hwn	*this month*
y diwrnod hwnnw	*that day*
y ffordd yma	*this way*
OND eleni	*this year*

Iaith lafar

Ar lafar yn y gogledd rydyn ni'n defnyddio 'acw' yn lle 'yna'

y ffordd acw

 Cyflwyno gwers. Defnyddiwch yr ymadroddion hyn.

Rydych chi'n rhoi gwers Sbaeneg i flwyddyn saith yn yr ysgol.

y bore 'ma	y tro hwn
yr wythnos hon	yr ymadroddion hyn
y geiriau hyn	y diarhebion hyn

• Wrth gyfieithu *those who…* mae'n well dweud 'y rhai sy' (nid 'y rheini sy').

 Cyfieithwch y brawddegau hyn.

1. I understand these, but those verbs are impossible.
2. Did you learn this this week?
3. What's that in Welsh?
4. What's the meaning of that proverb?
5. From now on, I'm going to start taking these.
6. At the moment, I'm having difficulty with these pronouns.
7. This one was easy but that one is more difficult.
8. Have you seen those mutations before?

8.8

Cam 8 – rhagenwau dwbl a chysylltiol – Cyhuddo

Rhagenwau dwbl

Dwbl:

Cymraeg ffurfiol iawn:

myfi	
tydi	
efe	
hyhi	
nyni	
chwychwi	**Ffurfiol iawn**
hwynt-hwy	

Iaith lafar

ar lafar:

y fi
y ti
y fe, y fo
y hi
y ni
y chi
y nhw

Eich tro chi!

Y hi	sydd ar fai
Efe	wnaeth y cawl
Y nhw	yw'r lladron
Nyni	yw'r pencampwyr

Defnyddio rhagenwau dwbl

Dydyn ni ddim yn defnyddio'r rhain yn aml.
Rydyn ni'n eu defnyddio nhw i bwysleisio.
Rydyn ni weithiau'n eu defnyddio nhw mewn penillion neu emynau

"Tydi a roddaist liw i'r wawr
A hud i'r machlud mwyn."

Cyhuddwch bobl o wneud y pethau hyn, gan ddefnyddio'r rhagenwau dwbl.

nhw	dwyn car
ti	heb brynu tocyn raffl
fe	heb wneud gwaith cartref
chi	cymryd cyffuriau
hi	dod adre'n hwyr

213

Rhagenwau cysylltiol

minnau
tithau
yntau
hithau
ninnau
chwithau (chithau)
hwythau

Defnyddio rhagenwau cysylltiol

I gyferbynnu

Es i i'r carchar yn Abertawe ac yntau i Gaerdydd.

I gysylltu â gweddill y frawddeg neu'r paragraff

A hithau'n credu ei bod hi'n ddiogel, cafodd hi ei dal.

I fynegi 'hefyd'

Mae yntau (hefyd) wedi bod yn y carchar.

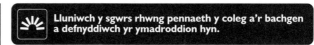
Mae tri bachgen wedi eu dal yn gwerthu cyffuriau yn y coleg. Maen nhw'n cyhuddo'i gilydd. Mae un ohonyn nhw'n ddieuog, ond dydy e ddim yn gallu argyhoeddi'r pennaeth.

roeddet tithau wrthi	nid y ni oedd wrthi
a minnau?	ac yntau?
y fe wnaeth	nid y fi

Cam 9 – rhagenwau atblygol; 'gilydd' – Trefnu chwaraeon

Rhagenwau atblygol

fy hun	fy hunan
dy hun	dy hunan
ei hun	ei hunan
ein hun	ein hunain
eich hun	eich hunan; eich hunain
eu hun	eu hunain

Defnyddio rhagenwau atblygol

I bwysleisio

Roedd y plant eu hunain yn y môr.

Roeddwn i yna fy hunan.

Mae hi ei hun wedi ysgrifennu ata i.

Yn wrthrych berf

Mwynha dy hun!

Mae e'n ei fwynhau ei hun.

Roedden nhw wedi eu gweld eu hunain ar y teledu.

- 'eich hunan' yw'r ffurf unigol; 'eich hunain' yw'r ffurf luosog.
- Ar lafar, rydyn ni'n fwy tebyg o ddefnyddio 'yn hunan' neu 'fy hunan' na 'fy hun'.

- Rydyn ni'n defnyddio'r ffurfiau hyn ar ôl llafariad: 'i hunan; 'n hunain; 'ch hunan; 'ch hunain; 'u hunain.

Rhagenwau atblygol gyda berfau cyffredin

adnabod eich hunan
brifo'ch hunan
bwydo'ch hunan
cloi eich hunan (yn y tŷ, e.e.)
difyrru'ch hunan
gweld eich hunan
gwella'ch hunan
gwerthu'ch hunan
gwisgo'ch hunan
helpu'ch hunan
mwynhau eich hunan
niweidio'ch hunan
paratoi eich hunan
perswadio'ch hunan
trefnu'ch hunan

e.e.   perswadio: Perswadiwch eich hunain eich bod yn well na'r tîm arall.

paratoi
trefnu
peidio â pherswadio
mwynhau

gwisgo'ch hunain	paratoi eich hunain
brifo'ch hunain	trefnu'ch hunain
bwydo'ch hunain	mwynhau eich hunain

'gilydd'   *each other, one another*

Dyma ffurfiau 'gilydd':

ei gilydd	Maen nhw'n gweld ei gilydd yn y dref. (NID 'eu gilydd')
ein gilydd	Rydyn ni'n mynd gyda'n gilydd.
eich gilydd	Dewch at eich gilydd.

'gilydd' mewn ymadroddion cyffredin

am ei gilydd	*around/for each other*
ar ei gilydd	*at each other*
at ei gilydd	*to each other, all in all*
cusanu ei gilydd	*kiss each other*
cwrdd â'i gilydd	*meet each other*
chwarae gyda'i gilydd	*play with each other*
gweiddi ar ei gilydd	*shout at each other*
gweld ei gilydd	*see each other*
gyda'i gilydd	*with each other*
i'w gilydd	*to each other*
siarad â'i gilydd	*talk to each other*
troi at ei gilydd	*turn to each other*
wynebu ei gilydd	*face each other*
yn erbyn ei gilydd	*against each other*

e.e.   troi: Trowch at eich gilydd.

wynebu
dawnsio gyda
mynd i'r chwith gyda
curo dwylo
gorffen gyda
cusanu

Cyfieithwch y brawddegau hyn.

1. They played against each other before the game.
2. We were shouting at each other after the goal was scored.
3. Are you talking to each other now?
4. I couldn't believe myself.
5. They persuaded themselves that they could play rugby.
6. We helped ourselves to the food.
7. She had locked herself in the kitchen.
8. After they had scored they kissed each other.

8.9

Peidiwch â chadw gyda'ch gilydd! Mae'r bêl yr ochr arall i'r cae.

'dyn', 'chi', 'ti', 'nhw', 'rhywun', 'pwy bynnag'

Pan ydyn ni'n siarad yn gyffredinol, rydyn ni'n gallu dweud *one* neu *whoever* neu *you* yn Saesneg. Yn Gymraeg rydyn ni'n dweud

dyn	*one*	Roedd dyn yn credu…	*One used to believe…*
chi, ti	*you*	Fel y gwelwch chi…	*As you see…*
nhw	*they*	Maen nhw'n dweud…	*They say…*
rhywun	*one, someone*	Gallai rhywun feddwl…	*One could think…*
pwy bynnag	*whoever*	Mae pwy bynnag sy'n…	*Whoever is…*

Cymraeg ffurfiol iawn: 'a', 'y neb', 'y sawl'

a	*whoever, he who*	A heuo a fed.	*He who sows, reaps.*
y neb	*whoever, he who*	A wnaiff y neb sy'n darllen hwn…?	*Will whoever reads this…?*
y sawl	*whoever, he who*	Bydd y sawl sy'n credu…	*Whoever believes will…*

Ffurfiol iawn

'un', 'rhai'

Pan ydyn ni'n sôn am *one* neu *some* rydyn ni'n defnyddio

un	*one*	Cymerwch un.	*Take one.*
rhai	*some*	Ewch â rhai.	*Take some.*

'un' mewn ymadroddion cyffredin

ambell un	*a few, the odd one*
dim un	*none*
llawer un	*several*
pa un	*which one*
pob un	*every one*
sawl un	*many*
un dydd	*one day*
unfryd	*unanimous*
unman	*anywhere*
unrhyw	*any*
unrhyw un	*any one*
unwaith	*once*
yr un	*each*
yr un fath	*the same*
yr un lle	*the same place*
yr un peth	*the same thing*
yr un un	*the same one*
yr un yma	*this one*
yr un yna	*that one*

'rhai' mewn ymadroddion cyffredin

pa rai?	*which ones?*
rhai dynion	*some men*
rhai ohonyn nhw	*some of them*
rhyw rai	*some*
y rhai hyn	*these*
y rhain	*these*
y rhai hynny	*those*
y rheini, y rheiny	*those*
ychydig rai	*a few*

 Lluniwch daflen i hysbysebu Gwersyll Glan-llyn sydd ar lan llyn Tegid.

Dyma'r gweithgareddau posibl: hwylio, dringo, nofio, bowlio, canwio, cerdded, dawnsio. Defnyddiwch yr ymadroddion hyn:

sawl un	rhai ohonyn nhw
ambell un	rhai
pob un	rhai o'r gwersyllwyr

1. Mae Mr Preeody yn rhedeg gwesty Plas Sgeti. Mae Non a Mat yn trefnu priodi yno. Mae Mr Preeody eisiau gwybod:

   nifer y gwesteion

   sawl potel o siampaen

   faint o win

   pa fwydlen: cig, llysiau ac ati

   pa fath o bwdin

   sawl ystafell

   y nifer a fydd yn aros dros nos

   y nifer yn y parti nos

   Mae Non yn dweud ei bod hi eisiau cael priodas fach, ac mae Mat yn cytuno, ond mae'r ddau am gael parti mawr. Lluniwch y sgwrs rhwng Non, Mat a Mr Pryeeody.

2. Mae Mr Payne a Mrs Boore yn beirniadu yn eisteddfod yr Urdd. Mae rhaid iddyn nhw wrando ar hanner cant o blant yn canu 'Y Gwcw'. Sut maen nhw'n penderfynu pwy sy'n ennill? Lluniwch y sgwrs gan ddefnyddio'r ymadroddion hyn:

   y ferch hon   y ferch yna

   y bachgen yma   y bachgen hwnnw

   y rhan yna   y rhan ola

   y nodyn yna   y llinell yna

3. Chi yw perchennog Gwasg Gybolfa. Rydych chi ar wyliau hunanarlwyo ar un o ynysoedd Groeg, ac rydych chi'n ceisio ysgrifennu nofel ar eich cyfrifiadur. Rydych chi'n defnyddio'r olygfa o'ch cwmpas yn gefndir i bennod gyntaf eich nofel. Rydych chi'n dechrau trwy ddisgrifio'r olygfa – y môr, yr awyr, yr adar, y bryniau, yna rydych chi'n disgrifio'r bobl hanner noeth sy'n gorwedd ar y traeth ac yn nofio yn y môr islaw eich bwthyn. Ysgrifennwch y paragraff cyntaf hwn, gan ddefnyddio'r ymadroddion hyn:

   mwynhau eu hunain   edrych ar ei gilydd

   ac yntau wedi blino   gwisgo'i hunan

   gwneud yr holl goginio   'i hunan

4. Llanwch y bylchau yn y darn isod â'r ymadroddion hyn:

   rhywun   un tro   yn y pen draw

   rhai   erbyn heddiw   ar y pryd

   dyn   chi   un

   pwy bynnag   yn y lle cyntaf

   Dywedodd _____ wrtho i _____ fod modd ennill ffortiwn wrth werthu ceir. Wel, dyw ____ ddim yn credu popeth, ond _____ roeddwn i allan o waith, a rhaid i _____ wneud ymdrech i gael arian. Wrth gwrs, rydw i'n gwybod _____ fod _____ sy'n credu bod modd gwneud arian yn hawdd yn siarad lol. Roeddwn i wedi prynu _____ hen geir, ond roedd rhaid talu llawer i'w trwsio nhw, ac _____ cefais i'r _____ arian yn ôl ag a wariais i arnyn nhw _____.

Mae'r Eisteddfod hon fel ffair.

'rhyw', 'sawl', 'unrhyw', 'amryw', 'cyfryw'

'rhyw' *some*

Rydyn ni'n treiglo 'rhyw' ar ddechrau ymadrodd adferfol (amser, lle ac ati)

rhyw ddiwrnod	*some day*	Bydda i'n gwella ryw ddiwrnod.
rhyw lawer	*a lot*	Dydw i ddim yn hoffi hwn ryw lawer.

Ar ddechrau ymadrodd enwol, mae 'rhyw' yn dilyn rheolau treiglo enwau

Mae e wedi rhoi'r clefyd i **ryw ugain o bobl**. (treiglad meddal ar ôl 'i')

Rhoddodd e **ryw foddion cas** i fi. (treiglad meddal – gwrthrych berf gryno)

Rydyn ni'n treiglo'n feddal ar ôl 'rhyw'

rhyw bapur	*some paper*	Roedd yr ateb mewn rhyw bapur.
rhyw gymaint	*some, a little*	Mae hwn wedi gwneud rhyw gymaint o les.

Rydyn ni'n defnyddio 'rhyw' mewn geiriau cyfansawdd

rhywbeth	*something*	Mae rhywbeth mawr o'i le.
rhywfaint	*some (amount)*	Rydw i wedi cymryd rhywfaint.
rhywun	*someone*	Dywedodd rhywun fod pils yn help.
rhywrai	*some people*	Mae rhywrai wedi gwella eisoes.

'sawl' *several*

Rydyn ni'n rhoi enw unigol ar ôl 'sawl'

sawl peth	*several things*	Mae sawl peth o'i le.

'unrhyw' (+ treiglad meddal) *any*

Rydyn ni'n treiglo'n feddal ar ôl 'unrhyw'

unrhyw foddion	*any medicine*	Gwnaiff unrhyw foddion y tro.
unrhyw newyddion	*any news*	Oes unrhyw newyddion?
unrhyw un	*any one*	Oes unrhyw un yn gallu helpu?

'amryw' *several*

Rydyn ni'n rhoi enw lluosog ar ôl 'amryw', ac yn treiglo'r enw'n feddal

amryw bethau	*several things*	Mae amryw bethau o le.

'cyfryw' *such, aforementioned*

fel y cyfryw	*as such*	Chlywais i ddim amdano, fel y cyfryw.

Cymraeg ffurfiol iawn:	y cyfryw reol	*such a rule*	Yn wyneb y cyfryw reol…

Ffurfiol iawn

218

Rydych chi'n mynd at y meddyg. Mae pen tost 'da chi, ond does dim gwres arnoch chi. Mae e'n eich holi chi. Mae e'n gofyn cwestiynau sy'n cynnwys:

    rhywbeth o'i le
    unrhyw foddion
    rhywun yn gofalu

    rhyw welliant wedi bod
    rhyw gymaint yn well

Rydych chi'n ateb gan ddefnyddio'r ymadroddion hyn:
    unrhyw beth
    rhyw lawer
    rhywbeth tebyg i beswch
    rhyw ychydig

Cam 12 – rhagenwolion mesur – Yr iaith yn eich ardal

Rhagenwolion mesur

Rydyn ni'n gallu defnyddio'r geiriau hyn i nodi maint neu fesur
    Rydw i'n yfed peth (llaeth) bob dydd.
    Mae hi wedi yfed gormod.
Rydyn ni'n rhoi 'peth' *some*, yn syth 'ambell' *a few*, a 'sawl' *several*, yn syth o flaen enw
    peth gobaith, ambell ysgol, sawl Cymro
Rydyn ni'n gallu cysylltu'r rhain ag
enwau fel hyn

Eich tro chi!

cymaint	o	siaradwyr Cymraeg
digon		gynnydd
eitha digon		obaith
faint		ddigwyddiadau
gormod		Saeson
llawn digon		bobl ddi-Gymraeg
llawer		ddysgwyr
llawer gormod		gyfle
llawer iawn		bethau
mwy		ysgolion Cymraeg
nifer		ddosbarthiadau Cymraeg
rhagor		weithgareddau Cymraeg
tipyn		
tipyn bach		
ychwaneg		
ychydig		
ychydig iawn		

Rydyn ni'n defnyddio'r un patrwm gyda:
    pwys o
    peint o
    cwpanaid o
    llwyaid o
    potelaid o

8.12

Ymadroddion gyda rhagenwolion mesur

ychydig bach	*a little*
rhagor o bobl	*more people*
rhagor na	*more than*
hen ddigon	*enough by far*

Faint o bobl ifanc sy'n siarad Cymraeg? Faint o hen bobl?
Oes digon o gyfle i ddefnyddio'r iaith?
Oes ambell ysgol Gymraeg yno?
Oes tipyn o weithgareddau Cymraeg yn digwydd?
Faint o fewnfudwyr sy'n byw yno?
Oes gormod o Saesneg yn yr ysgolion? yn y siopau?
Oes llawer yn cael ei wneud dros y Gymraeg?
Faint o obaith sydd i'r Gymraeg yn eich ardal?

Geiriau mesur eraill:

lliaws	*a host*
lliaws o bobl	*a host of people*
llu	*a crowd*
llu o blant	*a crowd of children*
cyfan	*whole*
y cyfan	*the whole lot*
y cyfan o'r gwaith	*all the work*
yn gyfan gwbl	*completely*
cwbl	*all, quite*
y cwbl	*the whole lot*
y cwbl o'r gwaith	*all the work*
yn gwbl gysurus	*completely comfortable*
o gwbl	*at all*
dim o gwbl	*not at all*
gweddill	*remainder*
gweddill y dysgwyr	*the remainder of the learners*

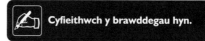
1. There are far too many people in the class.
2. How many non-Welsh speakers send their children to the school?
3. Are there many Welsh schools in the area?
4. A pound of potatoes and some peas please.
5. Some of the class knew the work, but the remainder of the pupils didn't.
6. I have quite enough homework tonight.
7. Very few people learn French well in school.
8. There are a number of things one must know about mutations.

Cam 13 – 'oll', 'holl', 'hollol', 'i gyd', 'pob', 'pawb', 'popeth', 'dim', 'neb'; 'eiddo' – Bancio

cynilo	*to save*	mantolen	*statement*
cyfrif	*account*	llog	*interest*

'oll', 'holl', 'hollol', 'i gyd', 'pob', 'popeth', 'pawb', 'dim', 'neb'

Rydyn ni'n defnyddio
'holl' o flaen enw, ar ôl y fannod neu ragenw
    yr holl bobl, ei holl bapurau, fy holl gyfoeth
'oll' ar ôl enw
    y papurau oll, fy arian oll
'holl' o flaen ymadrodd enwol pendant
    holl bobl Cymru, holl Iwerddon
'hollol' o flaen ansoddair ac yn treiglo'r ansoddair yn feddal
    hollol berffaith
'i gyd' ar ôl enw pendant
    y bara i gyd, y llyfrau mawr i gyd
'dim' a 'neb' ar ôl berf negyddol
    Does neb yn gwybod.
    Doedd dim yn digwydd.

oll	*all*
dim oll	*none at all*
mwyaf oll	*greatest of all*

uchaf oll	*highest of all*
y llog uchaf oll	*the highest interest of all*
holl	*all*
hollwybodus	*allknowing, know-all*
yr holl wlad	*all the country*
eu holl arian	*all their money*
hollol	*completely, quite*
hollol anghywir	*completely wrong*
hollol ddall	*completely blind*
i gyd	*all*
y llyfrau i gyd	*all the books*
yr arian i gyd	*all the money*
y bara i gyd	*all the bread*
pob	*every*
bob blwyddyn	*every year*
bob dydd	*every day*
bob nos	*every night*
bob yn ail	*every other*

Mae fy holl arian i gyda Mr Lloyd.

220

bob yn dipyn	*gradually*
pob dim	*everything*
pob un	*each one*
dillad pob dydd	*everyday clothes*
pawb	*everyone*
pawb arall	*everyone else*
popeth	*everything*
popeth arall	*everything else*
popeth Cymraeg	*everything Welsh*
dim	*nothing*
pob dim	*everything*
dim byd	*nothing*
dim byd o bwys	*nothing important*
dim o gwbl	*not at all*
dim syniad	*no idea*
heb ddim	*without anything*
i'r dim	*perfectly*
ond y dim	*almost*
Ches i ddim.	*I didn't have any*
neb	*no one, anyone*
neb o bwys	*no one of importance*
ddywedodd e ddim wrth neb	*he did not tell anyone*
neb ohonon ni	*none of us*
does neb yn…	*no one is…*

 Cyfieithwch y brawddegau hyn.

1. I look at all the books every day.
2. I had no idea that they were completely wrong.
3. Everyone else had finished all the work perfectly.
4. There's nothing important in the paper – it's all gossip.
5. They spent all their money on food – there's none left for saving.
6. This bank offers the highest interest of all.
7. We gradually became poorer each year.
8. None of us had heard that we were all out of a job.

 Cywirwch y brawddegau hyn.

1. Mae neb yn gwybod beth sy'n digwydd.
2. Roedd yr oll arian wedi diflannu.
3. Ble mae i gyd o'r llyfrau wedi mynd?
4. Roedd dim byd ar y ddesg.
5. Collodd Huw ei oll arian yn y fenter.
6. Mae'r wlad holl mewn trafferthion economaidd.
7. Bydd oll weithwyr y banc yn mynd ar streic.
8. Roedd yr holl wlad i gyd yn poeni am y sefyllfa.

Lluniwch araith Mr Lloyd. Defnyddiwch yr ymadroddion hyn.

Mae Mr Lloyd yn ymweld â myfyrwyr y coleg. Mae e am eu perswadio nhw i agor cyfrif banc gyda'i fanc e. Mae e'n sôn am gynilo'n gyson, gwario'n gall a phethau felly.

8.13

cynilo – bob yn dipyn
llog – uchaf oll
talu llog – bob hanner blwyddyn
twll yn y wal – ar gael bob dydd
popeth yn Gymraeg
mantolen bob mis – eich holl arian

'eiddo' *property*

Ffordd o ddweud beth rydych chi'n berchen arno

Eiddo Jane yw'r siaced yma.	*This jacket is Jane's.*
Ein heiddo ni yw'r cesys yma.	*These cases are ours.*
Yr eiddoch yn gywir,	*Yours sincerely,*

'y naill', 'y llall', 'y lleill', 'ill', 'arall', 'eraill'

y naill…y llall	*the one…the other*
ar y naill law…ar y llaw arall	*on the one hand…on the other hand*
ar y naill law…ar y llall	*on the one hand…on the other*
rhwng un peth a'r llall	*between one thing and another*
y naill a'r llall	*the one and the other*
y naill beth a'r llall	*one thing and the other*
y naill ferch a'r llall	*the one girl and the other*
y naill ferch na'r llall	*neither girl*
y naill na'r llall	*neither one nor the other*
naill ai…neu	*either…or*

Bues i naill ai yn Rhydychen neu yng Nghaergrawnt - ar gefn beic, wrth gwrs.

ill

ill dau	*both*
nhw ill dau	*both of them*
y ddau ohonyn nhw	*both of them*
y ddau bwnc	*both subjects*

arall

un arall	*another one*
bachgen arall	*another boy*
un tro arall	*one other turn*
bryd arall	*at another time*

y llall

	the other

y lleill

	the others

eraill

eraill	*others*
bechgyn eraill	*other boys*

 Dywedwch beth sydd gan y naill goleg a'r llall i'w gynnig. I ble byddech chi eisiau mynd, a pham?

Dyma fanylion dau goleg:

Coleg Aberesmwyth	**Coleg Abercola**
dim Almaeneg	dim Eidaleg
meddygaeth	dim meddygaeth
gwyddorau	arbenigo mewn ffiseg
darlithwyr ifanc	darlithwyr canol oed
7,000 o fyfyrwyr	3,000 o fyfyrwyr
25% yn dod o Gymru	40% yn dod o Gymru
ei gampws ei hun	campws yn y dre
clwb rygbi da	pwll nofio da
caeau mawr	caeau bach
Cymraeg: arbenigo mewn llenyddiaeth	Cymraeg: arbenigo mewn tafodiaith

Beth arall hoffech chi ei weld mewn coleg?
Pa bynciau eraill byddech chi am eu hastudio mewn coleg?
Maen nhw ill dau'n cynnig Cymraeg. Oes diddordeb gennych chi yn y naill neu'r llall?

1. On the one hand it is convenient, but on the other hand it is unnecessary.
2. Neither one nor the other taught Spanish.
3. Between one thing and another they failed their exams.
4. The others listened while some of them worked.
5. Both lecturers taught both subjects.
6. Neither of the colleges taught German.
7. One teaches physics but the other teaches mathematics as well.
8. The other colleges specialise in economics.

 Prifysgol Cymru: ble mae'r colegau? I ba goleg hoffech chi fynd i astudio, a pham?

Bydd hi'n bosibl astudio'r holl bynciau ym Mhrifysgol Cymru trwy'r Gymraeg erbyn y flwyddyn 2500.

8.14

PRIFYSGOL CAERDYDD

Prifysgol Cymru Aberystwyth

PRIFYSGOL CYMRU

PRIFYSGOL CYMRU ABERTAWE

Croeso i Goleg Meddygaeth Prifysgol Cymru

Prifysgol Cymru, Llanbedr Pont Steffan

1·8·2·2

BANGOR

1. Mae lladron wedi bod i dŷ Mrs Olwen Price. Dydy hi ddim yn siŵr beth sydd wedi mynd ar goll, na phryd yn union roedd y lladron yno. Mae hi wedi mynd at yr heddlu, ond maen nhw'n cael anhawster i gael gwybodaeth ganddi. Lluniwch y sgwrs rhyngddi hi a'r heddlu, gan ddefnyddio'r ymadroddion hyn:

   ryw noson   rhywrai wedi dwyn pethau
   rhywbeth ar goll   unrhyw sôn amdanyn nhw
   amryw bethau wedi mynd   unrhyw beth arall?
   rywbryd yn ystod y nos   unrhyw un wedi gweld?
   rhywun wedi bod yn y tŷ   rhywbeth o'i le

2. Mae eich canolfan hamdden wedi trefnu rhaglen ar gyfer y flwyddyn. Mae'r rhaglen yn cynnwys sesiynau nofio i bensiynwyr, cadw'n heini i rai dros 50 oed, cynghrair bowls, a gwersi dysgu tennis i rai dros 40 oed. Dydyn nhw ddim wedi trefnu dim yn arbennig i bobl ifanc. Ysgrifennwch lythyr at y cyngor yn cwyno. Defnyddiwch yr ymadroddion hyn:

   gormod o weithgareddau   dim digon o bethau
   llawer gormod o sesiynau   ychydig iawn o ddiddordeb
   dim hanner digon o sylw (*attention*)

3. Rhowch y geiriau hyn yn y bylchau:
   holl   oll   pob   pawb   pob un
   neb   pob dim   cyfan   yn gyfan gwbl
   hollol   wedi'r cwbl   i gyd
   1. Does _____ yn fy nghredu.
   2. Bydda i yma yn y gell am yr _____ fisoedd nesaf
   3. Mae'r sefyllfa'n _____ annheg.
   4. Rwy'n teimlo bod _____ yn fy erbyn i.
   5. Doedd _____ wedi fy ngweld y diwrnod hwnnw.
   6. Treuliais y diwrnod _____ yn y caffe.
   7. Bydda i'n _____ ar fy mhen fy hun.
   8. Rydw i'n diodde hyn _____ am fod fy ffrind wedi dweud celwydd.
   9. Erbyn hyn mae'r _____ drosodd.
   10. Rydw i wedi gwneud _____ _____ i ddod yn rhydd.

4. Mae gormod o bobl yn y carchar, ac mae'n costio'n ddrud i'w cadw nhw yno. A ddylai rhagor o bobl wneud gwasanaeth cymdeithasol yn lle mynd i'r carchar? Trafodwch hyn a rhowch eich barn. Defnyddiwch rai o'r ymadroddion hyn:

   ar y naill law…ar y llaw arall
   wedi'r cwbl
   yn y pen draw
   rhaid dweud bod…
   mae'r naill ochr a'r llall yn dadlau
   yn fy marn i
   wrth ystyried y gost
   mae dadleuon cryf o blaid…/yn erbyn…
   mae angen rhoi sylw i…

5. Mae Janet yn cerdded ar hyd strydoedd cul Caernarfon. Yn sydyn mae llanc ifanc yn rhuthro ar hyd y stryd ac yn dwyn ei bag llaw. Mae hi'n mynd i swyddfa'r heddlu, ac yn gweld plismon yn mynd â bachgen i'r ddalfa. Yn llaw'r plismon mae ei bag hi. Sut mae hi'n perswadio'r heddlu mai ei bag hi yw hwn? Lluniwch y sgwrs yn swyddfa'r heddlu.

Cam I – ffurfio adferfau – Yn yr ysbyty

claf	*patient*	ymateb	*respond*
cleifion	*patients*	rhyfeddol	*remarkable*
gwaethygu	*to get worse*		

Mae adferf yn gallu disgrifio berf, ansoddair neu adferf arall.

Ffurfio adferfau

Rydyn ni'n gallu rhoi ansoddair ar ôl 'yn' i ddisgrifio berf

Mae'r nyrs yn gweithio'n galed.

Mae ansoddair ar ôl 'yn' yn treiglo'n feddal, ac eithrio rhai'n dechrau ag 'll' a 'rh'

Mae'r claf yn gwella'n rhyfeddol.

Eich tro chi!

Mae'r	claf	yn	gwella	'n	dda
	nyrs		gwaethygu	yn	gyflym
	meddyg		codi		gynnar
	porthor		cysgu		dawel

Mathau o adferfau
Cyflwr

Mae adferfau'n gallu mynegi cyflwr

Eich tro chi!

Mae'r	claf	yn teimlo	'n	ofnadwy
	cleifion	edrych	yn	druenus
	hen ddyn			wael
	meddyg			flinedig

Dull

Mae adferfau'n gallu mynegi dull

Eich tro chi!

Mae'r	meddyg	yn	gweithio	'n	drwyadl
	nyrs		gwenu		llon
	claf		bwyta		awchus
	hen ddyn		gwella		gampus
			gwaethygu		araf

Lluniwch y sgwrs rhwng Dr Morris a Nyrs Huws gan ddefnyddio'r ymadroddion hyn.

Mae nyrsys yn poeni am y cleifion mewn un ward, ond mae Dr Morris yn credu eu bod nhw i gyd yn edrych yn dda.

Dr Morris:	Nyrs Huws:
edrych yn dda	edrych yn ddrwg
gwenu'n llon	bwyta'n wael
yfed yn iawn	yfed yn araf
gwella'n gampus	cysgu'n anesmwyth
bwyta'n awchus	anadlu'n wan

9.1

Maen nhw'n mynd i gysgu'n dawel ar ôl hyn - yn rhy dawel!

Berfau ac adferfau cyffredin

Dyma rai ymadroddion cyffredin

berwi'n sych	*to boil until dry*
blino'n lân	*to be tired out*
colli'n drwm	*to lose heavily*
cysgu'n dawel	*to sleep peacefully*
cysgu'n drwm	*to sleep soundly*
cytuno'n llwyr	*to agree completely*
ennill yn hawdd	*to win easily*
gweiddi'n groch	*to shout hoarsely*
gweithio'n galed	*to work hard*
gwrando'n astud	*to listen attentively*
llosgi'n ulw	*to burn to a cinder*
paratoi'n drylwyr	*to prepare thoroughly*
sefyll yn stond	*to stand still*
sefyll yn gadarn	*to stand firm*
dweud yn blwmp ac yn blaen	*to talk plainly*
sychu'n grimp	*to dry out*
ystyried yn ofalus	*to consider carefully*

> O diar, rydw i'n mynd i ystyried yn ofalus cyn dod i'r ysbyty eto!

 Defnyddiwch ymadrodd addas yn y brawddegau hyn.

Treiglwch neu rhedwch y ferf os oes angen.

1. Mae'r cleifion i gyd wedi _____ ar ôl cael pilsen gysgu.
2. Roeddwn i'n _____ ar y meddyg pan oedd e'n egluro beth oedd yn bod.
3. Roedd yr arbenigwr yn _____ â barn y meddyg teulu.
4. Roedd y nyrs wedi anghofio am y tegell, ac roedd e wedi _____.
5. Mae rhaid i'r nyrsys _____ cyn yr arholiad meddygol.
6. "Os gwelwch yn dda, _____ beth sy'n bod arna i."
7. Mae'n rhaid i ni _____ a oes angen llawdriniaeth.
8. Ar ôl diwrnod caled o waith roedd y meddyg wedi _____.

Paratowch adroddiad, gan ddefnyddio rhai o'r ymadroddion uchod. Disgrifiwch beth sydd wedi digwydd.

Rydych chi'n paratoi adroddiad ar waith y dydd ar gyfer nyrsys y diwrnod canlynol. Rydych chi wedi cael diwrnod cyffrous; mae'r pethau hyn wedi digwydd:

tân
dadlau
paratoi tabledi
rhoi gormod o dabledi cysgu i'r cleifion
llawer o waith
gêm o gardiau rhwng y nyrsys a'r meddygon

Adferfau amser

Mae rhai adferfau'n nodi pryd mae rhywbeth yn digwydd

bellach	*by now, any longer*
beunydd	*daily, constantly*
bore 'ma	*this morning*
bore ddoe	*yesterday morning*
bore yfory	*tomorrow morning*
bore drannoeth	*the following/next morning*
byth	*ever, never*
drannoeth	*the day after*
droeon	*many times*
ddoe	*yesterday*
echdoe	*the day before yesterday*
echnos	*the night before last*
eisoes	*already*
eleni	*this year*
erioed	*ever, never*
eto	*again*
gynnau	*just now*
gynt	*at one time, long ago*
heddiw	*today*
heno	*tonight*
mwyach	*by now, any longer*
nawr	*now*
neithiwr	*last night*
nos yfory	*tomorrow night*
prynhawn 'ma	*this afternoon*
prynhawn ddoe	*yesterday afternoon*
prynhawn heddiw	*this afternoon*
prynhawn yfory	*tomorrow afternoon*
toc	*shortly*
wastad	*always*
wedyn	*then*
weithiau	*sometimes*
y llynedd	*last year*
yna	*then*

Rydyn ni'n gallu treiglo ymadroddion sy'n nodi amser
brynhawn yfory, brynhawn ddoe, brynhawn heddiw.

Mae'r rhain wedi eu treiglo'n barod: bellach, wastad, ddoe, weithiau, droeon, gynnau, gynt.
Rydyn ni'n gallu dweud 'fore Llun' etc., ond dydyn ni ddim yn treiglo'r rhain: bore 'ma, bore ddoe, bore yfory, bore drannoeth, prynhawn 'ma, mwyach, toc
    Daeth y llythyr fore Llun.
    Daeth y llythyr bore 'ma.
Rydyn ni fel arfer yn rhoi'r adferf ar ôl y berfenw
    Mae hi'n dod bore yfory.
Rydyn ni fel arfer yn rhoi 'wastad' ar ôl y goddrych
    Mae hi wastad yn gweithio'n hwyr.
Mae 'erioed' fel arfer yn cyfeirio at y gorffennol
    Dydy'r claf erioed wedi bod yma.
Rydyn ni'n gallu treiglo 'byth' neu beidio pan fydd yn adferf.

 Rhowch yr adferfau hyn yn y bylchau.

byth, weithiau, heddiw, eleni, y llynedd, bore yfory, mwyach, nawr, ddoe, neithiwr

Adroddiad Dr Lewis i Bwyllgor Cartref Llanadlais:
Mae chwe deg wyth o hen bobl yn y cartref
_____. Mae un deg saith o rai newydd gennyn ni
_____, ond mae un deg pump o hen bobl wedi mynd
adre _____. Nid yw Mrs Elaine Smitham gyda ni
_____, gwaetha'r modd. Mae tair nyrs amser llawn
gennyn ni _____; dim ond dwy oedd gennyn ni
_____. Rydyn ni _____'n cael help y meddyg lleol,
ond ar ôl y ddamwain _____, fydd e _____ yn dod
yma eto. Rydyn ni'n gobeithio cael help meddyg arall
_____.

 Defnyddiwch yr adferfau hyn mewn adroddiad tebyg.

gynt, gynnau, yna, wedyn, echnos, bore yfory, echdoe, bellach

9.3

Adferfau lle

Mae rhai adferfau'n nodi ble mae rhywbeth yn digwydd

adref	*homewards*	acw	*there, yonder*	allan	*out*
draw	*yonder*	fry	*above*	gartref	*at home*
gyferbyn	*opposite*	isod	*below*	oddi tano	*beneath*
drosodd	*over*	uchod	*above*	yma	*here*
ymaith	*away*	yno	*there*	i ffwrdd	*away*
i mewn	*in*				

- Mae 'adref' yn golygu 'tuag adref'; mae 'gartref' yn golygu 'yn y tŷ'.

> Mae Mr Evans yn mynd i'r ysbyty i ymweld â Mr Jones, ond dydy e ddim yno. Mae e'n holi nyrs yn y ward. Rhowch yr adferfau hyn yn y sgwrs.

yno   gartref   adref   yma   draw   acw
allan   drosodd   gyferbyn

"Bore da! Ydy Mr Jones _____?"

"Pa Mr Jones?"

"Mr Jones oedd yn cysgu yn y gwely _____."

"Na, mae e wedi mynd _____."

"Beth? Mae e_____?"

"Ydy, es i _____ bore 'ma i wneud yn siŵr bod popeth yn iawn."

"Rydych chi wedi bod ____?"

"Ydw, es i _____ i weld sut mae e – mae e'n iawn."

"Ond dydy'r profion ddim _____ eto."

"Wel, mae e wedi gallu cerdded _____ ar ei ben ei hun."

Adferfau mesur

Mae rhai adferfau'n nodi mesur neu faint

cyhyd	*so long*
cymaint	*so much*
cynddrwg	*so bad*
cystal	*so good*
ddim	*not*
hytrach	*rather*
lled	*fairly*

mwyfwy	*more and more*
oll	*all*
prin y	*scarcely*
i gyd	*all*
llawer	*many*
fawr/mawr	*a lot*
i raddau	*to an extent*
i ryw raddau	*to some extent*
bob yn ddau	*two at a time*
bob yn dri	*three at a time*

> Rhowch rai o'r adferfau uchod yn y sgwrs.

"Sut ydych chi heddiw, Mrs Evans?"

"_____ dda. Ond daro, rydw i wedi bod yma _____!"

"Beth sy'n eich poeni chi, Mrs Evans?"

"Wel, dydw i ddim _____ heddiw."

"Ond rydych chi wedi gwella _____ ers dod yma."

"_____, efallai, ond dydw i ddim yn teimlo _____ gwell."

"Wel, _____ gallwch chi ddisgwyl gwella mor gyflym."

"Ond mae'r bobl eraill _____ wedi gadael."

- Mae 'prin' yn gallu bod yn ansoddair
    prin fis, prin wythnos

Adferfau eraill

hefyd	*also*	yn hytrach	*rather (than)*
efallai	*perhaps*		

Ymadroddion adferfol

Mae'r rhain yn gallu cyfeirio at gymal cyfan

ar y cyfan	*on the whole*	Mae hi'n gwella, ar y cyfan.
beth bynnag	*in any case*	Dydyn nhw ddim yn gwaethygu, beth bynnag.
chwarae teg	*fair play*	Mae'r meddyg wedi gwneud ei orau, chwarae teg.
efallai	*possibly*	Bydd y nyrs yma yfory, efallai.
erbyn hyn	*by now*	Mae'r gwaethaf drosodd erbyn hyn.
fodd bynnag	*however*	Dydw i ddim yn gwybod y cyfan, fodd bynnag.
fwy neu lai	*more or less*	Mae'r gwaith ar ben, fwy neu lai.
gwaetha'r modd	*unfortunately*	Mae'n rhaid iddi hi fynd i'r ysbyty, gwaetha'r modd.
heb os	*without a doubt*	Bydd hi'n well yfory, heb os.
hyd y gwn i	*as far as I know*	Mae'r tabledi yn effeithiol, hyd y gwn i.
mewn gwirionedd	*as a matter of fact*	Mewn gwirionedd, does dim modd gwneud dim.
o bosib	*possibly*	Mae homeopathi'n gallu helpu, o bosib.
siŵr o fod	*probably*	Mae'r ffliw arno fe, siŵr o fod.
tybed	*I wonder*	Pryd bydd y ffliw'n taro, tybed?
wedi dweud hynny	*having said that*	Wedi dweud hynny, dyw'r ffliw ddim yn lladd.
wedi'r cyfan	*after all*	Y meddyg sy'n gwybod, wedi'r cyfan.
wrth gwrs	*of course*	Mae'r nyrs yn gwybod, wrth gwrs.
wrth reswm	*naturally*	Mae rhaid bod yn ofalus, wrth reswm.
yn bersonol	*personally*	Yn bersonol, dydw i ddim yn credu bod dim byd yn bod ar y claf.
yn ôl pob tebyg	*probably*	Y frech goch sydd arnoch chi, yn ôl pob tebyg
yn sicr	*definitely*	Yn sicr, does dim amser i'w golli.
yn wir	*in fact, really*	Yn wir, mae'r clefyd yn un difrifol.
yn y pen draw	*in the end*	Mae pawb yn marw yn y pen draw.

9.5

Sut mae fy mam-gu?

Wel, hyd y gwn i, mae hi'n iawn, ond wedi dweud hynny, mae hi yn yr ysbyty am ei bod hi'n dost, yn ôl pob tebyg.

"Beth sy'n bod arnoch chi, Miss Rabaiotti?"

"At_____, rydw i'n teimlo'n iawn."

"Ond mae rhywbeth yn eich poeni chi, yn_____."

"Oes. Rydw i'n teimlo'n iawn ar _____, ond weithiau does dim hwyl arna i."

"O, rhywbeth yn bod yn y gwaith, s_____."

"Na, wrth _____ dydw i ddim yn hoff iawn o'r gwaith."

"Beth arall sy'n bod 'te? Yn _____ dydw i ddim yn gweld dim o'i le arnoch chi."

"Bydd popeth yn iawn yn _____ rwy'n siŵr."

"Gwell i fi deimlo'ch pyls chi, wrth _____."

"Diolch. Ond hyd_____ mae 'mhyls i'n iawn."

"Rhowch y thermomedr yma yn eich ceg. Mae gwres arnoch chi e_____."

"Na, dydw i ddim yn credu hynny g_____."

"Pam 'gwaetha'r modd'? Ydych chi'n ofni tipyn bach o'r ffliw?"

"Na, wrth _____. Rwy'n credu mod i dipyn bach yn feichiog."

Mae Henry yn mynd at y meddyg. Mae e'n swil. Dydy e ddim eisiau dweud bod ploryn ar ei ben-ôl.
(ploryn *pimple*)

1. Mae disgybl yn cymharu cyflymder toddi gwahanol ddeunyddiau. Dyma'r amser mae 10 gram o'r pethau hyn yn ei gymryd i hydoddi mewn dŵr:

   siwgr – 10 eiliad;   halen – 8 eiliad;
   coffi – 6 eiliad;   siwgr eisin – 1 eiliad
   blawd – 25 eiliad;   sebon – 5 munud;
   bisgïen – 2 funud.

   Ysgrifennwch adroddiad ar yr arbrawf. Defnyddiwch y geiriau hyn:
   yn araf; yn gyflym; yn araf iawn; yn gyflym iawn; yn weddol gyflym; yn weddol araf.

2. Mae 'chwaer' ward yn yr ysbyty'n rhoi trefn yr wythnos i'r nyrsys. Dyma rai o'r pethau mae rhaid iddyn nhw'u gwneud.
   Dydd Llun
   9.00   paratoi moddion
   12.00   derbyn cleifion newydd
   17.00   mesur tymheredd y cleifion
   Dydd Mawrth
   11.00   glanhau potiau
   16.00   dosbarthu tabledi
   18.00   llenwi ffurflenni
   Mae'r chwaer yn esbonio'r drefn wrth y nyrsys. Mae hi'n defnyddio'r ymadroddion hyn: bore 'ma, prynhawn 'ma, heno, bore yfory, prynhawn yfory, nos yfory, wedyn, efallai, wrth gwrs, yn naturiol.
   Ysgrifennwch ei sgwrs â'r nyrsys.

3. Mae myfyriwr yn siarad â'i fam am ei gwrs yn y coleg. Mae e eisiau astudio Ffrangeg, ond mae hi eisiau iddo astudio Cymraeg. Maen nhw'n dadlau. Lluniwch y sgwrs, a defnyddiwch yr ymadroddion hyn:
   ar y naill law   ar y llaw arall
   gyda llaw   chwaith
   fel rheol   eto i gyd
   fodd bynnag   yn y cyfamser
   felly   yn aml

4. Ysgrifennwch adroddiad i bapur newydd ar gêm bêl-droed. Mae tîm Llan-fach wedi curo tîm Cwm Siriol 5-0. Defnyddiwch yr ymadroddion hyn yn eich adroddiad.

   ennill yn hawdd   paratoi'n drylwyr
   sefyll yn gadarn   blino'n lân
   colli'n druenus   gweithio'n galed
   gwrando'n astud   gweiddi'n groch
   ystyried yn ofalus

5. Cyfieithwch y brawddegau hyn:
   i.   Unfortunately, they won the game easily.
   ii.   She stayed at home, although it was fine yesterday afternoon.
   iii. We went home early because we were tired out.
   iv.   Listen carefully, and you'll be probably be able to finish the work.
   v.   I feel awful although I look better.
   vi.   The doctor had never seen these symptoms before.
   vii. Having prepared thoroughly, the students passed easily.
   viii. As far as I know, it's still raining heavily.

Adferfau sy'n cyfeirio at un elfen

Mae'r rhain yn gallu cyfeirio at un elfen yn y frawddeg.

ac eithrio	*apart from*
at hynny	*in addition to that*
dim ond	*only*
fel arfer	*usually*
fel rheol	*as a rule*
gan amlaf	*usually*
gan mwyaf	*mostly*
hyd yn oed	*even*
o leiaf	*at least*
yn arbennig	*especially*
yn bennaf	*mainly*
yn benodol	*specifically*
yn enwedig	*especially*

 Llanwch y bylchau yn y sgwrs hon gan ddewis o'r adferfau uchod.

"Beth rydych chi'n hoffi'i wneud yn y gwaith?"
"Rydw i'n hoffi prosesu geiriau yn _____."
"Ydych chi fel _____ yn cyrraedd y gwaith yn gynnar?"
"Rydw i fel _____ yn dal y bws, ond os ydy'r bws yn hwyr, _____ rydw i'n hwyr."
"Ac _____ hynny, pa mor aml ydych chi'n hwyr?"
"Wel, rydw i'n hwyr o _____ unwaith y mis."
"Dim___ unwaith y mis?"
"Ie."
"Ydych chi'n hoffi siarad â chwsmeriaid?"
"Ydw, _____ cwsmeriaid anodd."
"Ydych chi'n berson cymdeithasol?"
"Rydw i'n hoffi cwmni bechgyn yn _____"

Adferfau sy'n cyfeirio at gymal neu elfen mewn cymal

Mae'r rhain yn gallu cyfeirio at gymal neu elfen mewn cymal

a	*as/while/being*
A'r glaw yn disgyn, aeth hi adref.	
ar y llaw arall	*on the other hand*

ar y naill law	*on the one hand*
at ei gilydd	*on the whole*
at hynny	*in addition to that*
chwaith	*either, neither*
eto i gyd	*nevertheless*
eto	*yet*
fel arall	*otherwise*
felly	*so*
fodd bynnag	*however*
gyda llaw	*by the way*
gyntaf	*firstly*
hefyd	*as well*
hynny yw	*that is*
mwyach	*any longer*
o ganlyniad	*as a result*
os felly	*if so*
sef	*namely*
serch hynny	*in spite of that*
yn hytrach	*rather than that*
yn ogystal	*as well, in addition*
yn olaf	*lastly*
yn y cyfamser	*in the meantime*

 Ysgrifennwch lythyr Siân.

Mae Siân yn ysgrifennu llythyr cais am swydd, ac yn ysgrifennu brawddegau'n defnyddio'r ymadroddion hyn.

1. gweithio ers blwyddyn - o'r herwydd
2. gyda llaw - hoffi teipio
3. gallu defnyddio cyfrifiadur - yn ogystal
4. profiad o gadw cofnodion - felly
5. Ar y llaw arall - yn dda mewn mathemateg
6. At ei gilydd - gwneud y gwaith yn dda

 Lluniwch y sgwrs yng nghyfweliad Louise gan ddefnyddio wyth o'r ymadroddion uchod.

Mae Louise yn gwneud cais am swydd technegydd mewn labordy. Mae hi wedi bod yn gweithio mewn coleg, ond nawr mae hi eisiau gweithio yn yr ysbyty. Mae hi'n cael cyfweliad.

Adferfau gydag ansoddeiriau

(gweler Ansoddeiriau, Cam 10)

braidd	cyflym braidd	braidd yn gyflym	*rather fast/quickly*
cwbl	cwbl warthus	yn gwbl warthus	*completely disgraceful*
cymharol	cymharol gyflym	yn gymharol gyflym	*comparatively quickly*
chwarter	chwarter llawn	yn chwarter llawn	*quarter full*
digon	digon cyflym	yn ddigon cyflym	*quickly enough*
eitha	eitha cynnar	yn eitha cynnar	*quite, fairly early*
go	go gyflym	yn o gyflym	*fairly quickly*
gweddol	gweddol gyflym	yn weddol gyflym	*fairly quickly*
gwirioneddol	gwirioneddol dda	yn wirioneddol dda	*really good*
hanner	hanner da	yn hanner da	*not well*
hollol	hollol gywir	yn hollol gywir	*completely correct*
hynod	hynod ddiolchgar	yn hynod ddiolchgar	*most thankful*
iawn	araf iawn	yn araf iawn	*very slowly*
llawer rhy	llawer rhy hwyr	yn llawer rhy hwyr	*far too late*
lled	lled gynnar	yn lled gynnar	*fairly early*
rhy	rhy araf	yn rhy araf	*too slowly*
tra	tra chyflym	yn dra chyflym	*quite quickly*
ychydig bach		ychydig bach yn hwyr	*a little bit late*
ychydig		ychydig yn gynnar	*a little early*

9.7

Mae ansoddair yn treiglo'n llaes ar ôl 'tra'
> yn dra chyflym

Dydy ansoddair ddim yn treiglo ar ôl 'digon', 'eitha', 'hanner', 'chwarter'
> digon da, eitha cyflym

Rydyn ni'n gallu treiglo 'go' neu beidio ar ôl 'yn'
> Mae e'n o dda. Mae e'n go dda

Dim ond gyda berf negyddol rydyn ni'n defnyddio 'hanner' a 'chwarter'
> Dydy hi ddim hanner da

Eich tro chi!

Dydw i ddim hanner da.
Mae sŵn tebyg i Radio
Cymru yn fy nghlust i o hyd.

Mae'r	trên bws tacsi awyren llong	yn	araf gyflym gynnar hwyr	iawn
			weddol rhy llawer rhy	araf gyflym gynnar hwyr
			braidd yn ychydig yn	
		yn	ddigon eitha	araf cyflym cynnar hwyr

233

Rydych chi'n gweithio mewn swyddfa docynnau. Mae cwsmer eisiau mynd o Abertawe i Fangor. Mae rhaid iddo newid yng Nghaerdydd, yn Amwythig ac yng Nghaer. Rydych chi'n esbonio wrth y cwsmer sut mae e'n gallu cyrraedd Bangor cyn pump o'r gloch. Meddyliwch am atebion addas gan ddefnyddio rhai o'r adferfau uchod.

Abertawe		Caerdydd	Amwythig		Caer
9.10	9.50	10.45	12.55	13.55	15.35
yng Nghaerdydd		yn Amwythig	yng Nghaer		ym Mangor
10.05	10.40	12.50	14.20	15.20	16.55

Mae'r teithiwr yn gofyn:

Ydy hi'n bosibl mynd o Abertawe i Fangor ar y trên?

Ydw i'n gallu cyrraedd Bangor cyn pump o'r gloch y nos?

Ydy'r trên 9.50 o Abertawe yn ddigon cynnar?

Beth rydw i'n ei wneud os ydw i'n colli'r trên 9.10 i Gaerdydd?

Ydy'r trên o Gaerdydd i Amwythig yn hwyr, fel arfer?

Beth rydw i'n ei wneud os ydw i'n rhy hwyr i ddal y trên 12.55 o Amwythig?

Beth rydw i'n ei wneud os ydy'r trên 13.55 o Amwythig ychydig yn hwyr?

Beth rydw i'n ei wneud os ydy'r trên olaf o Amwythig yn hwyr iawn?

1. She isn't half well.
2. The train arrived fairly late.
3. They left far too late.
4. Although the plane was comparatively full, we had enough room.
5. It was quite late, but the hall wasn't a quarter full.
6. It's far too late to say if it's safe enough.
7. The food was really good – we're most thankful.
8. Because the train was a little late we missed the connection.

Gorffennodd y ddawns braidd yn hwyr, gadawodd y bws yn llawer rhy gynnar, a dyma fi'n cerdded adre.

1. Lluniwch sgwrs rhwng dau gynllunydd ffasiynau. Maen nhw'n gweithio ar ddillad ar gyfer sioe ffasiynau. Mae un yn hoffi sgertiau byr a dillad ysgafn, ond mae'r llall yn hoffi dillad hir, trwm, tywyll. Maen nhw'n defnyddio'r ymadroddion hyn wrth siarad:

fel mae'n digwydd	wedi'r cyfan
yn y pen draw	yn bersonol
a dweud y gwir	erbyn hyn
yn fy marn i	chwarae teg
gwaetha'r modd	

2. Mae rhaid i Ifan fynd i Chicago i gyfarfod busnes. Mae Mair eisiau mynd gydag e, ond mae hi eisiau mynd i weld Rhaeadr Niagara. Dyma'r amserlenni posibl:

	gadael	cyrraedd
trên: Caerdydd i Heathrow	12.45	15.15
	14.15	17.15
awyren: Heathrow i Chicago	16.15	18.30
	20.15	22.30
bws: Chicago i Raeadr Niagara	18.50	8.00

   Mae Mair am fynd ar y trên cyntaf, ond mae Ifan yn dadlau nad oes digon o amser i ddal y cysylltiadau. Lluniwch y sgwrs gan ddefnddio'r ymadroddion hyn:
   yn ddigon cynnar
   yn rhy hwyr
   yn hen ddigon cynnar
   yn rhy hwyr o lawer
   yn weddol gyflym/araf
   yn eitha cyflym/araf

3. Rydych chi'n aelod o gymdeithas ddadlau. Mae rhaid i chi ddadlau o blaid neu yn erbyn hela llwynogod a lladd ceirw. Defnyddiwch yr ymadroddion hyn:
   yn ogystal â
   yn y lle cyntaf
   ar y naill law
   ar y llaw arall
   fodd bynnag
   o ganlyniad i
   gyda llaw
   serch hynny
   yn y pen draw
   erbyn hyn
   gwaetha'r modd

4. Cyfieithwch:
   i. I got up far too early.
   ii. I went by taxi because I was a little late.
   iii. The train was extremely late.
   iv. We missed the boat because it left too early.
   v. It was fairly late so we went before it was too dark.
   vi. You're quite right: the train was rather slow.
   vii. It was quite early in the morning, and the sun was rising very slowly.
   viii. The journey started very quickly, but the traffic was quite slow afterwards.

10: Rhifolion - *Numerals*

Rhifau degol

0	dim
1	un
2	*dau/dwy
3	*tri/tair
4	*pedwar/pedair
5	pump, pum
6	chwech, chwe
7	saith
8	wyth
9	naw
10	deg
11	un deg un
12	*un deg dau/un deg dwy
13	*un deg tri/un deg tair
14	*un deg pedwar/un deg pedair
15	un deg pump
16	un deg chwech
17	un deg saith
18	un deg wyth
19	un deg naw
20	dau ddeg
21	dau ddeg un
22	*dau ddeg dau/dau ddeg dwy
30	tri deg
31	tri deg un
40	pedwar deg
41	pedwar deg un
50	pum deg
51	pum deg un
60	chwe deg
61	chwe deg un

70	saith deg
71	saith deg un
80	wyth deg
81	wyth deg un
90	naw deg
91	naw deg un
100	cant
101	cant ac un
102	cant a dau/dwy
110	cant a deg
111	cant un deg un
120	cant dau ddeg
121	cant dau ddeg un
130	cant tri deg
200	dau gant
201	dau gant ac un
202	*dau gant a dau/dwy
210	dau gant a deg
211	dau gant un deg un
300	tri chant
400	pedwar cant
500	pum cant
600	chwe chant
700	saith cant
800	wyth cant
900	naw cant
1000	mil, un fil
1001	mil ac un
1002	*mil a dau/dwy
1010	mil a deg
1011	mil un deg un
1100	mil un cant
1101	mil un cant ac un
1102	*mil un cant a dau/dwy
1111	mil un cant un deg un

1200	mil dau gant
1201	mil dau gant ac un
2000	dwy fil
3000	tair mil
4000	pedair mil
5000	pum mil
6000	chwe mil
7000	saith mil
8000	wyth mil
9000	naw mil
10000	deg mil, deng mil
1000000	miliwn, un filiwn
2000000	dwy filiwn
1000000000	un biliwn
2000000000	dau filiwn

*gyda geiriau gwrywaidd/gyda geiriau benywaidd

$e = mc^2$

236

Rydyn ni'n rhoi 'dwy', 'tair' a 'pedair' o flaen enwau benywaidd

   dwy ferch, tair cadair, pedair coeden

Rydyn ni'n rhoi 'pum', 'chwe' o flaen enwau

   pum menyw, chwe dyn

Rydyn ni'n treiglo enwau ar ôl 'dau' a 'dwy' yn feddal

   dau fachgen, dwy ferch

Rydyn ni'n treiglo enwau ar ôl 'tri' a 'chwe' yn llaes

   tri chi, chwe chadair, tri thŷ, chwe thafarn

Rydyn ni'n rhoi enwau unigol ar ôl rhifau

   deg tîm, saith llyfr

Rydyn ni'n rhoi 'o + enw lluosog' ar ôl rhifau uwch na naw

   un deg un o ddynion, dau ddeg saith o lyfrau

Rhif + pobl: enw unigol benywaidd yw 'pobl', gydag ystyr lluosog

   tri o bobl, chwech o bobl, un deg wyth o bobl

• Blynyddoedd

1999   mil naw cant naw deg naw, un fil naw cant naw deg naw, un naw naw naw

2003   dwy fil a thri

2018   dwy fil un deg wyth

Darllenwch y bwletin chwaraeon.

Dyma'r canlyniadau rygbi:

Llanelli	36	Pontypridd	16
Caerdydd	98	Wasps	24
Abertawe	53	Northampton	29
Harlequins	72	Sale	35
Castell-nedd	19	Casnewydd	15
Caerloyw *(Gloucester)*	46	Caerfaddon *(Bath)*	28

Mae wyth casgen gyda ni - gorffennwch y gêm yn gyflym!

Rhowch ffurfiau cywir y rhifau a'r enwau yn y brawddegau hyn. Yna darllenwch y newyddion.

"Dyma'r newyddion. Mae [2 + merch] wedi cael eu lladd heddiw mewn damwain rhwng [2 + trên] yng Nghasnewydd. Mae [33 + pobl] wedi cael eu hanafu'n ddifrifol, ac mae [22 + dyn] a [6 + menyw] yn yr ysbyty.

   Mae nifer y di-waith yng Nghymru wedi codi i 98,543. Mae hyn 4,206 yn fwy na'r mis diwethaf. Mae 2,304 o bobl wedi colli eu gwaith yn y diwydiant dur yn ystod y mis. Mae Cynulliad Cymru'n gobeithio denu 5,500 o swyddi newydd i Gymru yn ystod y flwyddyn.

   Mae adroddiad heddiw yn dweud bod 87 y cant o fyfyrwyr Cymru'n yfed gormod. Mae 3,430 o fyfyrwyr wedi cael eu holi yn yr arolwg.

   Yn y flwyddyn 2020 bydd twnnel yn cael ei adeiladu rhwng Cymru ac Iwerddon. Bydd y twnnel yn cael ei orffen erbyn y flwyddyn 2050. Meddai cwmni Murphy sy'n adeiladu'r twnnel, "Mae un tîm yn dechrau o Iwerddon, a'r llall yn dechrau cloddio yng Nghymru. Os fyddan nhw ddim yn cwrdd yn y canol, bydd 2 dwnnel gyda ni am bris un."

e.e. Bydd y cynulliad yn gwario £/E_____ ar_____

Gwariant cynulliad Cymru yn y flwyddyn 2016:

Cyfanswm	£14 biliwn
	(o bunnoedd neu ewro)
Diwydiant	£1,432,000,000
Addysg	£2,432,000,000
Ffyrdd	£95,000,000
Gwasanaeth iechyd	£3,297,000,000
Nawdd cymdeithasol	£1,153,000,000
Y celfyddydau	£650,000,000
Yr heddlu	£1,984,000,000
Tai	£887,000,000

Cam 2 – rhifau ugeiniol; dweud yr amser – Yn y banc

camsyniad	*mistake*
morgais	*mortgage*
yswiriant	*insurance*
derbyniadau	*income received*
gwariant	*expenditure*
cyfnewid	*exchange*
taliadau	*payments*
dyled	*debt*

Rhifau ugeiniol

1-10	fel y rhifau degol
11	un ar ddeg
12	deuddeg
13	*tri ar ddeg/tair ar ddeg
14	*pedwar ar ddeg/pedair ar ddeg
15	pymtheg
16	un ar bymtheg
17	*dau ar bymtheg/dwy ar bymtheg
18	deunaw
19	*pedwar ar bymtheg/pedair ar bymtheg
20	ugain

21	un ar hugain
22	*dau ar hugain/dwy ar hugain
23	*tri ar hugain/tair ar hugain
24	*pedwar ar hugain/pedair ar hugain
25	pump ar hugain
26	chwech ar hugain
30	deg ar hugain
31	un ar ddeg ar hugain
32	deuddeg ar hugain
40	deugain
41	deugain ac un
42	*deugain a dau/dwy
50	hanner cant
51	hanner cant ac un
60	trigain
61	trigain ac un
70	deg a thrigain
71	un ar ddeg a thrigain
80	pedwar ugain
81	pedwar ugain ac un
90	deg a phedwar ugain

*gyda geiriau gwrywaidd/gyda geiriau benywaidd

Defnyddio'r rhifau degol ac ugeiniol

Pan oedd plant yn dechrau astudio mathemateg trwy gyfrwng y Gymraeg mewn ysgolion (ym Mhatagonia tua 1875), fe ddefnyddion nhw'r dull degol. Yn y dull ugeiniol, rydyn ni'n rhoi'r enw ar ôl y rhif cyntaf

    dwy funud ar bymtheg

    un bunt ar bymtheg

    tair punt ar ddeg

    pedwar ewro ar bymtheg

    un ewro ar hugain

Rydyn ni'n defnyddio'r dull ugeiniol traddodiadol gydag arian ac oed ac i ddweud yr amser

£15	pymtheg punt
12 E	deuddeg ewro
20c	ugain ceiniog
14 yrs old	pedair ar ddeg oed
20 yrs old	ugain mlwydd oed
20 past 12	ugain munud wedi deuddeg
25 to 11	pum munud ar hugain i un ar ddeg

 Lluniwch sgyrsiau rhwng swyddog banc a'r cwsmeriaid hyn.

1. Mae Sioned eisiau cyfnewid arian am arian tramor. Mae £150 o bunnoedd ganddi hi. Mae hi am gael arian ewro, ac mae un ewro'n costio 60 ceiniog. Sawl ewro mae hi'n ei gael?
2. Mae gan Ffred 600 ewro. Mae e am fynd i'r Unol Daleithiau, ac mae un doler yn werth 0.8 ewro. Sawl doler gaiff e?
3. Mae Heulwen eisiau mynd i Ganada. Mae 500 ewro ganddi hi, ac mae un doler Canada yn werth 0.7 ewro. Sawl doler gaiff hi?

 Lluniwch sgwrs rhyngoch chi a rheolwr y banc.

Rydych chi'n edrych dros eich cyfrifon am y mis, ac rydych chi'n gweld bod y banc wedi gwnued camsyniad. Mae'r banc yn dweud bod 100 o ddyled gennych yn y cyfrif.

Rydych chi'n dadlau â rheolwr y banc, ac yn gweld eu bod wedi cymryd y morgais ddwywaith. Defnyddiwch bunnoedd neu ewros.

Derbyniadau:	Cyflog:	1,100
Gwariant:	Morgais:	350
	Yswiriant	40
	Trethi lleol	35
	Nwy:	40
	Ffôn:	35
	taliadau cerdyn banc:	200
	arian trwy'r cerdyn:	150

Dweud yr amser

Faint o'r gloch yw hi?/Beth yw'r amser?
Mae rhifau'n treiglo'n feddal ar ôl 'i', e.e. i dri.

Eich tro chi!

Mae hi'n	un	funud	wedi	un
	ddwy			dau
	bum	munud	i	tri
	ddeng			pedwar
	ugain			pump
				naw
	bum			ddeg
				un ar ddeg
	chwarter			deuddeg
	hanner awr		wedi	

 Rhowch amserau agor a chau y banc mewn geiriau.

Gan fod banc yn caniatáu amser i hyfforddi staff, mae oriau agor a chau i gwsmeriaid wedi newid yn ystod yr wythnos.

Llun	9.20 – 12.25	1.35 – 4.30
Mawrth	9.15 – 12.20	1.25 – 4.40
Mercher	10.20 – 12.50	1.50 – 4.35
Iau	10.05 – 12.45	1.40 – 4.50
Gwener	9.05 – 12.30	1.30 – 5.20
Sadwrn	10.00 – 12.30	

10.2

Defnyddio 'blwyddyn'

		ugeiniol		**degol**	
1	un flwyddyn	11	un mlynedd ar ddeg	11	un deg un o flynyddoedd
2	dwy flynedd	12	deuddeng mlynedd	12	un deg dwy o flynyddoedd
3	tair blynedd	13	tair blynedd ar ddeg	13	un deg tair o flynyddoedd
4	pedair blynedd	14	pedair blynedd ar ddeg	14	un deg pedair o flynyddoedd
5	pum mlynedd	15	pymtheng mlynedd	15	un deg pump o flynyddoedd
6	chwe blynedd	16	un mlynedd ar bymtheg	16	un deg chwech o flynyddoedd
7	saith mlynedd	17	dwy flynedd ar bymtheg	17	un deg saith o flynyddoedd
8	wyth mlynedd	18	deunaw mlynedd	18	un deg wyth o flynyddoedd
9	naw mlynedd	19	pedair blynedd ar bymtheg	19	un deg naw o flynyddoedd
10	deng mlynedd	20	ugain mlynedd	20	dau ddeg o flynyddoedd

Mae 'blwyddyn' yn newid i 'blynedd' ar ôl rhifolion
   pum mlynedd.
'Blynyddoedd' yw ffurf luosog arferol 'blwyddyn'
   pump o flynyddoedd.
Wrth ddweud oedran, rydyn ni'n defnyddio 'blwydd'
   pum mlwydd oed.
Mae 'blynedd' a 'blwydd' yn treiglo'n drwynol ar ôl y
rhifau hyn: pum, saith, wyth, naw, deng, un…ar ddeg/ar
hugain, pymtheng, deunaw, ugain
   saith mlynedd, naw mlwydd oed

 Lluniwch y sgwrs, a dewiswch ddwy botel yr un iddyn nhw.

Mae Nel a Gwyn yn Ffrainc. Maen nhw'n ymweld ag archfarchnad sy'n gwerthu gwin. Maen nhw eisiau prynu gwin. Mae Nel yn hoffi gwin o'r Almaen ac mae Gwyn yn hoffi gwin o Ffrainc. Mae Gwyn am gael hen win – o leiaf pum mlwydd oed, ond mae'n well gan Nel win newydd. Mae'n well gan Nel win melys ac mae'n well gan Gwyn win sych. Dyma'r poteli:

	oed	**ansawdd**
Liebfraumilch	5	melys
Spätlese	10	melys iawn
Beaujolais	4	sych
Piesporter	7	gweddol sych
Pinot	4	sych
Sauterne	8	sych iawn
Muscatel	5	llawn ffrwythau

Ansoddair ar ôl rhif + enw

Mae'r ansoddair yn cytuno â'r enw, h.y. os enw benywaidd unigol yna mae'r ansoddair yn treiglo'n feddal

    pum potel dda

Rydyn ni'n defnyddio 'hyn' ar ôl rhifau lluosog

    y deng mlynedd hyn

- Dydyn ni ddim yn treiglo 'tair', 'pedair' a 'pum' ar ôl y fannod

    y tair potel hyn.

- *50 years:*   pum deg o flynyddoedd, hanner can mlynedd
- *in the fifties:*   yn y pumdegau
- *20 years:*   ugain mlynedd, dau ddeg o flynyddoedd
- *in the twenties:*   yn y dauddegau

Cam 4 – ffracsiynau – Rhedeg caffe

chwarter	*quarter*
hanner	*half*
tri chwarter	*three-quarters*
traean	*third*
dau draean	*two-thirds*

Ffracsiynau

Dydyn ni ddim yn rhoi 'o' ar ôl 'chwarter' a 'hanner'

    chwarter y coffi   tri chwarter y gwin

    hanner potelaid   hanner y llaeth

    hanner peint   tri chwarter awr

Rydyn ni'n rhoi 'o' ar ôl 'traean'

    traean o'r deisen

    dau draean o'r dorth

Mae ffracsiynau eraill yn defnyddio 'rhan' *(part)*

    pumed ran   Mae pumed ran y pris yn elw.

    chweched ran   Roedd chweched ran y gwin wedi mynd.

    wythfed ran   Mae wythfed ran y gwaith ar ôl.

    degfed ran   Mae'r cwmni'n mynd â degfed ran yr incwm.

Mae hi hefyd yn bosibl dweud

    un rhan o chwech   Mae un rhan o chwech o'r byrddau'n wag.

Wrth sôn am fwy nag un rhan o rywbeth, rydyn ni'n defnyddio'r patrwm hwn

    dwy ran o saith.   Roedd dwy ran o saith o'r arian yn elw.

    saith rhan o ddeg.   Mae'r elw ar ddiodydd yn saith rhan o ddeg.

10.4

Rydw i wedi gwneud hanner y llestri, chwarter y smwddio ac un rhan o ddeg o'r hwfro. Dydy gwaith gŵr tŷ byth yn dod i ben.

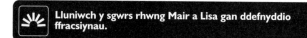

Lluniwch y sgwrs rhwng Mair a Lisa gan ddefnyddio ffracsiynau.

Mae Mair a Lisa'n edrych ar stoc y caffe. Mae Mair yn gofalu am y pethau melys a Lisa am y gweddill. Mae un yn beio'r llall am fod cymaint wedi diflannu. Dyma'r sefyllfa:

Coffi: ⅓ wedi mynd	Suddoedd: ⅓ wedi mynd
Llaeth: ⅔ wedi mynd	Creision: ⅔ wedi mynd
Bara: ⅓ wedi mynd	Hufen iâ: ¾ ar ôl
Bisgedi: ½ wedi mynd	Selsig: ⅔ ar ôl
Teisennau: ¼ teisen ar ôl	Wyau: ½ ar ôl
Siwgr: ¾ ar ôl	Cig moch: ⅔ ar ôl

Rhifau a ffracsiynau

Rydyn ni'n rhoi 'a' rhwng y rhif a'r ffracsiwn

dau a hanner	2 ½
pump a dau draean	5 ⅔
chwech ac un wythfed (ran)	6 ⅛
naw a dwy ran o saith	9 2/7

Dywedwch y rhain yn uchel.

1. 5 ½
2. 6 ¾
3. 3 ⅓
4. 10 ⅓
5. 3 ¼
6. 8 ⅔
7. 21 ¾
8. 7 ⅔

Peidiwch â gofyn i fi beth yw ffracsiwn - dydy'r cyfrifiadur ddim yn gallu eu defnyddio nhw.

Cam 5 – trefnolion 1-10; dyddiadau – Yn y capel

pennod (b)	*chapter*	adnod (b)	*verse*
llythyr (g)	*letter*	emyn (g)	*hymn*
salm (b)	*psalm*	efengyl (b)	*gospel*
tudalen (b/g)	*page*		

(b) benywaidd (g) gwrywaidd

Trefnolion 1-10

	benywaidd
cynta(f)	
ail	
trydydd	trydedd
pedwerydd	pedwaredd
pumed	
chweched	
seithfed	
wythfed	
nawfed	
degfed	

Rydyn ni'n rhoi trefnolion (ac eithrio 'cyntaf') o flaen yr enw

y trydydd tro

Rydyn ni'n rhoi 'cyntaf' ar ôl yr enw

y bennod gyntaf

Dydyn ni ddim yn treiglo enw ac ansoddair gwrywaidd ar ôl trefnolion (ac eithrio 'ail')

y pedwerydd llythyr, y pedwerydd gorau

Rydyn ni'n treiglo enw ac ansoddair ar ôl 'ail'

yr ail lythyr, yr ail orau

Rydyn ni'n treiglo enw ac ansoddair benywaidd unigol ar ôl trefnolion benywaidd, ac rydyn ni'n treiglo trefnolyn ar ôl y fannod

y bumed bennod, y bumed orau

Eich tro chi!

Fe ddarllenwn Edrychwch ar Meddyliwch am Beth yw neges Beth yw ystyr Darllenwch	y pumed y chweched y seithfed	llythyr llyfr emyn tudalen
	y drydedd y bedwaredd y bumed	adnod bennod dudalen
	yr ail	dudalen lyfr

1. Fe ganwn yr [2] emyn yn y llyfr.
2. Fe ddarllenwn o [2 + llythyr] Paul at y Corinthiaid.
3. Dyma'r [7] adnod o'r [4 + pennod].
4. Ydych chi wedi darllen llythyr [1] Paul at y Rhufeiniaid?
5. Rydw i'n hoffi'r [8] salm.
6. Ydych chi wedi darllen y [9 + pennod] o Genesis?
7. Ydy hanes geni'r Iesu yn yr [8 + pennod] o Efengyl Mathew?
8. Gwrandewch ar eiriau'r proffwyd yn y [4 + pennod], a'r [5 + adnod].

Mae'r Parchedig R. E. Lean yn trefnu gwasanaeth Nadolig. Dyma'r darlleniadau.

Mathew 2, 1 – 6	Luc 2, 2 – 10
Ioan 1, 1 – 5	Luc 3, 3 – 6

Dyma'r carolau: 2, 7, 8, 3.

Dyddiadau

Rydyn ni'n gallu defnyddio'r trefnolion gyda dyddiadau
    y pedwerydd o Fawrth
    y nawfed o Ebrill
    y degfed o Fai

Cam 6 – trefnolion 11+ – Dathlu pen blwydd

Trefnolion 11 +

11th	unfed ar ddeg
12th	deuddegfed
13th	trydydd ar ddeg
	trydedd ar ddeg (b)
14th	pedwerydd ar ddeg
	pedwaredd ar ddeg (b)
15th	pymthegfed
16th	unfed ar bymtheg
17th	ail ar bymtheg
18th	deunawfed
19th	pedwerydd ar bymtheg
	pedwaredd ar bymtheg (b)
20th	ugeinfed
21st	unfed ar hugain
22nd	ail ar hugain
23rd	trydydd ar hugain
	trydedd ar hugain (b)
24th	pedwerydd ar hugain
	pedwaredd ar hugain (b)

30th	degfed ar hugain
31st	unfed ar ddeg ar hugain
50th	hanner canfed
hundredth	canfed
thousandth	milfed
millionth	miliynfed

10.6

Rydyn ni'n defnyddio trefnolion hyd 31 gyda dyddiadau
    y trydydd ar hugain o Fawrth
Rydyn ni'n defnyddio llythrennau olaf y trefnolion, '-fed', '-eg' neu '-ain' gyda rhifau

Mawrth y 30ain	y 30ain o Fawrth
Ebrill y 15fed	y 15fed o Ebrill
Mai'r 17eg	yr 17eg o Fai

Rydyn ni'n rhoi'r enw ar ôl elfen gyntaf y trefnolion
    ei ail ben blwydd ar hugain
Mae enwau benywaidd yn treiglo ar ôl y trefnolion hyn fel yn achos trefnolion 1-10
    y bedwaredd flwyddyn ar hugain
Dydy enwau gwrywaidd ddim yn treiglo ar ôl y trefnolion hyn (ac eithrio ail)
    y trydydd dydd ar ddeg, yr ail ddydd ar hugain

Nodwch oedran yr ŵyr neu'r wyres a dyddiad eu pen blwydd.

Mae Mr a Mrs Hain yn trafod dyddiadau pen blwydd eu hwyrion. Dyma nhw.

e.e. Mae Siôn yn dathlu ei ail ben blwydd ar hugain ar y deuddegfed o Chwefror.

14 Ionawr	Gwilym	30
19 Mawrth	Nona	15
31 Mai	Mari	24
18 Mehefin	Meryl	19
23 Gorffennaf	Shaun	27
28 Medi	Gaynor	16
15 Tachwedd	Lee	29
16 Rhagfyr	Gwydion	23

Dull degol

Rydyn ni hefyd yn gallu rhoi'r rhif ar ôl yr enw, gan ddefnyddio'r dull degol

    pennod un deg un, Awst un deg chwech,
    safle dau ddeg wyth

 Rhowch sylwadau ar bob tîm.

e.e. Mae Caerffili yn safle un deg un, a'r llynedd roedden nhw yn safle un deg saith.

Dyma rai o dimau pêl-droed Cymru. Mae eu safle nhw yng Nghyngrair Cymru eleni wedi ei nodi ar y chwith, ac ar y dde eu safle nhw y llynedd.

11	Caerffili	(17)
12	Conwy	(24)
13	Llanidloes	(23)
14	Caersws	(20)
15	Aberystwyth	(29)
16	Fflint	(13)
17	Y Bala	(12)
18	Y Drenewydd	(21)
19	Machynlleth	(11)
20	Llanelli	(12)

 Beth ydy oedran pob un yn y llun? Trafodwch.

1. Mae'r Athro Tudur ap Gwalchmai'n llunio map hanes. Darllenwch e.

583	Marw Dewi Sant
950	Deddfau Hywel Dda
1282	Lladd Llywelyn
1485	Harri Tudur yn ennill yn Bosworth
1536	Deddf meddiannu Cymru gan Loegr
1588	William Morgan yn cyfieithu'r Beibl
1650	Dechrau ymfudo i America o Gymru
1720	Geni William Williams, Pantycelyn
1831	Terfysg Merthyr
1847	Brad y Llyfrau Gleision
1870	Addysg gynradd Saesneg i bawb yng Nghymru
1922	Dechrau'r Urdd
1967	Y Ddeddf Iaith gyntaf
1982	Dechrau S4C
1993	Yr ail Ddeddf Iaith

2. Mae R. Vreeze a Danny Sang yn mynd i'r orsaf i ddal y trên i Baris. Mae llawer o wybodaeth ar yr hysbysfwrdd wrth y platfform. Darllenwch amserau'r trenau, a dywedwch i ble maen nhw'n mynd.

10.45	Paris	11.35	Brwsel
12.10	Hambwrg	13.25	Amsterdam
14.40	Copenhagen	15.20	Paris
16.50	Paris	17.55	Rhufain
18.30	Salzburg		

Lluniwch sgwrs rhwng R. Vreeze a Danny Sang yn trafod pa drên i'w ddal.

3. Mae prifathro ysgol uwchradd yn ceisio darganfod faint o blant fydd yn ei ysgol bob blwyddyn am bum mlynedd. Mae ganddo nifer y plant sy'n gadael, a'r plant fydd yn dod i'r ysgol. Rhowch yr ateb iddo fe.

Yn yr ysgol yn awr: 878

	i ddod:	i adael:
eleni	117	118
y flwyddyn nesaf	120	134
y flwyddyn ganlynol	145	105
ymhen pedair blynedd	122	125
ymhen pum mlynedd	127	130

4. Holwch pryd mae pen blwydd eich ffrindiau ac aelodau'ch teulu.
Lluniwch frawddegau'n nodi:
eich pen blwydd chi
pen blwydd eich ffrindiau
pen blwydd aelodau agosaf eich teulu

Cam 1 – prif gymalau ac is-gymalau – Trefnu parti

dathlu   *celebrate*
pen blwydd   *birthday*

Prif gymalau ac is-gymalau

Mae brawddeg fel arfer yn cynnwys berf

   Rydw i'**n dathlu**.

   Mae Jane **yn paratoi**'r bwyd.

Os oes mwy nag un ferf mewn brawddeg, rydyn ni'n gallu rhannu brawddeg yn brif gymal ac yn is-gymal

{ **Bydd Huw'n galw**   { os **ydy e'n mynd**.
{ prif gymal   { is-gymal

Mae berf fel rheol ym mhob cymal.

Mae prif ferf y frawddeg yn y prif gymal.

Mae brawddeg yn gallu cynnwys mwy nag un prif gymal

{ Rydyn ni'n mynd i'r parti {ac rydyn ni'n cysgu yno.
{ prif gymal   {prif gymal

Mae brawddeg yn gallu cynnwys mwy nag un is-gymal

{ Bydd Daniel yn gyrru   {pan fydd e'n dod adre heno
{ prif gymal   {is-gymal
{ os bydd e ddim wedi yfed.
{ is-gymal

Rydw i wedi dod â'r diodydd, ond maen nhw wedi anghofio'r bwyd.

Prif gymalau

Geiriau sy'n cysylltu prif gymalau

a   *and*   + treiglad llaes

   Ewch allan a chaewch y drws.

ac + llafariad

   Rydw i'n dal awyren ac yna bydda i'n mynd ar y trên.

neu   *or*   dim treiglad gyda berfau

   Ysgrifennwch ati neu darllenwch ei llythyr.

ond   *but*

   Mae hi'n hoffi selsig ond dydy hi ddim yn hoffi wyau.

Is-gymalau

Mae tri math o is-gymal.

Cymal adferfol

Mae cymalau adferfol yn gallu nodi rheswm, achos, amser, dull, neu amod. Maen nhw fel arfer yn 'disgrifio' berf y prif gymal

   Rydw i'n mynd   os ydy Siân yn dod.

   Mae hi'n yfed   pryd mae hi mewn parti.

Cymal ansoddeiriol/perthynol

Mae cymalau ansoddeiriol yn disgrifio enw neu ragenw yn y prif gymal

   Rydw i'n nabod y ferch   sy'n trefnu'r parti.

   Maen nhw'n yfed y cwrw   a oedd yn y gasgen.

Cymal enwol

Mae cymalau enwol yn wrthrych berf y prif gymal

   Rydych chi'n gwybod   bod parti heno.

   Mae e'n credu   bod y parti'n dechrau am wyth.

Rhannwch y brawddegau hyn yn brif gymalau ac is-gymalau a nodwch pa fath o is-gymal sydd ym mhob brawddeg.

e.e.

Mae hi'n cerdded	pan yw'r tywydd yn braf
prif gymal	is-gymal adferfol

1. Os ydy i'n bwrw eira dydw i ddim yn mynd.
2. Rydw i'n credu bod y parti'n gorffen am ddeg.
3. Mae Kay'n yfed yn y parti achos dydy hi ddim yn gyrru.
4. Rydyn ni'n credu bod Janine yn dod os ydy hi gartref.
5. Maen nhw'n prynu bwyd i'r parti ond rydyn ni'n mynd â photeli.
6. Ydych chi'n gwybod bod Huw'n dathlu ei ben blwydd heno?
7. Dydyn ni ddim yn siŵr ydy Siân yn gallu dod.
8. Rydw i'n nabod y ferch sy'n trefnu'r parti.

Cam 2 – is-gymal enwol gyda 'bod' – Siarad am recordiau

clawr	*cover*	honni	*to claim*
cryno-ddisg	*compact disk*	sain	*sound*
cefndir	*background*	tôn	*tune*
cofiadwy	*memorable*	addas	*suitable*

Is-gymal enwol gyda 'bod'

Rydyn ni'n defnyddio 'bod/fod' i gyflwyno cymalau enwol

Lle mae'r ferf yn gwmpasog

Rydw i'n gwybod bod y band yn canu ar y record.
Rydw i'n gwybod bod y band wedi perfformio ym Mhort Talbot.

Gydag arddodiad

Mae hi'n credu bod y ferch ar y clawr.

Gydag ansoddair

Mae Janet yn dweud bod y grŵp yn dda.

I gysylltu dau enw

Mae John yn dweud bod y ferch yn athrawes.

- Mae hi'n anghywir rhoi 'mae'/ 'rydw'/ 'rydych' ac ati ar ôl 'bod'.

11.2

> Rydw i'n credu ei bod hi mewn poen.

Rydw i'n	credu	bod	y band	yn canu
	gwybod		y canwr	yn gwerthu'n dda
Mae e'n	dweud		y merched	yn chwarae
	honni		y casét	yn perfformio
			y sain	yn cŵl
Rydyn ni'n			y cefndir	yn dda
			y tâp	yn wael
Roeddwn i'n				yn hen ffasiwn
				ar y teledu
				ar y radio
Roedd hi'n				yn y disgo
Roeddech chi'n				yn llwyddiant
				yn fethiant

Ydych chi'n credu bod Dafydd Iwan yn henffasiwn?

Siaradwch am CD gan fand neu ganwr cyfoes. Dywedwch eich barn. Defnyddiwch y geiriau mewn swigod i ddweud eich barn.

Ydych chi'n credu bod y grŵp…

Ydych chi'n credu bod y cefndir…

Ydych chi'n credu bod y dôn…

Ydych chi'n credu bod y clawr…

Lluniwch y sgwrs. Defnyddiwch y patrwm "Oeddet ti'n credu bod…" wrth holi.

Mae Kay wedi mynd i gyngerdd roc.
Mae David yn gofyn sut roedd y cyngerdd, oedd hi'n hoffi'r grwpiau, ac ati.

yn henffasiwn

yn canu'n dda?

yn perfformio'n dda?

yn addas?

yn newydd

yn gofiadwy?

yn cŵl

yn fodern?

yn gyffrous

yn ddiflas

yn hen?

'bod...wedi'

Os yw'r weithred yn yr is-gymal yn digwydd cyn y weithred yn y prif gymal, rydyn ni'n gallu defnyddio 'bod...wedi' o flaen y berfenw

Rydw i'n gwybod bod y merched wedi canu'n dda
Roeddwn i'n credu bod y dynion wedi canu'n wael.

Dydyn ni ddim yn defnyddio 'bod...wedi' gydag arddodiad, ansoddair, nac enw.

 Newidiwch y brawddegau hyn trwy ddefnyddio 'wedi'.

1. Roeddwn i'n gwybod bod y grŵp yn ennill gwobr y Brits.
2. Rydw i'n gwybod bod y dynion yn dawnsio'n anobeithiol.
3. Ydych chi'n gwybod bod y grŵp yn perfformio yn Aberangell?

Negyddol

'bod...ddim'

Rydyn ni'n rhoi goddrych y cymal 'bod' rhwng 'bod' a 'ddim'

Roeddwn i'n gwybod bod y grŵp ddim yn gallu canu.

Rydw i'n Ydych chi'n Roedden ni'n Oeddech chi'n Roeddwn i'n	credu gwybod siŵr	bod	y grŵp y ferch y dynion y dyn y canwr	ddim	yn gallu canu yn canu'n dda yn gallu dawnsio ar y casét	**Eich tro chi!**

Cymraeg ffurfiol iawn:	nad yw	Roeddwn i'n gwybod nad yw'r grŵp yn gallu canu.	**Ffurfiol iawn**
	nad ydynt	Roeddwn i'n gwybod nad ydynt yn gallu canu.	

 Newidiwch yr is-gymalau hyn i'r negyddol.

1. Rydw i'n gwybod bod y merched yn gallu canu.
2. Roeddwn i'n credu bod y casét yn dda.
3. Rydyn ni'n credu bod y gân yn ddiflas.
4. Dydw i ddim yn credu bod y grŵp yn dda.

'bod...ddim wedi'

nad yw...wedi nad ydynt...wedi	**Ffurfiol iawn**

Os yw'r weithred yn yr is-gymal yn y negyddol, rydyn ni'n rhoi 'ddim' o flaen 'wedi'

Rydw i'n gwybod bod y band ddim wedi canu.

Rydyn ni'n gallu defnyddio 'heb'

Rydw i'n gwybod bod y band heb ganu.

• Rydyn ni'n gallu defnyddio 'bod' neu 'fod'. Ar ôl berf gryno rydyn ni'n defnyddio 'fod'

Dywedodd hi fod y band yn wael.

 Newidiwch yr is-gymalau hyn i'r negyddol.

1. Ydych chi'n credu bod y grŵp wedi canu'n dda?
2. Ydych chi'n gwybod bod y band wedi canu ar y teledu neithiwr?
3. Rydyn ni'n credu bod y ferch wedi perfformio'n dda.
4. Mae Huw'n gobeithio bod y merched yn mynd i'r parti.
5. Ydych chi wedi clywed bod y disgo'n dechrau am ddeg?
6. Maen nhw'n gwybod bod y record yn boblogaidd iawn.
7. Rydw i'n credu bod llais y ferch yn hyfryd.
8. Mae'r gitarydd yn poeni bod y neuadd yn llawn.

Is-gymal enwol gyda bod a rhagenw

Os rhagenw yw goddrych y cymal 'bod' 'rydyn ni'n gallu rhoi rhagenwau o gwmpas 'bod'.

Does dim rhaid defnyddio'r ail ragenw

Rydw i'n credu ei bod hi'n dda. Rydw i'n credu ei bod yn dda.

Eich tro chi!

Rydw i'n	credu	fy mod (i)	yn	gyffrous
Roeddwn i'n	gwybod	dy fod (ti)	'n	ddiddorol
Rydyn ni'n		ei fod (e)		ddiflas
Roedden ni'n		ei bod (hi)		llwyddiant
Ydych chi'n		ein bod (ni)		llwyddo
Oeddech chi'n		eich bod (chi)		dal sylw
Wyt ti'n		eu bod (nhw)		actio'n dda
Oeddet ti'n				

 Rhowch ragenw yn lle enw yn y brawddegau hyn.

e.e. Rydw i'n credu bod Sharon Rock yn actio'n wael.
Rydw i'n credu ei bod hi'n actio'n wael.

1. Roeddwn i'n gwybod bod Hugh Benefit yn actio yn y ffilm.
2. Wyt ti'n gwybod bod y ffilm ar y teledu heno?
3. Rydw i'n siŵr bod Gamma Jones yn actio yn y ddrama.
4. Roedden ni'n credu bod y ferch yn edrych yn hyfryd.
5. Doedden ni ddim yn credu bod y dyn yn edrych yn realistig.
6. Dydw i ddim yn credu bod yr actorion yn gallu actio.
7. Ydych chi'n gwybod bod John a fi yn gwneud ffilm arall?
8. Rydw i'n credu bod y ffilmiau newydd yn ddiflas.

Meddyliwch am ffilmiau ac actorion ffilmiau. Rhowch eich barn amdanyn nhw.

e.e. Ydych chi'n credu bod Hugh Macy'n actio'n dda?
Rydw i'n credu ei fod e'n actio'n dda iawn.

Lluniwch y sgwrs rhwng Mark a Helen.

Mae Mark a Helen wedi bod yn gweld ffilm. Maen nhw'n siarad am yr actorion. Roedd Mark yn credu bod yr actorion yn dda, ond roedd Helen yn credu bod yr actorion yn ofnadwy.

'bod...wedi'

Os ydy'r weithred yn yr is-gymal wedi digwydd cyn y weithred yn y prif gymal, rydyn ni'n defnyddio 'wedi' o flaen y berfenw

Eich tro chi!

Rydw i'n credu	fy mod (i)	wedi	gweld y ffilm
Mae e'n siŵr	ei fod (e)		clywed y stori
Mae hi'n credu	ei bod (hi)		actio'n dda
Rydyn ni'n gwybod	ein bod (ni)		gweld yr actor
Maen nhw'n credu	eu bod (nhw)		llwyddo

Rhowch y rhagenwau a 'bod' yn y brawddegau hyn.

1. Rydw i'n credu [fy + bod + i] wedi gweld y ffilm.
2. Wyt ti'n siŵr [dy + bod + ti] wedi gweld y ddrama?
3. Mae Sharon Rock yn credu [ei + bod + hi] wedi actio'n dda.
4. Mae Hugh Black yn gwybod [ei + bod + e] wedi actio'n wych.
5. Rydyn ni'n creu [eu + bod + nhw] wedi actio'n wael.
6. Ydych chi'n gwybod [ein + bod + ni] wedi bod ar y teledu?

'bod ...ddim'

I wneud cymalau'n negyddol, rydyn ni'n gallu rhoi 'ddim'
ar ôl yr ail ragenw
> Rydw i'n siŵr ein bod ni ddim wedi gweld y ffilm.

'heb'

Rydyn ni hefyd yn gallu defnyddio 'heb'
> Rydw i'n siŵr ein bod ni heb weld y ffilm.

'nad'

Ffurfiol iawn

Mewn Cymraeg ffurfiol iawn rydyn ni'n defnyddio 'nad'
> Rwyf yn gwybod nad ydym wedi gweld y ffilm.

Lluniwch y sgwrs rhwng May a Steve, a defnyddiwch yr ymadroddion sy'n dilyn.

Mae May a Steve yn siarad am fynd i'r sinema. Dydyn nhw
ddim yn cofio pa ffilmiau maen nhw wedi eu gweld.
> siŵr ein bod ni ddim wedi gweld
> gwybod fy mod i ddim wedi gweld
> credu ein bod ni ddim wedi gweld
> dweud dy fod ti ddim wedi gweld

Cyfieithwch y brawddegau hyn.

1. I'm sure that there are five actors in the play.
2. Have you heard that he's not acting in the film?
3. We hope that she's acting tonight.
4. She knows that they can act well.
5. I knew that the film was exciting.
6. Have you heard that it is in the cinema this week?
7. We believe that I'm filming in Snowdonia.
8. You thought that you had seen it before.

Cymalau enwol yn dilyn enw

Yr un amser â'r brif ferf: 'bod...'
> Rydw i wedi clywed y farn bod y ffilm yn dda.
> Ydych chi'n cytuno â'r syniad bod gormod o ffilmiau ar y teledu?

Amser Dyfodol: 'y bydd...' (gweler Cam 7)
> Rydyn ni o'r farn y bydd yr actorion yn ennill llawer o wobrau.

Ystyr amodol: 'y byddai...' (gweler Cam 7)
> Mae hi wedi cael gwybodaeth y bydden nhw'n gallu dod.

Amser Gorffennol: 'i...' (gweler Cam 8)
> A oeddech chi wedi cael yr wybodaeth i amser y ffilm newid?

Pwysleisio: 'mai' / 'taw' (gweler Cam 9)
> Rydw i wedi cael gwybodaeth mai'r band oedd yn canu.
> Mae hi wedi cael nodyn mai Saeson yw'r band.

Araith Uniongyrchol

Rydyn ni'n dyfynnu'r union eiriau sy'n cael eu dweud gan berson
> Dywedodd e, "Rydyn ni wedi ennill."

Araith Anuniongyrchol

Rydyn ni'n adrodd beth sydd wedi cael ei ddweud, ond
dydyn ni ddim yn dyfynnu'r union eiriau. Rydyn ni'n
newid 'fi' i 'fe', neu 'hi', ac yn newid 'ni' i 'nhw'
> Dywedodd e, "Rydyn ni wedi ennill".
> Dywedodd e eu bod nhw wedi ennill.
Mae amser y ferf yn gallu newid
> Dywedodd e, 'Byddwn ni'n mynd.'
> Dywedodd e y bydden nhw'n mynd.
Mae adferfau'n gallu newid
> Dywedodd e, 'Rydyn ni'n mynd nawr.'
> Dywedodd e eu bod nhw'n mynd yn syth.

'efallai'

Rydyn ni'n rhoi cymal enwol ar ôl 'efallai' *perhaps.*
> Efallai fod rhywun yno.   *Someone could be there/ Perhaps there's someone there.*
>
> Efallai ei bod hi'n gwybod.   *Perhaps she knows.*
> Efallai iddi fe weld y ffilm.   *Perhaps he saw the film.*
> Efallai y bydd hi'n actio heno.   *Perhaps she will act tonight.*

11.3

Is-gymal ansoddeiriol gyda 'sy' (neu 'sydd')

Rydyn ni'n defnyddio 'sy'n' gyda berfau cwmpasog, yn yr amser Presennol
Rydw i'n darllen yr adroddiad sy'n sôn am y rhyfel.
Mae 'sy' bob amser yn sôn am oddrych yr is-gymal.
Rydyn ni'n defnyddio 'sy' o flaen arddodiaid ac adferfau
Mae e wedi darllen y papur sy ar y bwrdd.
Rydyn ni'n hoffi'r cartŵn sy yn y papur.
Ydych chi wedi darllen y papurau sydd yma?
Rydyn ni'n defnyddio 'sy wedi' i ddweud bod pethau wedi digwydd
Rydw i'n darllen am y dyn sy wedi dwyn y car.

> Ydych chi'n gwybod rhywbeth am y fenyw sy wedi dwyn yr offer o'r stiwdio?

| Rydw i
Ydych chi

Roeddwn i
Oeddech chi | 'n
wedi | darllen
clywed am | am y dyn
am y fenyw
am y bobl
am y plant
am y ferch | sy'n
sy wedi | dwyn yr arian
llosgi'r tŷ
gwerthu cyffuriau
ennill y loteri
colli popeth |

Eich tro chi!

Gorffennwch ysgrifennu'r darn hwn ar gyfer papur newydd. Llanwch y bylchau â 'sy'n', 'sy' neu 'sy wedi'.

Carcharu Lladron

Mae'r tri lleidr _____ dwyn arian o Fanc Barmails wedi cael deng mlynedd o garchar. Aeth Damion Smith, _____ 21 oed, i mewn i'r banc _____ yn Stryd Fawr, Aberalun. Arhosodd Frank Evans, _____ gyfaill i Smith, y tu allan i'r banc, ac roedd Meirion Hughes, _____ bod yn y carchar o'r blaen, yn aros mewn car wrth y banc. Cafodd ysgrifenyddes y banc, _____ nawr yn yr ysbyty, sioc fawr, ac agorodd rheolwr y banc, _____ ymddeol erbyn hyn, sêff y banc i'r lladron. Meddai'r Barnwr Rhodri Evans, "Dyma dri dyn _____ ddim yn poeni dim am bobl eraill. Dydyn nhw ddim yn gwybod beth ___ iawn a beth ___ anghywir. Maen nhw'n haeddu mynd i'r carchar am amser hir."

Negyddol

I wneud yr is-gymal yn negyddol, rydyn ni'n rhoi 'ddim' ar ôl 'sy' ac yn y blaen
Rydw i'n nabod y fenyw sy ddim yn y carchar.

Rydw i'n nabod y dyn sy ddim wedi cael carchar.

Ffurfiol iawn

nad yw, nad ydynt
Rwy'n nabod y fenyw nad yw yn y carchar.
Rwy'n nabod y dynion nad ydynt wedi cael carchar.

Lluniwch y sgwrs rhwng John a Ruth, gan ddewis ymadroddion o'r colofnau.

Mae John a Ruth yn siarad am y storïau sy yn y papur newydd. Mae un stori am blant ysgol sy wedi bod mewn damwain bws. Maen nhw'n nabod rhai o'r plant. Maen nhw eisiau mynd i'r ysbyty i weld rhai o'r plant.

gwybod sawl merch	sy/sy'n	cael dolur
gwybod pa fechgyn	sy ddim/sy ddim yn	cael dolur
nabod y gyrrwr	sy wedi	mynd i'r ysbyty
nabod rhai o'r plant	sy ddim wedi	dod adre

Is-gymal ansoddeiriol gydag 'oedd', 'fydd', 'fuodd'

Rydyn ni'n gallu defnyddio:

'oedd' yn lle 'sy' mewn cymalau, gyda'r amser Amherffaith a Gorberffaith

Rydw i'n nabod y ferch oedd yn yr ysbyty.

Mae e'n nabod y bachgen oedd wedi cael damwain.

'fydd' yn lle 'sy' mewn cymalau, gyda'r amser Dyfodol

Rydw i'n byw gyda'r dyn fydd yn mynd i'r carchar.

'fuodd' yn lle 'sy' mewn cymalau, gyda'r amser Gorffennol

Roeddech chi'n nabod y ferch fuodd yn y ddamwain.

Mewn Cymraeg ffurfiol iawn rydyn ni'n gallu defnyddio'r rhagenw perthynol 'a' o flaen 'oedd'/'fydd'/'fuodd'

Mae Siân yn nabod y dyn a oedd wedi cael dolur.

Mae hi'n gweithio gyda'r fenyw a fydd yn colli ei swydd.

Ffurfiol iawn

Eich tro chi!

Rydw i'n	nabod	y dyn	oedd	yn yr ysbyty		
Mae Judy'n	gwybod am	y ferch	fydd	yn y parti		
Roeddwn i'n	clywed am	y bachgen	fuodd			
Roedden ni'n		y dynion	fasai	yn	cerdded adref	
Dydyn ni ddim yn		y plant		'n	mynd i'r gêm	
Oeddech chi				wedi	cael mis o garchar	
Dydw i ddim wedi					cael dolur	

Negyddol

Rydyn ni'n rhoi 'ddim' ar ôl 'oedd', 'fydd' neu 'fuodd'

Rydw i'n nabod y dyn oedd ddim yn yr ysbyty.

Ydych chi wedi clywed am y ceir fydd ddim yn y ras?

Ar ôl 'na' / 'nad' rhaid defnyddio berf luosog os yw goddrych yr is-gymal ansoddeiriol/perthynol yn lluosog.

Cymraeg ffurfiol iawn: nad oedd, nad oeddynt

Rwyf yn adnabod y fenyw nad oedd yn yr ysbyty.

Rwyf yn adnabod y plant nad oeddynt yn y ddamwain.

Cymraeg ffurfiol iawn: na fydd, na fyddant

Mae hi'n gwybod am y dyn na fydd yn y swyddfa.

Ydych chi wedi clywed am y bobl na fyddant yn aros yma?

Ffurfiol iawn

Lluniwch frawddegau neu gwestiynau'n cynnwys is-gymalau negyddol, gan ddefnyddio'r geiriau hyn.

11.4

1. darllen — dyn — gyrru'r car yn y ras
2. clywed — fenyw — gweithio yn yr ysbyty
3. clywed — plant — yn y tŷ
4. dewis — chwaraewyr — yn y tîm
5. nabod — y bobl — gwella
6. nabod — menywod — yn y carchar
7. darllen — lleidr — colli ei fag
8. clywed — ffermwr — gwerthu ei fferm

253

cymeriadau	*characters*	cyn bod	*before*
digwyddiadau	*events*	er bod	*although*
credadwy	*believable*	erbyn bod	*by the time*
di-liw	*colourless*	gan fod	*since, as*
annisgwyl	*unexpected*	nes bod	*until*
cefndir	*background*	oherwydd bod	*because*
cyffrous	*exciting*	rhag ofn bod	*in case*
achos bod	*because*	tan fod	*until*
am fod	*since, as*	wrth fod	*while, as*

Is-gymal adferfol gyda 'bod'

Rydyn ni'n gallu rhoi 'bod' gyda'r geiriau 'achos', 'am', 'oherwydd', 'gan', 'er', 'erbyn', 'cyn', 'nes', 'rhag ofn'

Rydw i'n hoffi'r	stori	achos bod	y cymeriadau'n gredadwy	**Eich tro chi!**
Mae hi'n hoffi'r	nofel	am fod	y cefndir yn fyw	
Ydych chi'n hoffi'r		oherwydd bod	y digwyddiadau'n gyffrous	
Dydw i ddim yn hoffi'r		gan fod	y disgrifio'n dda	
		er bod	y cymeriadau'n ddi-liw	
			y diwedd yn wael	

Roedden ni	wedi	cysgu	erbyn bod	y ffilm yn gorffen
Roedd hi	yn	aros	cyn bod	y ddrama'n dod i ben
	'n		nes bod	pawb wedi mynd
			rhag ofn bod	yr actio'n dda/wael

Eich tro chi!

☞ **Rhowch yr ymadroddion hyn mewn cymalau adferfol.**

1. cymeriadau'n fyw
2. cefndir yn ddiddorol
3. disgrifiadau'n fanwl
4. diwedd yn annisgwyl
5. dechrau'n gyffrous
6. stori'n ddof
7. cymeriadau'n ddi-liw
8. cefndir yn anniddorol

> Rwyt yn darllen gormod o lyfrau ditectif.

> Rydw i'n edrych rhag ofn bod gwenwyn yn y bwyd.

Rhagenwau gyda 'bod'

Rydyn ni'n gallu defnyddio rhagenwau o flaen ac ar ôl 'bod'

> Rydw i'n hoffi'r stori am ei bod hi'n fyr.

 Rhowch eich barn am stori rydych chi wedi'i darllen.

Dywedwch pam rydych chi'n ei hoffi, neu pam dydych chi ddim yn ei hoffi. Defnyddiwch yr ymadroddion hyn.

y prif gymeriad	er ei fod e'n/er ei bod hi'n
y cymeriadau	achos eu bod nhw'n
y diwedd	er ei fod e'n
y cefndir	oherwydd ei fod e'n
stori	am ei bod hi'n
y dechrau	ei fod e'n
y ddeialog	gan ei bod hi'n

Negyddol

Yn y negyddol rydyn ni'n gallu defnyddio 'ddim' (gweler Cam 3)

> Rydw i'n hoffi'r stori am fod y cefndir ddim yn gyfarwydd.
> Rydw i'n hoffi'r cymeriadau am eu bod nhw ddim yn gas.
> Rydw i'n hoffi'r nofel am fod yr awdur ddim wedi ysgrifennu'n aneglur.
> Rydw i'n hoffi'r cefndir am ei fod ddim yn rhy gyffredin.

> **Ffurfiol iawn**
>
> Ar ôl 'na'/'nad' rhaid defnyddio berf luosog os yw goddrych yr is-gymal adferfol yn lluosog ac yn rhagenw
>> Rydw i'n hoffi'r cymeriadau am nad ydynt yn anghredadwy.

Rydw i'n hoffi'r stori	am fod oherwydd bod	y cymeriadau ddim yn anghredadwy y cefndir ddim yn rhy anghyfarwydd yr iaith ddim yn rhy anodd y dechrau ddim yn anniddorol y diwedd ddim yn amhosibl

 Eich tro chi!

Rydw i'n hoffi'r	stori cymeriadau cefndir diwedd sgwrsio	er ei bod hi ddim yn gyffrous er eu bod nhw ddim yn gredadwy am ei fod e ddim yn anghyfarwydd oherwydd ei fod e ddim yn amhosibl am ei fod e ddim yn annaturiol

Eich tro chi!

11.5

> Pa mor hir bynnag yw nofel Robat Gruffudd, rydw i'n benderfynol o'i gorffen.

Rydych chi'n gallu dewis unrhyw lyfr, un Cymraeg neu un Saesneg. Rhowch eich barn am y llyfr. Soniwch am y stori, y cymeriadau, y cefndir, y dechrau a'r diwedd.

> er ei bod hi
> am eu bod nhw
> er eu bod nhw ddim
> oherwydd ei fod e
> oherwydd ei bod hi ddim

'pa mor...bynnag'

however + ansoddair

Rydyn ni'n treiglo'n feddal ar ôl 'mor' (ac eithrio 'll' a 'rh')

> Pa mor gredadwy bynnag yw'r cymeriadau, dydw i ddim yn hoffi'r stori.
> Pa mor araf bynnag y darllenwch chi e, fyddwch chi ddim yn ei ddeall e.

'sut bynnag'

in whatever manner + berf

> Rydw i'n hoffi'r ffilm, sut bynnag maen nhw'n actio.

'(pa) faint bynnag'

however much + berf

> Dydw i ddim yn hoffi'r ffilm, faint bynnag (o arian) warion nhw.

• Rydyn ni'n gallu rhoi is-gymal o flaen y prif gymal neu ar ôl y prif gymal

> Mae'r stori'n dda, er ei bod hi ddim yn gyffrous.
> Er ei bod hi ddim yn gyffrous, mae'r stori'n dda.

Pa nofel yw eich hoff nofel chi? Oes ffilm wedi ei gwneud ohoni? Ydy'r ffilm yn well na'r nofel?

> Er bod fy ail nofel yn hir iawn, mae'r stori'n dda yn fy marn i!

1. Unwch y brawddegau hyn â 'bod'.

e.e. Rydw i'n gwybod. Mae'r bws yn hwyr.

Rydw i'n gwybod bod y bws yn hwyr.

Rydw i'n gwybod.	Mae Huw'n dost.
Rydw i'n credu.	Mae hi'n dost.
Mae e'n credu.	Mae e wedi cael annwyd.
Rydyn ni'n siŵr.	Rydyn ni wedi gweld y meddyg.
Maen nhw'n gwybod.	Mae'r meddyg wedi galw.
Mae hi'n credu.	Mae hi'n mynd i'r parti heno.
Ydych chi'n gwybod?	Mae hi'n dod adre yfory.
Ydych chi wedi clywed?	Mae e wedi bod yn dost.

2. Rydych wedi darllen dwy stori. Rydych chi'n hoffi un ond dydych chi ddim yn hoffi'r llall. Dyma'r gwahaniaethau rhwng y ddwy stori:

Y Pen Moel	**Y Ddafad Ddu**
hirwyntog	cyffrous
cymeriadau arwynebol	cymeriadau credadwy
dim hiwmor	doniol iawn
diwedd diddychymyg	diwedd annisgwyl
cefndir cyfarwydd	cefndir diddorol
dim symud	llawn digwyddiadau

Rhowch eich barn ar y ddwy stori gan ddefnyddio, 'Rydw i'n credu bod…'; 'hoffi achos bod…'; 'hoffi am fod…'; 'ddim yn hoffi am nad yw/ydynt…'

3. Ysgrifennwch adroddiad i'r papur newydd yn disgrifio chwaraewyr tîm pêl-droed. Mae'r tîm yn chwarae yn rownd olaf y cwpan. Dydyn nhw ddim yn chwarae'n dda fel tîm, ond maen nhw'n cael sawl cic o'r smotyn am fod R.E. Dean yn twyllo'r dyfarnwr trwy gwympo yn y cwrt cosbi. Defnyddiwch yr wybodaeth yma i ddisgrifio rhai o'r tîm:

E.N. Lemming	wedi sgorio un gôl y tymor hwn
Vamp Ire	yn chwarae yn y gôl, ddim yn hoffi croesau
Hain Breed	ddim wedi sgorio'r tymor hwn
Niel Nielsson	yn dod o Norwy
R. E. Dean	wedi ennill sawl cic gosb trwy dwyllo
Jig Saw	mynd i ddarnau yn y cwrt cosbi

Defnyddiwch 'sy'n' neu 'sy ddim' wrth ddisgrifio'r chwaraewyr:

cwrt cosbi	*penalty box*
dyfarnwr	*referee*
cic o'r smotyn	*penalty kick*

4. Wrth i chi gerdded i'r dref, rydych chi'n gweld dau gar yn teithio'n gyflym iawn. Dydy'r car cyntaf (car coch) ddim yn aros wrth y goleuadau, ac mae'r ail gar (car gwyrdd) yn ei ddilyn. Mae'r car gwyrdd yn mynd trwy'r goleuadau, ond mae e'n taro bws. Mae'r car yn troi drosodd. Mae llawer o bobl ar y bws wedi cael eu hanafu. Rydych chi'n galw'r ambiwlans, ond dydy'r ambiwlans ddim yn dod am hanner awr. Mae rhaid i chi roi tystiolaeth am y ddamwain yn y llys. Defnyddiwch rai o'r ymadroddion hyn:

ei fod e	ei fod e ddim
eu bod nhw	fy mod i

Is-gymal adferfol gydag 'i'

Dyma'r drefn: elfen + i + goddrych + berfenw

    Wrth   i Huw   fynd,…

Rydyn ni'n rhoi'r goddrych ar ôl 'i'

    Cyn iddi hi yfed,…

Rydyn ni'n treiglo'r berfenw ar ôl 'i', hyd yn oed os nad ydy e'n dilyn 'i' yn syth

    Er mwyn iddo fe fynd i'r ysbyty,…

achos i	*because*
am i	*because, as*
ar ôl i	*after*
cyn i	*before*
efallai i	*perhaps*
er i	*although, since*
er mwyn i	*so that*
erbyn i	*by the time*
ers i	*since*
gan i	*because, as*
heb i	*without*
nes i	*until*
ond i	*if only, only for*
rhag ofn i	*in case*
tan i	*until*
wedi i	*after*
wrth i	*as, while*

Eich tro chi!

er mwyn	i	mi	gyrraedd
wedi		ti	fynd
ar ôl		ni	edrych
erbyn		chi	ddod
wrth			yrru
er	iddo	fe	waedu
cyn	iddi	hi	syrthio
rhag ofn	iddyn	nhw	redeg
nes			ffônio
heb			ofyn

 Gorffennwch y brawddegau hyn.

1. Roeddwn i'n gyrru'r car cyn…
2. Fe ffônion ni'r ambiwlans rhag ofn…
3. Erbyn…roedd hi'n rhy hwyr.
4. Daeth y meddyg cyn…
5. Aethon ni â Siôn at y meddyg er mwyn…
6. Wrth…, fe ddaeth lorri aton ni.
7. Fe yrrodd y lorri aton ni, heb…
8. Ar ôl…cafodd Siân driniaeth frys.
9. Wedi…, roedd rhaid i ni aros am hanner awr.
10. Roedd hi'n dechrau tywyllu cyn…

Is-gymal adferfol gyda 'bod'

Rydyn ni'n gallu rhoi 'bod' ar ôl 'er', 'cyn' a 'rhag ofn' (gweler Cam 5)

    Er bod Siân yn dost…

    …cyn bod y bws yn dod

    …rhag ofn bod angen gofal meddygol

 Lluniwch y sgwrs rhyngoch chi a'r heddlu, a defnyddiwch yr ymadroddion sy'n dilyn.

Rydych chi wedi gweld damwain car. Mae'r heddlu'n eich holi chi. Dyma rai ffeithiau:

Roedd hi'n bwrw glaw.

Roeddech chi'n dod allan o siop.

Roedd hi'n hanner awr wedi saith.

Roedd car wedi taro merch ar y groesfan.

Roedd hi'n tywyllu.

Doedd dim golau ar y car.

Roedd rhywun yn croesi'r heol.

Roedd y ferch wedi rhedeg heb edrych.

    wrth i fi ddod allan o'r siop

    erbyn i'r ferch redeg i'r stryd

    heb iddo fe weld y ferch

    er mwyn iddo fe osgoi'r ferch

    er ei bod hi'n tywyllu

    nes iddi hi weld y car

    ar ôl i'r car ei tharo hi

    rhag ofn iddi hi gael niwed

Cyfieithwch y brawddegau hyn.

1. It was too late after the lorry had hit us.
2. What were you doing before the car left the road?
3. Why didn't you turn as it was coming towards us?
4. She crossed the road without having seen the car.
5. They took her to the doctor's so that she could have treatment.
6. We went to the hospital in case something was broken.
7. Huw phoned home as he was going to be late.
8. Perhaps you've heard about the accident.

Negyddol

Rydyn ni'n gallu rhoi 'peidio â/ag' ar ôl 'i'

  rhag ofn i ti beidio â mynd
  er mwyn i chi beidio â dioddef
  wedi iddo fe beidio â chodi

Fe yrrodd y car heibio i ni heb i'r gyrrwr ein gweld ni.

Cam 7 – is-gymal enwol gydag 'y' – Siarad am yr economi

Eich tro chi!

denu	attract
buddsoddi	to invest
buddsoddiadau	investments
diweithdra	unemployment
cynyddu	to increase
ffynnu	to flourish

Cymalau enwol gydag 'y'

Rydyn ni'n defnyddio 'y' i gyflwyno'r cymal enwol pan yw'r ferf yn y cymal enwol yn ddyfodol o ran ei pherthynas â'r ferf yn y prif gymal

  Rydw i'n gwybod y daw'r ffatri i'r cwm.

Rydyn ni'n defnyddio 'yr' o flaen llafariaid

  Rydw i'n credu yr aiff popeth yn iawn.
  Rydw i'n clywed y caiff Caerdydd y gwaith.
  Rydw i'n clywed y bydd y ffatri'n dod i Gasnewydd.
  Roeddwn i'n credu y deuai'r gwaith i Wrecsam.

| Rydw i'n
Mae hi'n | credu
clywed | y | bydd y ffatri'n dod
daw'r ffatri |
| Roedden ni wedi
Roeddwn i'n | gobeithio
credu | | deuai'r ffatri
byddai'r ffatri'n dod |

11.7

 Llanwch y bylchau yn y brawddegau hyn.

1. Rydyn ni wedi clywed ___ bydd y gwaith yn agor y flwyddyn nesaf.
2. Mae'r cwmni wedi dweud ___ byddan nhw'n cau'r gwaith.
3. Ydych chi wedi clywed y ___ y ffatri'n cau?
4. Roedden ni'n ofni y ___ llawer o bobl heb waith.
5. Rydyn ni'n gobeithio y ___ ni'n denu'r ffatri i Gymru.
6. Mae perygl y ___ diweithdra'n cynyddu.
7. Roedd e'n siŵr y ___ 'r cwmni'n buddsoddi arian mawr yn y gwaith.
8. Mae'r llywodraeth yn gobeithio ___ daw'r gwaith i Gymru.

1. yn gobeithio   y bydd
2. yn ofni   y daw
3. yn hyderus   y byddan
4. yn siŵr   y bydd
5. yn credu   y byddai
6. wedi clywed   y bydd
7. wedi gobeithio   y deuai
8. wedi addo   y deuai

Negyddol

Rydyn ni'n defnyddio 'na' i gyflwyno cymal negyddol

> Rydw i'n gwybod na fydd y ffatri'n dod.
> Mae e'n credu na fydd diweithdra'n cynyddu.
> Maen nhw wedi clywed na ddaw'r ffatri.

Mae 'c', 'p' a 't' yn treiglo'n llaes ar ôl 'na'

> Rydw i'n credu na **ch**aiff Merthyr y ffatri.

Mae cytseiniaid eraill yn treiglo'n feddal ar ôl 'na'

> Ydych chi'n wedi clywed na **f**ydd y gwaith yn dod i Gaernarfon?

 Cysylltwch y brawddegau hyn â 'na'.

1. Rydw i'n credu.   Daw'r ffatri i Lanidloes.
2. Rydyn ni'n gobeithio.   Bydd diweithdra'n codi.
3. Roedden ni'n credu.   Byddai llawer o bobl yn ddi-waith.
4. Ydych chi wedi clywed? Caiff Amlwch y gwaith.
5. Rydyn ni'n ofni.   Byddwn ni'n cael gwaith.
6. Roedden ni wedi ofni.   Bydden ni'n dod yn ôl i Gymru.

 Lluniwch adroddiad Prif Weinidog Cymru.

Mae Prif Weinidog Cymru'n rhoi adroddiad economaidd i'r Senedd yng Nghaerdydd. Mae e'n defnyddio'r geiriau hyn:

credu   y bydd mwy o waith yn dod
ofni   na fydd grantiau i ffermwyr
gobeithio   na fydd diweithdra'n codi
gwybod   y daw cwmnïau i Gymru o America
clywed   y bydd cwmnïau eisiau buddsoddi
addo   y gwna bopeth posibl
siŵr   y bydd y wlad yn ffynnu
hyderus   na fydd trethi'n codi

 Cyfieithwch y brawddegau hyn.

1. We've heard that the company won't come to Wales.
2. He promised that he would do everything to attract the factory.
3. Are you sure that you will get the grants?
4. I knew that they wouldn't put up the price of petrol.
5. The company hoped that taxes would not go up again.
6. They were hoping that they would not have to move from the area.
7. There is always a danger that unemployment will rise.
8. She hoped that the town would not suffer.

etholiad cyffredinol	*general election*
pleidleisiau	*votes*
pleidleisio	*to vote*
mwyafrif	*majority*
ymgeisydd	*candidate*
sedd	*seat*
plaid	*(political) party*

Is-gymal enwol gydag 'i'

Rydyn ni'n defnyddio 'i' + enw/rhagenw + berfenw i fynegi'r gorffennol

> Ydych chi wedi clywed i Blaid Cymru ennill?
> Ydych chi wedi clywed iddi hi ennill?

Rydyn ni'n treiglo'r berfenw'n feddal

> Rydw i wedi clywed i Ron **g**olli.

Eich tro chi!

Rydyn ni wedi	clywed	i	'r Blaid	ennill
Ydych chi'n	gwybod		'r ymgeisydd	golli
Roedden ni'n	credu		William	
Roedden ni'n	siŵr	iddo fe		
Rydw i'n	gobeithio	i ni		
		iddyn nhw		
Gwn		iddi hi		

Cwblhewch y brawddegau hyn, gan ddefnyddio 'i' + enw/rhagenw + berfenw'.

1. Rydw i'n credu [Plaid Binc, ennill].
2. Ydych chi wedi clywed [fe, colli] 'r etholiad?
3. Maen nhw'n dweud [hi, ennill] yn hawdd.
4. Roeddwn i'n siŵr [Plaid Wen, colli].
5. Rydyn ni wedi clywed [nhw, ennill] yr etholiad.
6. Rydw i'n gobeithio [chi, llwyddo] yn yr etholiad.
7. Mae'r papur yn dweud [fe, dod yn ail].
8. Rydyn ni'n credu [Prif Weinidog, colli] ei sedd.

Negyddol

na + berf

Mae 'c', 'p', a 't' yn treiglo'n llaes ar ôl 'na'
> Rydw i'n credu na chollodd e.

Mae cytseiniaid eraill yn treiglo'n feddal ar ôl 'na'
> Maen nhw'n gwybod na ddaethon nhw'n olaf.

Mae 'na' yn troi'n 'nad' o flaen llafariad
> Rydyn ni'n siŵr nad enillodd y Blaid Wen.

i + enw + beidio â + berfenw

Mae 'peidio â' yn gallu golygu *refuse to*, felly rydyn ni fel arfer yn defnyddio 'na' + berf i fynegi'r negyddol (gweler uchod)
> Rydyn ni'n siŵr i'r Blaid Wen beidio â gwneud ymdrech.
> Rydw i'n siŵr na wnaeth y Blaid Wen ymdrech.

Mae treiglad llaes yn dilyn 'â'
> Rydw i'n credu iddo fe beidio â phleidleisio.

Mae 'â' yn troi'n 'ag' o flaen llafariad
> Maen nhw'n gwybod iddi hi beidio ag ymladd.

i + enw + fethu â + berfenw.

> Rydw i'n credu iddi hi fethu â dod yn ail.
> Rydw i'n gwybod i'r Blaid Goch fethu ag ennill.

11.8

Newidiwch y brawddegau hyn i araith anuniongyrchol.

e.e. Mae e'n dweud, "Rydyn ni wedi ennill."
Mae e'n dweud iddynt ennill.

1. Roedd e wedi dweud, "Mae'r Blaid Wen wedi ennill deg sedd."
2. Dywedodd y Prif Weinidog, "Rydyn ni wedi ennill yr etholiad yn hawdd."
3. Roedd hi'n datgan, "Dydyn ni ddim wedi colli un sedd."
4. Roedd hi'n honni, "Mae'r pleidiau eraill wedi colli mwy na ni."
5. Roedd arweinydd y Blaid Wen yn dweud, "Dydw i ddim wedi colli fy sedd."
6. Dywedodd Mr Alun Morris, "Rydw i wedi cadw fy sedd yn hawdd."

Mae pedair plaid wedi ennill seddau yn yr etholiad. Dyma sefyllfa'r pleidiau. Mae canlyniadau'r etholiad diwethaf mewn cromfachau.

Y Blaid Goch	Y Blaid Wen	Y Blaid Las	Y Blaid Ddu
21 (19)	14 (8)	24 (30)	1 (3)

Rydych chi wedi holi arweinydd pob plaid. Dyma'u sylwadau nhw.

Mr Wrigley, y Blaid Goch, "Rydyn ni'n falch ein bod ni wedi ennill naw sedd ychwanegol, ond rydyn ni'n siomedig ein bod ni ddim wedi ennill mwyafrif."

Mrs Eirlys White, y Blaid Wen, "Rydyn ni'n credu ein bod ni wedi ennill mwy o seddau nag erioed o'r blaen. Rydyn ni'n siŵr ein bod ni wedi apelio at y di-waith."

Ms Stocking, y Blaid Las, "Rydyn ni'n falch ein bod ni wedi ennill mwy o seddau na'r lleill. Rydyn ni'n pryderu ein bod ni ddim wedi ennill cymaint â'r tro diwethaf."

Mrs Sheep, y Blaid Ddu, "Rydyn ni'n flin ein bod ni wedi colli dwy sedd, ond rydyn ni'n falch ein bod ni ddim wedi colli pob un."

Cam 9 – is-gymal enwol gyda 'mai/taw'; cwestiwn anuniongyrchol – Yn y llys

barnwr	*judge*	ar fai	*at fault, to blame*
tyst	*witness*	croesholi	*to interrogate*
pledio'n euog	*to plead guilty*	cyfreithiwr	*solicitor*
dieuog	*not guilty*	bargyfreithiwr	*barrister*
rheithgor	*jury*		

Cymalau enwol gyda 'mai'/'taw'

Os ydych chi eisiau pwysleisio enw, neu air cyntaf yr is-gymal, cyflwynwch y cymal â 'mai' neu 'taw' (De Cymru)

Rydw i'n siŵr mai hi oedd yn y car.

Rydyn ni'n gallu rhoi 'sy' neu 'oedd' neu 'fydd' neu 'fuodd' neu 'fyddai' ar ôl 'mai' + enw

Rydw i'n credu mai Huw oedd wrth y tŷ.

Rydw i'n siŵr mai Lisa sy'n sefyll wrth yr heol.

Rydyn ni'n gallu rhoi 'yw'/'oedd'/'fydd' neu 'fyddai' ar ôl 'mai' + enw i gyflwyno enw neu ragenw (fel mewn cystrawen gypladol, gweler Berfau Cam 3)

Rydw i'n credu mai Siân yw'r fenyw.

Ydych chi'n siŵr mai Huw oedd e?

Mae e wedi clywed mai Sioned fydd yr arweinydd.

Rydyn ni'n defnyddio 'a' + treiglad meddal gyda ffurf gryno'r ferf; mae'n bosibl gollwng 'a', ond mae'r treiglad meddal yn aros (fel mewn cystrawen bwyslais, gweler Berfau Cam 4)

Mae e'n dweud mai Mair a ddaeth i'r tŷ.

Mae e'n dweud mai Mair ddaeth i'r tŷ.

Rydw i'n	siŵr	mai	bachgen	oedd	wrth y tŷ
Mae hi'n	credu	taw	Mair	sy	yn y stafell
Roedd hi'n	gwybod	nad	merch	(a) welais i	ar y stryd
Roeddwn i'n	gweld		dyn		
			menyw		'n/yn rhedeg
					'n/yn gyrru
				(a) ddaeth adre	
				(a) welais i	
				fuodd yno	

Gorffennwch y brawddegau hyn.

1. Ydych chi'n siŵr _____ Huw weloch chi?
2. Rydw i'n credu mai Huw [gweld] i neithiwr.
3. Ydych chi'n credu mai Siân _____ yn sefyll wrth y tŷ?
4. Rydw i'n gwybod _____ hi oedd yno.
5. Ydych chi'n dweud _____ oedd yn gyrru'r car?
6. Wel, rydw i'n credu _____ hi welais i.

Negyddol

Rydyn ni'n defnyddio 'nad' yn lle 'mai' neu 'taw'
  Rydw i'n siŵr **nad** Huw oedd yn y car

Newidiwch i'r negyddol.

1. Rydw i'n credu mai Huw welais i.
2. Mae hi'n siŵr mai Siân oedd yno.
3. Ydych chi'n gwybod taw John fuodd yno?
4. Rydw i bron yn siŵr mai Jeremy ddaeth adre gyntaf.
5. Ydych chi'n credu mai hi oedd y ferch?
6. Rydw i'n gwybod mai hi yw'r un.

Ysgrifennwch adroddiad i'r heddlu am y ddamwain, a defnyddiwch yr ymadroddion sy'n dilyn.

Roeddech chi'n cerdded adre am ddeg o'r gloch y nos. Roeddech chi wedi bod yn yfed mewn tafarn. Roedd ffrind gyda chi, a oedd wedi yfed tipyn hefyd. Wrth groesi'r stryd, daeth car rownd y gornel a tharo'ch ffrind chi.

gwybod	am ddeg o'r gloch roedden ni'n gadael y dafarn
gwybod	pum peint yfon ni
credu	Huw (fy ffrind) groesodd yr heol gyntaf
siŵr	Mr Campbell oedd yn gyrru'r car
credu	fe oedd yn gyrru'n rhy gyflym
siŵr	fe oedd ar fai am y ddamwain

11.9

> Mae hi'n bosibl mai carchar am oes gawn ni.

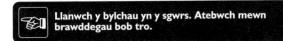
Rydych chi'n awr yn dyst yn y llys. Rydych chi'n cael eich croesholi.

Bargyfreithiwr:	Ydych chi'n siŵr taw yn y dafarn roeddech chi'r noson honno?
Chi:	
Bargyfreithiwr:	Ydych chi'n gwybod faint yfoch chi?
Chi:	
Bargyfreithiwr:	Ydych chi'n siŵr nad deg peint yfoch chi?
Chi:	
Bargyfreithiwr:	Ydych chi'n siŵr nad chi groesodd gyntaf?
Chi:	
Bargyfreithiwr:	Sut rydych chi'n gwybod taw Mr Campbell oedd yn gyrru'r car?
Chi:	
Bargyfreithiwr:	Ydych chi'n credu nad oedd e'n gyrru'n ofalus?
Chi:	
Bargyfreithiwr:	Ydych chi'n credu taw eich ffrind oedd ar fai am y ddamwain?
Chi:	
Bargyfreithiwr:	Pwy oedd ar fai, yn eich barn chi?
Chi:	Rydw i'n siŵr taw…
Bargyfreithiwr:	Sut rydych chi'n siŵr nad eich ffrind oedd ar fai?
Chi:	

Cwestiwn anuniongyrchol

Rydyn ni'n dechrau'r cymal gydag 'a' (yn lle *whether* neu *if*) o flaen berf

Mae e'n gofyn a ydy e'n gallu gyrru.

Weithiau dydyn ni ddim yn defnyddio 'a', ond rydyn ni'n cadw'r treiglad meddal ar ôl 'a'

Mae e'n gofyn ddaethoch chi adre'n ddiogel.

Rydyn ni'n dechrau'r cymal gydag 'ai' os ydyn ni'n pwysleisio'r gair nesaf ac os nad berf bersonol yw'r gair

Dydw i ddim yn siŵr **ai** Judy oedd yn gyrru.

Rydyn ni'n defnyddio 'ai peidio' i ddweud *or not*

Doedd e ddim yn gwybod ai hi oedd yno **ai peidio**.

Mae e wedi gofyn Doedd hi ddim yn siŵr Dydyn ni ddim yn gwybod Eich tro chi!	a	fydd e yn y llys yfory oedd hi'n gyrru'n beryglus gawson ni bum peint
	ai	Mr Campbell oedd yn gyrru pum peint gawson ni cerdded oedden ni

Dydy'r barnwr ddim yn hapus â'r atebion. Mae e'n

ailadrodd cwestiynau'r bargyfreithiwr.

e.e. Bargyfreithiwr: "Oeddech chi wedi yfed deg peint?"

Barnwr: "Mae e eisiau gwybod a oeddech chi wedi yfed deg peint ai peidio."

Cwestiynau'r bargyfreithiwr.

1. "Chi groesodd y stryd gyntaf?"
2. "Oedd eich ffrind wedi yfed lager?"
3. "Oedd y gyrrwr yn gyrru'n ofalus?"
4. "Mrs Campbell oedd yn gyrru?"
5. "Weloch chi'r car yn dod?"
6. "Welodd eich ffrind y car yn dod?"
7. "Rhedeg ar draws yr heol wnaethoch chi?"
8. "Gawsoch chi wisgi hefyd?"
9. "Oeddech chi wedi meddwi?"
10. "Eich ffrind oedd ar fai?"

Is-gymal yn dechrau â geirynnau holi

sut + berf	Dydw i ddim yn gwybod sut mae hi'n siarad.
sut + enw	Ydych chi'n gwybod sut gosb gafodd hi?
pa + enw	Ydych chi'n gwybod pa farnwr sydd yn y llys?
pa mor + ansoddair	Mae hi'n gwybod pa mor dda yw hi.
faint o + enw	Rydw i wedi clywed faint o dystion sydd yn yr achos.
ble + berf	Ydych chi wedi clywed ble maen nhw wedi bod yn cyfarfod?
o ble + berf	Rydyn ni'n gwybod o ble roedd e'n dod.
pryd + berf	Roedden ni'n gwybod pryd byddai'r llys yn dechrau.
beth + berf	Ydych chi'n gwybod beth mae e'n ei fwyta?
	Rydw i'n gwybod beth yw'r ateb.
	Ydych chi'n gwybod beth sy'n digwydd?
pwy + berf	Rydw i'n gwybod pwy sy'n mynd heno.
	Mae hi'n gwybod pwy mae e'n ei charu.
	Ydych chi'n gwybod pwy yw hi?

Cyfeithwch y brawddegau hyn.

1. Have you heard if it was Siân who was in court?
2. We didn't know whether she was guilty or not.
3. I'm sure that it was a girl who was standing by the house.
4. How can you be certain that it was a car that you saw?
5. I don't believe that Sean was the leader.
6. I'm sure that he isn't the man I saw yesterday.
7. We don't know how they came to court.
8. Can you remember whether you had something to drink?
9. I can't remember whether it was raining or not.
10. Do you know how many years he got?

Cam 10 – is-gymal ansoddeiriol gydag 'a' – Disgrifio adeiladau

bomio	*to bomb*
chwalu	*to fall to pieces*
ailgodi	*to rebuild*

Is-gymal ansoddeiriol gydag 'a'

Rydyn ni'n gallu defnyddio 'a' i gyflwyno cymalau ansoddeiriol sy'n cynnwys

'oedd' (gweler Cam 4)

Rydw i'n byw mewn pentref a oedd yn un diwydiannol gan mlynedd yn ôl.

'fydd', 'fyddai', 'fuodd' (gweler Cam 4)

Mae hi'n byw wrth yr heol a fydd yn rhan o'r M4.

berfau cryno

Mae hi'n gweithio yn y ffatri a ddaeth i'r pentref.

Gyda berfau cryno, mae 'a' yn gallu cymryd lle goddrych neu wrthrych yr is-gymal

goddrych: Maen nhw'n byw yn y dref a ddaeth yn enwog am gaws.

gwrthrych: Maen nhw'n byw yn y tŷ a adeiladodd Cwmni Langley.

Rydyn ni'n defnyddio berf unigol, hyd yn oed os yw 'a' yn cymryd lle goddrych lluosog

Rydw i'n gweithio yn y tai a roddodd lety i'r bardd.

Dyma'r dafarn a gafodd ei henwi ar ôl yr awdur.

11.10

- Does dim rhaid defnyddio'r 'a' mewn Cymraeg ffurfiol, ond mae'r treiglad ar ôl 'a' yn aros.

'a' fel goddrych

Mae hi'n gweithio Rydw i'n byw Rydyn ni'n byw Roeddwn i'n byw Ydyn nhw'n byw	yn	y pentref y dref y sir yr ardal	(a)	gafodd ffatri newydd ddaeth yn enwog welodd newid mawr adeiladodd stadiwm gafodd amgueddfa	**Eich tro chi!**

'a' fel gwrthrych

Rydw i'n hoffi'r Maen nhw'n dod i'r Ydych chi wedi gweld y Roeddwn i'n gweithio yn y	tŷ gwesty neuadd llyfrgell	(a)	adeiladodd David Davies brynodd Mrs Jones gododd y bobl eu hunain welsoch chi ddoe	**Eich tro chi!**

- Mae brawddegau fel hyn yn gallu bod yn amwys (*ambiguous*)

> Maen nhw wedi claddu'r ci a laddodd Mr Jones.
> *They have buried the dog which killed Mr Jones.*
> NEU *They have buried the dog which Mr Jones killed.*

Sut ydyn ni'n gwybod yr ystyr? Mae'r ystyr yn y cyd-destun.

'a' gyda rhagenwau

Rydyn ni'n defnyddio'r rhagenwau mewnol ar ôl 'a' (gweler Rhagenwau, Cam 5) i nodi gwrthrych y ferf

> Hi yw'r fenyw a'm gwelodd i.
> Nhw yw'r bobl a'u prynodd nhw.
> Siân yw'r ferch a'i talodd e.

 Rhowch yr ymadroddion hyn mewn brawddegau.

1. (a) welais i ddoe
2. (a) adeiladodd Mr Hughes
3. (a) brynodd hi'r llynedd
4. (a) gawson ni'n anrheg
5. (a) roddodd fy nhad i mi
6. (a) ddioddefodd yn y rhyfel
7. (a) gafodd lyfrgell newydd
8. (a) aeth yn amhoblogaidd
9. (a'i) trefnodd hi
10. (a'u) rhoddodd nhw

'a' fel gwrthrych ffurfiau cryno 'cael' *to be* ('cael ei'…ac ati) (ystyr Goddefol)

Dyma'r Ble mae'r	tŷ plas	(a)	gafodd ei adeiladu gafodd ei ddinistrio	gan	y pensaer y tân y cyngor y maer fandaliaid athletwyr	**Eich tro chi!**
	tai gwestai		gaiff eu codi gafodd eu llosgi			
	neuadd ganolfan		gafodd ei chynllunio gaiff ei defnyddio			

Rydyn ni'n rhoi rhagenw ('ei', 'eu') o flaen y berfenw.
Rydyn ni'n treiglo'r berfenw ar ôl y rhagenw (gweler Berfau, Cam 9).
Mae 'c', 'p' a 't' yn treiglo'n llaes ar ôl 'na'
   Rydw i'n prynu'r tŷ na phrynodd Siân.
Mae cytseiniaid eraill yn treiglo'n feddal ar ôl 'na'
   Ydych chi wedi bod yn y llyfrgell na fenthycodd y llyfr i mi?
Mae 'na' yn newid i 'nad' o flaen llafariad
   Dyma'r bobl nad anghofiaf i byth.

Rydyn ni'n defnyddio berf luosog os yw 'na/nad' yn cyfeirio at enw lluosog
   Ydych chi'n nabod y bobl na chawsant waith yn y ffatri?

Negyddol

Rydyn ni'n gallu rhoi 'mo' o flaen gwrthrych pendant
   Rydw i'n nabod y dyn yrrodd mo'r bws.
Rydyn ni'n gallu, os dymunwn, rhoi 'dim' ar ôl y ferf, ac o flaen gwrthrych amhendant (ond nid gwrthrych pendant)
   Fe ydy'r dyn chafodd ddim bwyd.
Rydyn ni'n llunio cymalau negyddol trwy roi 'na' yn lle 'a'.

Rydw i'n nabod y Ydych chi wedi bod yn y Welsoch chi'r Mae hi wedi dod i'r Fuoch chi yn y	dref ddinas pentref tŷ stryd	na nad	enillodd y wobr chaiff ei chwalu fomion nhw (ddim) yn ystod y rhyfel phrynodd hi (ddim) fuodd (ddim) ar werth
		enillodd mo'r wobr chaiff mo'i chwalu	

Eich tro chi!

 Llanwch y bylchau yn y darn hwn.

Rydw i'n byw yn y dref [a + dod] yn enwog am ei marchnad. Mae'r strydoedd [a + bomio] nhw yn y rhyfel wedi eu hailgodi, ond mae'r eglwys [a + chwalu] nhw yn dal yn adfeilion. Mae yma lawer o westai [a + rhoi] lety i lawer o bobl bwysig. Ger y dref mae'r arfordir, [na + gweld] chi o'r dref ei hun, ac mae'r dociau [a + gweld] chi o'r parc yn rhoi gwaith i gant o bobl. Mae'r pwll nofio [a + adeiladu] nhw wrth yr amgueddfa'n boblogaidd, ond mae'r llyfrgell [na + cael] lawer o sylw mewn cyflwr drwg.

Ysgrifennwch ddisgrifiad o dref Abermenai ar gyfer cylchgrawn gwyliau.

e.e.   Mae'r llyfrgell a adeiladon nhw yn 1970 yn cynnwys oriel gelf.

Dyma rai o nodweddion y dref.

llyfrgell	adeiladu	1970	oriel gelf
eglwys	bomion	rhyfel	ailgodi
pwll nofio	agorodd	y llynedd	twristiaid
mynydd	gweld o'r stryd	dros y dref	
ffatri	cau	ddeng mlynedd yn ôl	ailagor
fflatiau	adeiladu	hen bobl	prydferth
traethau	gweld o'r dref	llawn	yn yr haf
gwaith dur	gwaith i ddwy fil	cyn 1990	yn adfeilion
gwestai	sêr ffilm	llety rhad	
castell	adeiladu	Edward	chwalu

1. Rydych chi'n mynd ar wyliau. Rhowch ychydig o'r hanes. Defnyddiwch yr ymadroddion hyn:

   cyn i mi fynd   er nad oedd hi'n braf
   wedi i mi ddal y bws   wrth weld y gwesty
   pan gawson ni frecwast   cyn i mi fynd i'r traeth

2. Dyma'r newyddion…

   Rydych chi'n paratoi bwletin newyddion. Mae Prif Weinidog Cymru wedi annerch y Senedd ac wedi dweud llawer o bethau. Ysgrifennwch adroddiad, a chysylltwch y berfau â'r ymadroddion hyn (e.e. trwy ddefnyddio 'y bydd', 'y caiff', 'na fydd', 'na chaiff'):

dweud	yr economi'n tyfu'r flwyddyn nesaf
cyhoeddi	ffatri newydd yn dod i
addo	hen bobl fwy o bensiwn
credu	llai o bobl yn ddi-waith
cyhoeddi	heol newydd ei hadeiladu o'r de i'r gogledd

3. Rydych chi yn y llys. Rydych chi wedi cael eich cyhuddo o ddwyn wats o siop. Roeddech chi yn y siop ar y pryd, ond fe welsoch chi fachgen ifanc yn dwyn y wats.

   Rydych chi'n cael cyfle i ddweud beth ddigwyddodd. Defnyddiwch yr ymadroddion hyn:

   nad fi   mai/taw bachgen
   mai/taw fe   fy mod i
   doeddwn i ddim

4. Mae grŵp o ddisgyblion o ran arall o Gymru'n dod i aros yn eich tref chi am wythnos. Ysgrifennwch at yr ysgol yn disgrifio'ch tref chi. Defnyddiwch yr ymadroddion hyn:

   e.e. canolfan siopa…adeiladu…

       Yn y dref mae canolfan siopa newydd a adeiladon nhw y llynedd.

   sinema newydd…codi…
   ale fowlio…cael ei hagor
   clwb nos…cael ei agor
   pwll nofio…adeiladu
   eglwys…bomio
   ffatri…cau

5. Cyfieithwch y brawddegau hyn:

   i. He's working for the company which won the contract.
   ii. Have you seen the girl who asked for a map?
   iii. In this street there is a small house which was built by a farmer.
   iv. Do you know the author who wrote the book?
   v. I remember the party which didn't finish until midnight.
   vi. I stayed at the hotel which wasn't finished.
   vii. Did you visit the church that they built last year?
   viii. They worked at the factory which was closed this week.

Ymateb i osodiadau

'Ie' neu 'nage' yw'r ateb i osodiad neu gwestiwn o'r math isod

Menyw yw'r pennaeth.	Ie.
Dyn sy'n gweini'r bwyd?	Nage.
Fan hyn mae e'n byw.	Ie.
Cysgu roedd hi?	Nage.
Heno mae hi'n dod.	Nage.

Rydyn ni'n cyflwyno'r cwestiwn ag 'ai'

Ai menyw sy'n coginio?

Wrth bwysleisio'r elfen gyntaf rydyn ni'n gallu defnyddio 'onid'

Onid menyw sy'n coginio?

Os ydyn ni'n ymateb i osodiad sy'n dechrau â berf, rydyn ni'n defnyddio'r un ferf yn yr ymateb

Mae'r cawl yn oer iawn.	Ydy, mae e/Nac ydy, mae'n eitha twym.
Mae llawer o bobl yma.	Oes, mae/Nac oes, mae'r lle'n hanner gwag.
Roedd hi'n braf ddoe.	Oedd, wir/Nac oedd, roedd hi'n arllwys y glaw.
Bydd hi'n hyfryd mynd yno yfory.	Bydd, rydw i'n siŵr./ Na fydd. Bydd hi'n ddiflas.

1. Mae'r caffe yma'n oer iawn.
2. Does dim lliain bwrdd ar y byrddau.
3. Roedd y lle yma'n iawn yr wythnos diwetha.
4. Fydd hi ddim yn dod yn ôl yma fyth eto.

Os ydyn ni'n ymateb i osodiad sy'n dechrau â berf yn yr amser Gorffennol, rydyn ni'n defnyddio 'do' neu 'naddo'

Enillodd e'r gêm.	Do, yn hawdd/Naddo, fe gollodd e.

Os ydyn ni'n ymateb i osodiad sy'n dechrau â berf yn un o'r personau eraill, rydyn ni'n ymateb i berson y ferf

| Rydw i wedi codi'n gynnar. | Ydych, yn gynnar iawn. |
| Rydych chi wedi bwyta. | Ydw, o'r diwedd. |

Rydyn ni'n gallu ymateb mewn sawl ffordd arall, wrth gwrs, gan ychwanegu at y sgwrs. Mae hyn yn digwydd yn aml iawn

| Dyma'r cawl. | Dymunol iawn, mae e'n edrych yn flasus. |
| Bwydlen ddoe sydd ar y bwrdd. | Allwn ni ddim defnyddio hwnna. |

1. Bwyd ddoe wedi ei aildwymo yw hwn.
2. Dydy'r pwll nofio yma ddim yn fawr iawn.
3. Heno rydyn ni am gael y bwyd – nid yfory!
4. Mae dewis da ar y fwydlen heno, syr.
5. Dyma'r bil – rydyn ni'n derbyn cardiau credyd.
6. Sglodion sy ar y plât – gofynnais i am salad.
7. Mae gwybedyn yn fy nghawl i.
8. Estynnwch yr halen , os gwelwch yn dda.
9. Fe losgon nhw'r cig.
10. Wnaethoch chi ddim rhoi saws ar y bwrdd.

Ffurfiol iawn

11.11

llety	*lodgings*
mynychu	*to attend, to frequent*
neuadd breswyl	*hostel*
darlithiau	*lectures*

Is-gymal ansoddeiriol gydag 'y'

> Rydyn ni'n defnyddio 'y' / 'yr' i gyflwyno cymalau gyda berfau cwmpasog mewn Cymraeg ffurfiol iawn
> Bydda i'n colli'r cartref **yr** wyf i'n ei hoffi.

Ffurfiol iawn

Rydyn ni wedyn yn rhoi rhagenw sy'n cyfateb i'r gwrthrych
> Ydych chi'n nabod **y merched** y mae e'n **eu** hoffi?

Mae 'yr' eisoes yn rhan o'r ferf mewn ffurfiau 'bod' fel roedd e, rydw i
> Ydych chi hoffi'r cwrw roeddwn i'n ei yfed?

Rydw i'n mynd i'r	fflat	y	bydda i'n ei rentu
Ydych chi'n hoffi'r	tŷ		byddwch chi'n ei rentu
Fuoch chi yn y	coleg		roeddwn i'n ei fynychu
Mae hi'n hoffi'r	bar		roedd hi'n ei fwynhau

Eich tro chi!

Cysylltwch yr ymadroddion hyn, a gwnewch frawddegau.

e.e.
> neuadd breswyl   fi   hoffi

Rydw i'n mynd i'r neuadd breswyl yr oeddwn i'n ei hoffi.

1.	darlithydd	fi	hoffi
2.	darlithiau	fe	casáu
3.	traethawd	hi	gorffen
4.	llyfr	fi	benthyg
5.	nodiadau	ni	anghofio
6.	llyfrau	chi	cofio
7.	geiriadur	ti	prynu
8.	ystafell wely	hi	glanhau
9.	llawr	fi	tacluso
10.	teledu	nhw	benthyca

Negyddol

Rydyn ni'n gallu defnyddio 'na' neu 'nad' yn lle 'y'/'yr'
> Rydw i wedi gorffen y llyfr **nad** oeddwn i wedi ei brynu.

Rydyn ni'n rhoi 'ddim' ar ôl 'dydw i'/'doedd e' ac ati
> Ydych chi wedi gweld y geiriadur **dydw** i **ddim** wedi ei ddefnyddio?

Fe yw'r darlithydd roeddwn i wedi ei weld yn gweithio ar oedolion yn dysgu Cymraeg.

| Ydych chi wedi gweld y
Rydw i wedi darllen y
Mae e wedi benthyca'r
Roedden nhw wedi gorffen y | llyfr
papur
geiriadur
traethawd | nad | ydw i wedi ei orffen
ydy hi wedi ei ddarllen
oeddech chi'n ei hoffi
oedden ni wedi ei fenthyca | |

Eich tro chi!

Ysgrifennwch erthygl i bapur y myfyrwyr yn sôn am ddiwrnod yn eich hanes. Defnyddiwch yr ymadroddion hyn.

Rydych chi newydd ddechrau yn y coleg.

neuadd breswyl	rydw i'n ei hoffi
bwyd	nad ydw i'n ei hoffi
ffrindiau	rydw i wedi dechrau eu nabod
traethawd	nad ydw i wedi ei orffen
llyfrgell	nad ydw i'n ei mynychu'n aml
cwrw	rydw i'n ei yfed bob nos
teledu	yr oedden ni wedi ei rentu

Cyfieithwch y brawddegau hyn.

1. Have you seen the house which we will rent?
2. Where is the book which I was reading?
3. I can't find the dictionary which you had bought.
4. Pork is the only meat which I don't like.
5. This is the library which he hasn't seen yet.
6. She finished the essay which she hadn't finished yesterday.
7. This is the department which he hates.
8. We like the friends whom she had seen.

11.12

Is-gymal ansoddeiriol gydag 'y' genidol

Rydyn ni'n gallu defnyddio 'y' i gyflwyno is-gymal os yw 'y' yn cyflwyno'r genidol (*genitive*), h.y. yn sôn am rywun neu rywbeth sy'n perthyn i'r person neu'r peth rydych chi'n sôn amdano fe (*whose, of whom, of which*)

> Rydw i'n cael help gan y bachgen **y** gwelais **ei chwaer** ddoe.

Rydyn ni'n defnyddio 'yr' o flaen llafariad

> Ydych chi'n cofio'r ferch **yr** oedd ei brawd yn yr ysgol?

Mae 'yr' eisoes yn rhan o ffurfiau fel 'roeddwn i', 'rydw i'

> Roeddwn i'n nabod y ferch roedd ei thad yn athro.

Rydw i'n nabod yr athrawes Ydych chi'n cofio'r ferch Mae hi'n hoffi'r fam	rydw i'n hoffi ei gwersi roeddech wedi darllen ei llythyr roedd hi wedi bwyta ei theisen		
Ydych chi'n nabod y fenyw Rydyn ni'n cofio'r ffrind	y	gwelais i ei thad yn y dref gwelson ni ei brawd ddoe	
Roeddwn i'n hoffi'r athro Ydych chi'n nabod y dyn Rydyn ni'n helpu'r bachgen	roeddwn i'n nabod ei wraig roeddech chi'n darllen ei bapur rydyn ni wedi gweld ei draethawd		
Oeddech chi'n cofio'r ffrind Rydw i'n nabod y tad	y	prynon ni ei gar gwelon ni ei wraig yn y dref	

Eich tro chi!

 Ysgrifennwch frawddegau'n cynnwys yr ymadroddion hyn.

1. ffrind   nabod ei brawd/frawd
2. bachgen   cofio ei dad
3. merch   hoffi ei mam
4. merched   helpu eu brodyr
5. brawd   gweld ei gariad
6. ffrindiau   gwneud eu gwaith
7. cyfeillion   defnyddio eu llyfrau
8. cyfaill   nabod ei rieni

Negyddol

Rydyn ni'n defnyddio 'na' neu 'nad' yn lle 'y'/'yr' i gyflwyno'r is-gymal

> Rydw i'n hoffi'r bachgen nad ydw i'n nabod ei deulu.

Mae 'c', 'p' a 't' yn treiglo'n llaes ar ôl 'na'. Mae cytseiniaid eraill yn treiglo'n feddal ar ôl 'na'

> Dydw i ddim yn hoffi'r bachgen na chefais i ei help.
> Rydw i'n nabod y ferch na welais ei llun.

Rydyn ni'n gallu rhoi 'ddim' ar ôl y ferf

> Rydw i'n hoffi'r ferch dydw i ddim yn nabod ei theulu.

Rydyn ni'n gallu rhoi 'mo' o flaen gwrthrych pendant

> Mae e'n nabod y bachgen chafodd ei chwaer mo'r swydd.

Rydw i'n hoffi'r ffrindiau	na	chefais i eu cwmni
Dydy e ddim yn nabod y bobl	nad	welodd e eu perthnasau
Rydw i wedi cwrdd â'r dyn		chredais i ei stori
Ydych chi'n nabod y bachgen		ydych chi wedi gweld ei dad
Rydw i'n cofio'r ferch		ddysgais i ei brawd

Eich tro chi!

Rhowch yr ymadroddion hyn mewn brawddegau gan lunio is-gymalau negyddol.

e.e. chwaer   na/nad + fe   nabod ffrind

Hon yw'r chwaer nad oedd e'n nabod ei ffrind.

1. dyn   na/nad + fi   gweld gwraig
2. menyw   na/nad + fe   prynu modrwy
3. ffrindiau na/nad + chi   mwynhau parti
4. ffrind   na/nad + fi   cywiro gwaith
5. brawd   na/nad + ni   gweld car

Is-gymal ansoddeiriol gydag 'y' ac arddodiad

Rydyn ni'n defnyddio 'y' i gyflwyno cymal pan yw 'y' yn dibynnu ar yr arddodiad ar ôl y ferf

Ydych chi'n nabod yr athro **y** siaradais amdano fe?

Mae'r arddodiad ar ôl y ferf yn cytuno â'r enw o flaen 'y' (benywaidd neu wrywaidd, unigol neu luosog)

Mae e'n hoffi'r **ferch** roedd e'n siarad â **hi**.

Rydyn ni'n defnyddio'r un patrwm gyda 'bod' + ansoddair + arddodiad

Welsoch chi'r ferch y **buoch chi'n gas wrthi**?

Mae rhaid rhedeg yr arddodiad ar ddiwedd y frawddeg. Os ydy'r arddodiad yn rhedeg, rydyn ni'n gallu rhoi rhagenw ar ôl yr arddodiad. Os dydy'r arddodiad ddim yn gallu rhedeg, rydyn ni'n rhoi rhagenw ar ôl yr arddodiad

Mae e'n hoffi'r ferch roedd e'n siarad â hi.

Rydw i'n hoffi'r bachgen roeddwn i wedi clywed amdano (fe).

11.13

Eich tro chi!

Ydych chi'n cofio'r ferch		roeddech chi wedi clywed	amdani
Rydw i'n hoffi'r bachgen		roedd hi wedi sôn	amdano
Siaradais i â'r fam	y	gofynnoch chi	amdanynt
Welsoch chi'r dyn		cwrddais i	â fe
		siaradais i	â nhw
Roeddwn i'n credu'r plant		bues i'n garedig	wrtho
		buoch chi'n gas	wrthi
		buon ni'n gwrtais	wrthynt

273

1. ffrind   clywed am
2. merch   gwybod am
3. bachgen   sôn am
4. ffrindiau   cwrdd â
5. merched   siarad â
6. bechgyn   siarad am
7. cyfaill   bod yn garedig wrth
8. cyfeillion   bod yn gas wrth

Negyddol

Rydyn ni'n gallu defnyddio 'na' ('nad' o flaen llafariad) i gyflwyno is-gymal negyddol.

Eich tro chi!

Rydw i'n hoffi'r bachgen Ydych chi'n nabod y ferch Ble mae'r plant	na nad		chwrddais i siaradoch chi ydw i wedi cwrdd	â fe â hi â nhw
Gwelais i'r merched Dyma'r un			oeddwn i wedi siarad thalais i	amdanynt amdani amdano
Fe yw'r un Hi yw'r un Nhw yw'r rhai			fuoch chi'n gas fues i'n gwrtais fuon ni'n garedig	wrtho wrthi wrthynt

Rydyn ni'n gallu defnyddio ffurfiau negyddol y ferf i gyflwyno'r is-gymal, heb ddefnyddio 'na' / 'nad'
    Dyma'r ferch soniais i ddim amdani.
    Dyma'r ferch dydw i ddim wedi cwrdd â hi.
Os dydyn ni ddim yn defnyddio 'na' /'nad', rydyn ni'n defnyddio'r treigladau
    Huw yw'r bachgen chwrddoch chi ddim â fe.

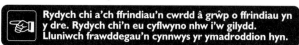
bachgen	na chlywais i am..	menywod	nad oeddwn i wedi cwrdd â ..
merch	na siaradais i â ..	ffrind	na soniais i am..
plant	na feddyliais i am..	ffrindiau	chwrddoch chi ddim â ..
dyn	nad ydw i wedi bod yn gas wrth..	merched	sonion ni ddim am..

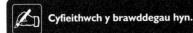 **Cyfieithwch y brawddegau hyn.**

1. Have you met the man whose wife works in Llandudno?
2. We know the girl to whom he's writing.
3. Where did you see the children whose parents were on the beach?
4. These are the people we talked about.
5. He is the man to whom you weren't nasty.
6. Do you remember the woman whose husband ran away?
7. Here is my friend to whom you sent a present.
8. Who is the relative whose birthday we forgot?

 Cywirwch y brawddegau hyn.

1. Fe yw'r dyn y gwelon ni yn y dref.
2. Ydych chi'n nabod y fenyw yr oedd yn gyrru'r car?
3. Pwy yw'r plant a anfonon ni anrheg atyn nhw?
4. Dyma fy ffrind y daeth adref gyda fi.
5. Rydyn ni'n mynd i ymweld â menyw yr oedd gŵr hi'n dost.
6. Edrychwch ar y traeth yr oedd yn llawn o bobl yn y prynhawn.
7. Rydw i wedi darllen y llyfr a siaradoch chi am.
8. Welsoch chi'r plentyn yr oedd hi gas wrthi?

Cam 14 – is-gymal adferfol gydag 'y' ac heb 'y' – Mynd i'r brotest

gorymdaith — *procession*
creu argraff — *to create an impression*

Is-gymal adferol gydag 'y'

Rydyn ni'n gallu defnyddio 'y' ('yr' o flaen llafariaid)
i gyflwyno cymalau ar ôl rhai geiriau
    Rydw i'n mynd i brotestio nes y byddwn ni'n ennill.
Dydyn ni ddim yn defnyddio 'y' o flaen 'roedd' ac ati
    Clywais i sŵn yr ambiwlans fel roeddwn i'n gadael.
Does dim rhaid rhoi 'y' o flaen 'mae'
    Does dim rhaid i ni fynd, fel mae'n digwydd.
Ar lafar dydyn ni ddim yn defnyddio 'y'
    Ewch i sefyll lle byddwch chi'n gallu gweld y Prif Weinidog.

Byddwn ni'n protestio nes y byddwn ni'n ennill.

Rydyn ni'n gallu defnyddio 'y' i gyflwyno cymalau adferfol ar ôl y geiriau hyn

cyn y	*before*	Rydw i'n mynd yno cyn y bydd yr heddlu'n dod.
efallai y	*perhaps*	Efallai y bydda i yno.
erbyn y	*by the time*	Erbyn y byddwch chi yma, bydd yr heddlu wedi mynd.
fel y	*as, while*	Fel yr oeddwn i'n aros, daeth y car.
fel y	*so that*	Ewch mewn tacsi, fel y byddwch chi mewn pryd.
hyd y	*until*	Rydw i'n aros hyd y daw'r bws.
lle y	*where*	Ewch i sefyll lle y byddwch chi'n gallu gweld y Prif Weinidog.
lle bynnag y	*wherever*	Lle bynnag y bydd protest, bydda i.

nes y	*until*	Bydda i'n aros nes y bydd y brotest ar ben.	
pryd y	*at the time when*	Dyma'r amser pryd y mae pawb yn poeni.	
pryd bynnag y	*whenever*	Dof i pryd bynnag y dywedwch chi.	
rhag ofn y	*in case*	Bydda i'n dod â'r car rhag ofn y daw'r glaw.	
tan y	*until*	Arhoswch tan y bydd e wedi gorffen siarad.	

Rydyn ni'n mynd i brotestio	nes	y	byddwn ni'n ennill
Mae hi eisiau aros	hyd		bydd y broblem yn dod i ben
Bydd hi'n ymgyrchu	tan		bydd y broblem yn codi
Byddan nhw'n codi twrw	pryd bynnag		daw'r broblem yn ôl
Byddwch chi'n gweithio	rhag ofn		
Mae e'n protestio			

 Cysylltwch y cymalau â'r prif gymalau cywir.

Rydw i'n sefyll yma	fel y byddwch yn dipyn o boendod
Bydd e'n aros	nes roedd pobl y teledu wedi mynd
Ewch i sefyll	lle y bydd y gwleidyddion yn cyrraedd
Daliwch y poster	nes y bydd y brotest ar ben
Rhedwch at y swyddfa	tan y byddwn ni wedi gorffen protestio
Eisteddwch ar y llawr	nes y bydd yr heddlu'n eich symud chi
Roedden nhw'n gweiddi	lle y bydd y cynghorwyr yn ei weld

'lle y' ac 'y'

Rydyn ni'n gallu defnyddio 'y' yn lle 'lle y' ar ôl nodi lle (mewn cymal ansoddeiriol, gweler Cam 13)

Dyma'r dref y ces i fy ngeni (ynddi).

Rydyn ni'n gallu defnyddio 'y' yn lle 'pryd y' ar ôl 'adeg', 'amser', 'cyfnod' ac ati

Dyna'r adeg yr es i i'r carchar.

Is-gymal adferol heb 'y'

Dydyn ni ddim yn defnyddio 'y'/'yr' ar ôl y geiriau hyn

tra *(while):* Tra oeddwn i yno, gwelais i'r cyfan.

pan *(when):* Pan ddes i i'r dref, roedd y dyrfa yno'n barod.

os *(if):* Os af i mas heno, bydda i yn y brotest.

Mae berfau'n treiglo'n feddal ar ôl 'pan'

Roeddwn i yn y dyrfa pan ddaethoch chi.

Dydyn ni ddim yn treiglo ar ôl 'os' a 'tra'

Os bydd llawer o bobl yno, byddwn ni'n creu argraff.

Bydd popeth yn iawn tra bydd hi'n sych.

Bydda i yn y brotest	tra	bo	y
Ydyn nhw'n dod		bydd	yr
Byddan nhw yma			'r
Rydyn ni'n mynd i eistedd	os	yw/ydy	
Ydych chi'n dod		bydd	
	pan	fo	
		yw/ydy	
		fydd	

tywydd yn braf
car yn llawn
cwmni teledu'n ffilmio
heddlu'n cyrraedd
tywydd yn oer

Eich tro chi!

'achos'

Mae'r rhain yn bosibl ar ôl 'achos'.

achos mae…	Rydw i'n mynd, achos mae hi'n gyrru.
achos roedd…	Es i yno achos roedd hi'n braf.
achos bod…	Rydw i'n protestio achos bod dim digon o arwyddion Cymraeg yn yr adeilad.

'os'

Ar ôl 'os' rydyn ni'n defnyddio 'yw' neu 'oes' yn yr amser Presennol.

Os yw + elfen bendant
    Os yw Huw'n mynd i'r brotest, bydda i yno.
Os oes + elfen amhendant
    Os oes lle yn y car, fe ddof i.

'pan'

Ar ôl 'pan' rydyn ni'n defnyddio 'yw' neu 'fo' neu 'fydd' ac mae hi'n bosibl defnyddio 'mae' hefyd erbyn hyn
    Pan yw hi'n siarad, mae pawb yn gallu ei chlywed.

'cyn'

Ar ôl 'cyn' rydyn ni'n gallu defnyddio 'bo'
    Byddaf i yno cyn bo hir.

'tra'

Ar ôl 'tra' rydyn ni'n gallu defnyddio 'bo'
    Tra bo heddlu yn yr adeilad, rydyn ni'n aros.

'pryd' a 'pan':

Mae 'pan' fel arfer yn sôn am bwynt amser arbennig
    Fe welais i'r gwleidydd pan aeth ei gar heibio.
Mae 'pan' yn gallu nodi cyflwr neu arferiad
    Pan fydd y gwleidydd yn siarad, bydd pawb yn gwrando.
Mae 'pryd' yn gallu nodi ystyr parhaol
    Mae'r Blaid yn galw am Gymru rydd, pryd y bydd pawb yn siarad Cymraeg.
Mae 'pryd' yn gallu cyflwyno cwestiwn anuniongyrchol
    Dydw i ddim yn gwybod pryd bydd y brotest.

 Esboniwch wrth eich mam/tad. Defnyddiwch yr ymadroddion sy'n dilyn.

Mae bysiau'n rhuthro ar hyd eich stryd chi, ac rydych chi eisiau i'r cyngor lleol roi rhwystrau ar draws yr heol i arafu'r traffig. Rydych chi'n mynd i brotest yn y stryd. Esboniwch:

pam rydych chi'n mynd
beth byddwch chi'n ei wneud
pryd byddwch chi'n mynd
tan pryd byddwch chi'n aros
beth wnewch chi os daw'r heddlu

nes y bydd	fel y bydd	tra bo	pan fydd
nes y byddwn	cyn y bydd	os daw	

Negyddol

I droi'r is-gymalau hyn yn negyddol, rydyn ni'n rhoi 'na' ar ôl y cysylltair. Mae treiglad llaes ar ôl 'na' (gyda c,p,t) neu dreiglad meddal.

fel na	Rydyn ni'n rhwystro'r traffig fel na fydd lorïau'n gallu mynd heibio.
tra na	Tra na chawn ni lwyddiant, fe arhoswn ni yma.

Fe awn ni adre	os	na	fydd y bobl yn cyrraedd
Byddwn ni'n gweithio	hyd		fydd perygl ar y stryd
Byddwch chi'n protestio	tra		fydd rhagor i'w wneud
Byddwn ni'n ymgyrchu	nes		allwn ni ddioddef mwy

Eich tro chi!

Ffurfiol iawn

Mewn Cymraeg ffurfiol iawn rydyn ni'n gallu defnyddio 'oni' yn lle 'os na'
    Oni fydd yr heddlu'n dod, byddwn ni mewn perygl.

Rydych chi wedi eistedd ar yr heol am bedair awr. Mae'r heddlu'n dod i'ch arestio chi.

tra	bysys yn mynd yn gyflym
os	y cyngor yn adeiladu rhwystrau
os	ni'n ennill y frwydr hon
nes	hi'n nosi
tan	ni'n cael addewid
cyn	ni'n fodlon symud
fel	perygl i blant

'pe' (gweler Cam 18)

Rydyn ni'n defnyddio 'pe' yn lle 'os' lle mae ansicrwydd.
Rydyn ni'n defnyddio berf Amhenodol (ystyr amodol) ar ôl 'pe'

Pe byddai hyn yn wir, byddwn i'n mynd i'r brotest.
If this were true, I would go to the protest.
Pe byddwn yn mynd, byddwn i mewn perygl.
If I were to go, I would be in danger.
Mae mwy o ansicrwydd yn y brawddegau uchod nag yn y frawddeg hon

Os yw hyn yn wir, bydda i'n mynd i'r brotest.
Mae'r ffurfiau 'bai'/'byddai'/'basai,' (ac ati) yn gallu dilyn 'pe'. Dydy 'bai' (ac ati) ddim yn gallu sefyll heb 'pe'

Byddwn yn hoffi mynd, pe bai rhywun arall yno.
(gweler Berfau, Cam 20)

• fel pe :	*as if*
• fel pe bai'n fodlon	*as if he/she were willing*
• fel pe baent yn mynd	*as if they were going*

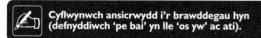
Os yw hyn yn iawn, bydda i'n mynd adre.
Os yw'r heddlu'n dweud y gwir, bydd yr heol yn ddiogel.
Os bydd yr heol yn ddiogel, byddaf i'n hapus.

Os oes bysiau ar yr heol, bydd y perygl yn parhau.
Os ydw i'n iawn, bydd y stryd yn fwy diogel.
Os ydw i'n mynd, byddaf i yn y carchar.

1. By the time he arrives, there will be a riot.
2. We should buy a ticket while there is room in the bus.
3. She will be disappointed if I don't stay in tonight.
4. They left before things began to go wrong.
5. Can you hold this poster until the protest finishes?
6. Siân will be ready to take part wherever there is a protest.
7. He's staying here until it gets dark.
8. They went home when the train arrived.

Os na chawn ysgol Gymraeg arall yn fuan, byddwn ni'n meddiannu Neuadd y Sir.

twristiaid	*tourists*
diogelu	*safeguard*
y wlad, cefn gwlad	*the countryside*
hysbysebu	*advertising*
ymgyrch	*campaign*
Bwrdd Croeso Cymru	*Wales Tourist Board*
ymosodwyr	*invaders*
tramor	*foreign*

1. Wales is a pleasant, hilly country and attracts tourists from all parts of the world.
2. The climate in Wales tends to be wet but the countryside benefits from the rain.
3. As the Welsh speaking parts of Wales are in the most beautiful areas of the country, steps must be taken to safeguard the language in these areas.
4. In spite of the money which is spent on advertising, the number of tourists coming to Wales is not increasing.
5. The chairman of the Wales Tourist Board said that he would emphasise the Welshness of Wales in the next advertising campaign.
6. Whenever you think of having a holiday abroad, think of the many beautiful places in Wales which you have not seen.
7. Although castles in Wales were mainly built by foreign invaders, they are now part of the Welsh scenery.
8. If hotels in Wales were able to provide a cheaper service, far more people would visit the country.
9. Because there are not many railways in Wales, roads are choked in summer.
10. Unfortunately the country attracts caravans whose owners have bought their food and their petrol in England.
11. Welsh crafts are mainly produced by foreigners who have fallen in love with the idea of an old-fashioned way of life.
12. When they visit an area in their hundreds, tourists spoil the beauty of the places they visit.

11.4

1. Cysylltwch y geiriau hyn â'i gilydd, gan ddefnyddio cymal ansoddeiriol.

nabod	dyn	mae'r wlad yn dibynnu arno
gwybod am	menyw	daw hi i wybod amdanon ni
ysgrifennu	gweinidog	dechreuodd ar ei swydd ddoe
darllen	pobl	dydyn nhw ddim wedi cael lle yn y coleg
clywed am	merched	mae eu rhieni wedi ysgaru

2. Mae Mari a Dafydd yn siarad am eu ffrindiau. Mae ganddyn nhw farn wahanol amdanyn nhw.
Dyma'r gwahanol bobl, a barn y ddau amdanyn nhw:

	Alex	**Martin**	**Samuel**	**Alice**
Mari	deallus	cynllwyngar	ofnus	diymhongar
Dafydd	ffwdanllyd	ariangar	caredig	penderfynol

Meddyliwch am ddigwyddiadau sy'n dangos gwahanol natur y pedwar cymeriad, a lluniwch y sgwrs rhwng Mari a Dafydd.

3. Beth fyddech chi'n ei wneud…? Atebwch mewn brawddegau llawn.
   i. pe baech chi'n ennill y loteri?
   ii. pe baech chi'n cael tair A yn safon A?
   iii. pe baech chi'n mynd i Baris am ddiwrnod?
   iv. pe baech chi'n cwrdd â'ch hoff ganwr/gantores?
   v. pe bai eich rhieni i ffwrdd am fis?
   vi. pe bai eich ffrind yn dwyn bwyd o siop?

4. Chi yw'r erlynydd mewn achos yn y llys. Rydych chi eisiau gwybod beth yw'r cysylltiad rhwng y bobl yn yr achos a'r pethau a ddigwyddodd. Holwch y tystion am y ffeithiau hyn. Gall y cwestiwn ddechrau: "Ai chi yw…" neu "Chi yw…" Cofiwch newid 'ei' yn 'eich' os oes angen wrth gysylltu'r elfennau hyn, ac efallai bydd angen newid y rhagenw ar ddiwedd y frawddeg. Lluniwch atebion addas hefyd.

dyn	gwelodd ei wraig y ddamwain
plentyn	cafodd ei frawd ei daro
gyrrwr	trawodd ei gar y plentyn
meddyg	ffoniodd ei wraig ato
dyn ambiwlans	cysylltodd y plentyn ag ef
gwraig	sydd wedi gweld y ddamwain
plentyn	sydd wedi cael ei daro
nyrs	rhoddodd driniaeth i'r claf

5. Cywirwch y brawddegau hyn:
   1. Fe fyddan nhw'n mynd adre pe bai hi'n bwrw glaw.
   2. Eisteddon nhw ar y stryd pan dechreuodd yr heddlu gyrraedd.
   3. Mae hi'n bwriadu mynd os fydd ei chariad yno.
   4. Pan yr aeth e i'r dre, roedd y brotest wedi dod i ben.
   5. Dylech chi fynd i'r coleg tra chewch chi gyfle.
   6. Rydw i eisiau dysgu gyrru cyn fydd hi'n rhy hwyr.
   7. Fe gawn ni barti os mae bwyd ar ôl.
   8. Pe af i heno, fyddwn i ddim yn gallu mynd yfory.

Pwysleisio'r goddrych

Rydyn ni'n rhoi enw neu ragenw ar ddechrau'r frawddeg.
Rydyn ni'n rhoi berf 3ydd person unigol ar ôl yr enw/rhagenw

> Huw aeth â'r arian.
> Fe yfodd y llaeth.

Rydyn ni'n treiglo'r ferf yn feddal

> Siân gafodd yr arian.

> **Ffurfiol iawn**
>
> Cymraeg ffurfiol iawn: rydyn ni'n rhoi 'a' rhwng y goddrych a gweddill y frawddeg
>> Huw a welodd y lladron.

gyda rhagenwau

Eich tro chi!

Fi	gymerodd	yr arian
Ti	gafodd	y cyfan
Fe	ddygodd	y bwyd
Hi	wastraffodd	
Ni		
Chi		
Nhw		

gydag enwau

Eich tro chi!

Y plant	ddaeth	adre
Y disgyblion	redodd	o'r siop
Y merched	aeth	i swyddfa'r heddlu
Dynion	yrrodd	yn gyflym

gyda 'bod'

Eich tro chi!

Fi	sy(dd)	yma
Fe	oedd	yno
Hi	fydd	ar goll
Y menywod		yn dweud celwydd
Lladron		wedi dwyn y bwyd
		yn beryglus

Negyddu'r goddrych

Eich tro chi!

Nid	fi	sy'n cyhuddo
	chi	oedd wedi meddwi
	y bechgyn	enillodd
	merched	fuodd wrthi

> **Iaith lafar**
>
> Ar lafar yn y de rydyn ni'n gallu defnyddio 'Nace' yn lle 'Nid'
>> Nace'r merched oedd yn poeni.

 Lluniwch y sgwrs rhwng yr athrawes, Siencyn, Albert, Stella ei gariad, a Maureen a Daisy.

Mae parti sgio'r ysgol wedi mynd ar wyliau i'r Alpau. Ganol yr wythnos, maen nhw'n darganfod bod arian wedi diflannu o ystafelloedd y merched. Mae Albert yn credu mai Siencyn Puw, bachgen hunanffansïol, sydd wedi dwyn yr arian. Mae Siencyn yn honni ei fod yn sgio pan ddigwyddodd hyn, ac mae ei gariad yn credu mai Maureen a Daisy, dwy hen gariad i Siencyn, sydd wedi dwyn yr arian.

11.15

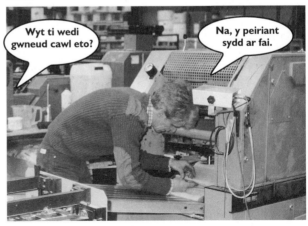

Wyt ti wedi gwneud cawl eto?

Na, y peiriant sydd ar fai.

Pwysleisio adferf

Rydyn ni'n rhoi 'y'/'yr' rhwng yr adferf a gweddill y frawddeg

Ddoe y daeth e adre.

Y llynedd y gwelais i'r gêm.

Ar lafar rydyn ni'n gallu gollwng 'y'/'yr'

Eich tro chi!

Ddoe	(y)	collon nhw
Y llynedd	(yr)	sgorion nhw ddiwethaf
Yr wythnos hon		enillon ni
Ym mis Rhagfyr		aethon ni yno

gyda 'bod'

Eich tro chi!

Heddiw	(y)	mae'r gêm
Ddoe		roedd y gystadleuaeth
Y flwyddyn nesa		bydd y bencampwriaeth

Pwysleisio'r gwrthrych

Rydyn ni'n treiglo berf gryno yn feddal ar ôl y gwrthrych

Dau docyn brynodd Siân.

Ffurfiol iawn

Mewn Cymraeg ffurfiol iawn, rydyn ni'n rhoi 'a' ar ôl y gwrthrych

Dau docyn a brynodd Siân.

Eich tro chi!

Dau gais	sgoriodd	Caerdydd
Pum gôl		Dafydd
Tri phwynt		
Un gêm	welon ni	
Dwy gêm	weloch chi	
Sawl gêm	welodd y plant	

gyda berf gwmpasog

Rydyn ni'n rhoi rhagenw blaen o flaen y berfenw. Mae'r rhagenw'n cyfateb i'r gwrthrych

Y tîm roeddwn i'n ei gefnogi (nid y dref).

Y bechgyn rydw i'n eu gweld (nid y merched).

Y ferch (y) bydda i'n ei thalu (nid y bachgen).

Wrth ddefnyddio arddodiad, rydyn ni'n rhedeg yr arddodiad ar ddiwedd y frawddeg

Y ferch roeddwn i'n meddwl amdani (nid y bachgen).

> ☀ **Lluniwch y sgwrs rhwng Henry a Roger gan bwysleisio'r ymadroddion hyn.**

Mae Henry a Roger yn trafod gemau'r tymor diwethaf. Dydyn nhw ddim yn gallu cofio'n iawn pryd roedd y gêmau, pwy enillodd a phwy gollodd.

ym mis Rhagfyr	ym mis Hydref
ni	y tîm arall
pedair gêm	dwy gêm
deg pwynt	y llynedd

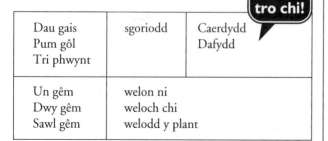

Sawl cais sgoriodd Cymru yn erbyn De Affrica?

Sut wyt ti'n disgwyl i fi gofio? Roeddwn i yn y bar trwy'r gêm.

dyweddïo	to get engaged
mis mêl	honeymoon

Is-gymal adferfol amodol gyda 'pe'

Rydyn ni'n defnyddio 'pe' yn lle 'os' i fynegi amheuaeth. Rydyn ni'n defnyddio ffurf Amhenodol y ferf

    Pe bawn i'n priodi, byddwn i'n dlawd. Pe bawn i'n priodi, baswn i'n dlawd.

Ffurfiau Amhenodol: gweler Berfau, Cam 18.

Rydyn ni'n gallu defnyddio'r ffurfiau hyn ar ôl 'pe'

Pe	bawn i	'n	cael swydd	baswn i'n	priodi
	baet ti		priodi	baset ti'n	mynd yn wyllt
	bai e/hi		caru	basai fe/hi'n	prynu siwt newydd
	baen ni		unig	basen ni'n	chwilio am gariad
	baech chi		gallu	basech chi'n	dyweddïo
	baen nhw			basen nhw'n	dathlu

Eich tro chi!

Mewn Cymraeg ffurfiol iawn, rydyn ni'n gallu defnyddio'r terfyniadau hyn gyda berfau eraill

    Pe cawn i swydd, priodwn ar unwaith.

Rydyn ni hefyd yn gallu defnyddio'r ffurfiau hyn:

buaswn (i), buaset (ti), buasai (ef/hi), buasem (ni), buasech (chi), buasent (hwy)

Ffurfiol iawn

Y Gorberffaith gyda 'baswn'/'byddwn'

Baswn i wedi cael swydd, pe baswn i wedi gwneud yn well yn y cyfweliad.

Byddwn i wedi cael gwaith, pe byddwn i wedi trio'n galed.

 Atebwch mewn brawddegau llawn.

Rydyn ni'n rhoi 'wedi' yn lle 'yn'

1. Fasech chi'n priodi pe basech chi'n caru'n dynn?
2. Fasech chi'n priodi pe basech chi wedi cael plentyn cyn priodi?
3. Beth allech chi'i wneud pe basai'ch rhieni chi yn erbyn i chi briodi?
4. Ble basech chi'n mynd pe basech chi ar eich mis mêl?
5. Fasech chi'n byw gyda'ch gilydd pe basech chi wedi dod o hyd i bartner?

Cyfieithwch.

1. I would be ready now if you had prepared a meal.
2. You would have married, if you had had a baby.
3. If I said 'no', would you wait for me?
4. She would have been wiser, if she had lived with him.
5. If we were to marry, where would we buy a house?

11.17

Negyddol

pe + na

    Byddwn yn ffôl, pe na bawn yn priodi.

    Pe na bai hi wedi priodi, byddwn yn ei ffansïo hi.

oni bai *unless*

    berf gwmpasog + bod

        Byddwn yn chwilio am gariad oni bai fy mod i wedi dyweddïo.

    gorffennol: i

        Oni bai i mi ei weld hi, byddwn wedi aros heb briodi.

    o flaen enw neu ragenw + am

        Byddwn i'n anhapus iawn, oni bai am y plentyn.

 Lluniwch sgwrs rhwng teulu'r briodferch a'r priodfab.

Mae Maureen yn paratoi i briodi, ond dyw'r priodfab
ddim wedi dod i'r eglwys. Beth aeth o'i le?

Defnyddiwch yr ymadroddion hyn.

Oni bai am…

Pe na bai…

Pe bai…

Byddwn i'n	hapus	oni bai am	y plant
Byddet ti'n	drist		y teulu
Basen ni'n	dlawd		y ci
Bydden ni'n	gyfoethog		y coleg
Basech chi'n	iawn		y banc
Byddech chi'n			
Basen nhw'n			
Bydden nhw			

Eich tro chi!

Oni bai am y paratoi, y coginio, a'r golchi llestri, rydw i wrth fy modd yn fy ngwaith.

1. Mae pennaeth y coleg wedi gweld bod camsyniadau yn y prosbectws. Mae'r tudalennau wedi eu cymysgu, ac mae llawer o wallau sillafu ynddo. Mae e'n beio:

   y dirprwy: ef oedd yn gyfrifol am gywiro'r proflenni

   pennaeth yr adran Gymraeg: ef oedd yn gyfrifol am gasglu'r deunydd

   pennaeth yr adran Saesneg: hi sydd wedi paratoi'r cyfan i'r wasg

   yr ysgrifenyddes: hi sydd wedi teipio'r deunydd

   Maen nhw'n dadlau. Lluniwch y sgwrs.

2. Dydy tîm rygbi Cymru ddim wedi chwarae'n dda iawn yn ddiweddar. Maen nhw wedi bod ar sawl taith – i'r Ariannin, i'r Eidal, i Ganada ac i Seland Newydd – yn ystod y ddwy flynedd diwethaf. Fe enillon nhw ddwy gêm o'r 20 gêm chwaraeon nhw, ac uwchben peint un noson, mae'r hyfforddwr a'r capten yn ceisio cofio'r sgôr yn y gêmau hynny, ac yn erbyn pwy roedd y gêmau. Maen nhw'n anghytuno. Lluniwch y sgwrs.

3. Chi yw cyfarwyddwr Bwrdd Croeso Cymru. Rydych chi'n cynnig cynlluniau newydd i ddenu twristiaid. Dewiswch air addas o'r golofn ar y chwith i ddechrau'r is-gymal yna cynigiwch syniadau:

Pe	fydd hi'n braf…
Os	bydd hi'n bwrw glaw…
Pryd	bod y tywydd yn wael…
Pan	bai tancer olew ar y creigiau…
Er	gwaetha'r nifer uchel o ymwelwyr undydd…
Oni	bydd gwestai o safon uchel gennym…
Ble	bynnag mae llynnoedd…
	oes llawer o bobl yn siarad Cymraeg…
	na bai am y Saeson sy'n prynu tai haf…

4. Cyfieithwch y brawddegau hyn:
   1. I would buy a new dictionary if I lost this one.
   2. Were it not for the lecturer, she would have failed the exams.
   3. Would you work in a bar, if you were offered the job?
   4. It was yesterday the game was on television, not today.
   5. It was five pounds they lost, not fifty.
   6. It was Aled who was carried down the mountain.
   7. It was the ffilm that I liked, not the novel.
   8. If it were sunny, we'd go to the beach.

Idiomau - *Idioms*

Gweler hefyd yn arbennig yr adran ar arddodiaid.

a'i wynt yn ei ddwrn	*out of breath*
ail-law	*second-hand*
allan o le	*out of place*
allan o wynt	*out of breath*
am byth	*for ever*
ar ben	*all over, finished*
ar ben ei gilydd	*on top of each other*
ar ben hynny	*in addition to that*
ar bigau'r drain	*on tenterhooks*
ar bob cyfrif	*certainly*
ar dir y byw	*alive*
ar drai	*at an ebb*
ar ddamwain	*by chance*
ar ei ben ei hun	*on his own*
ar ei draed	*standing, independent*
ar ei ennill	*better off*
ar ei feddwl	*on his mind*
ar ei golled	*worse off, losing out*
ar ei hyd	*horizontal (e.g. a person)*
ar ei union	*at once*
ar ei waethaf	*at his worst*
ar flaen ei dafod	*at the tip of his tongue*
ar gael	*available*
ar gefn hynny	*on top of that*
ar gerdded	*afoot*
ar goll	*lost, missing*

ar gorn rhywun arall	*at someone else's expense*
ar gyfeiliorn	*astray*
ar gyfyl y lle	*near the place*
ar hyd y lôn	*along the road*
ar hynny	*then, at that point*
ar ôl	*after*
ar ôl ei oes	*old-fashioned*
ar un olwg	*in one way of looking (at it), on the one hand*
ar unrhyw gyfrif	*on any account*
ar unwaith	*at once*
ar waith	*at work, in hand*
ar werth	*for sale*
ar wyneb y ddaear	*in all the world*
ar y blaen	*in front, ahead*
ar y cyfan	*on the whole*
ar y gweill	*in progress, on hand*
ar y llwybr cul	*on the straight and narrow*
ar yr olwg gyntaf	*at first glance*
ar yr wyneb	*on the surface*
arian parod	*ready cash*
arllwys y glaw	*to pour with rain*
aros ar ei draed	*to stay up*
aros yn ei unfan	*to stay in the same place, not to move*
asgwrn y gynnen	*bone of contention*
at hynny	*in addition to that*
beth ar y ddaear	*what on earth*

bob amser	*all the time*	cael ei wynt ato	*to regain his breath*
bob yn ail	*every other, alternately*	cael enw da	*to have a good reputation*
bob yn dipyn	*little by little*		
bob yn un	*one by one*	cael gafael ar rywbeth	*to get hold of something*
bod â'i draed ar y ddaear	*to have his feet on the ground*	cael hwyl	*to have fun*
		cael modd i fyw	*be very contented (sometimes through delight in another's misfortune)*
bod yn feddw gaib	*to be blind drunk*		
bod yn feddw gorn	*to be blind drunk*		
bod yn gefn i	*to be of support to*		
bod yn gefnog	*to be well off*	cael pwl o chwerthin	*to have a bout of laughter*
bod yn geg i gyd	*to be all talk*		
bod yn gyfyng arno	*to be in need*	cael y gorau ar rywun	*to have the upper hand on someone*
bron â llwgu	*almost famished*		
bron byth	*almost never*	canu cloch	*to ring a bell, to bring to mind*
bwrw hen wragedd a ffyn	*raining cats and dogs*		
bwrw'r Sul	*to spend the weekend*	canu'n iach	*to bid farewell*
byth a beunydd	*always*	canu'r piano	*to play the piano*
byth a hefyd	*continually*	carreg ateb	*echo stone*
byth bythoedd	*for ever*	carreg filltir	*milestone, watershed*
byth eto	*never again*	ceiniog a dimai	*of not much worth*
cadw corff ac enaid ynghyd	*to keep alive*	celwydd golau	*an obvious lie*
cadw ei air	*to keep his word*	celwydd noeth	*a complete lie*
cadw llygad barcud ar rywbeth	*to keep a close eye on something*	cerdd dant	*singing to harp accompaniment*
cadw sŵn	*to make a noise*	cerdded ling-di-long	*to loiter*
cadw twrw	*to make a din*	cicio dros y tresi	*to rebel*
cael a chael oedd hi	*it was a close shave*	cig a gwaed	*flesh and blood*
cael dau ben llinyn ynghyd	*to make ends meet*	cloffi rhwng dau feddwl	*to be in two minds*
cael ei draed yn rhydd	*to gain his independence/freedom*	clywed arogl	*to smell*
		codi ar ei draed	*to get up on his feet*
cael ei eni	*to be born*	codi bwganod	*to raise difficulties*
cael ei weld	*to be seen*	codi canu	*to lead the singing*

12

codi hen grach	to reopen an old wound
codi ofn ar rywun	to frighten someone
codi stŵr	to create a fuss
colli ei ben	to go wild
crafu'r wyneb	to stratch the surface, to be superficial
crynu yn ei esgidiau	to shake from fear
cwrs gloywi	perfecting course
cymryd ar	to pretend
cymryd at rywbeth	to take a fancy to something
cymryd gafael yn	to take hold of
cymryd rhan	to take part
cyn bo hir	before long
cyn y dilyw	ancient
cystal â'i air	as good as his word
chwarae â thân	to play with fire
chwarae mig	to play hide and seek
chwarae rhan	to play a role/part
chwarae teg	fair play
chwerthin am ben rhywun	to laugh at someone
chwerthin ei hochr hi	to split you sides laughing
da boch chi	goodbye
da o beth	a good thing
dal ar y cyfle	to take the opportunity
dal ati	to keep at it
dal ei dafod	to hold his tongue
dal gafael ar	to hold on to
dal llygoden a'i bwyta	not to prepare in advance, to survive from day to day

dan ganu	(while) singing
dan gwmwl	under suspicion, in disfavour
dan sang	packed (hall etc.)
dangos ei ochr	to show his side
digon am ei fywyd	a danger to his life
dim diolch	no thanks
dim eto	not yet
dim ond	only
dim siw na miw o rywbeth	no mention of something
diolch am hynny	thanks for that
diolch byth	thank goodness
diolch yn fawr	thank you
diolch yn fawr iawn	thank you very much
diwedd y gân yw'r geiniog	money rules everything
dod â'r gwaith i ben	to complete the work
dod i'r lan	to succeed
does dim cadw	it's obvious
does dim clem 'da fi	I've got no idea
does dim taro	there's no need
does ond	there's only
driphlith draphlith	higgledy-piggledy
dro ar ôl tro	time after time
dros ben	very, left over
dweud ei feddwl	to express his opinion
dweud y drefn wrth rywun	to tell someone off, to lay down the law
dy dro di	your turn
dydy e ddim llawn llathen	he's not all there
dysgu ar gof	to commit to memory
ddim hanner call	mad

edrych ar ôl	to look after	gwaelod y gasgen	the bottom of the barrel, lowest of all
ei gilydd	each other	gwaetha'r modd	worse luck
ei gloywi hi	to go away	gwaith llaw	handicraft
ei gwadnu hi	to flee	gwell hwyr na hwyrach	better late than never
ei lygad yn fwy na'i fol	fancy more than he can take	gwenu o glust i glust	to smile broadly
ei throedio hi	to go away	gwerth y byd	worth (one's) weight in gold
ei throi hi	to go away	gwlad dramor	foreign country
ennill tir	to get better, to get on	gwneud clemau	to pull faces
er cyn cof	from time immemorial	gwneud ei orau glas	to do his very best
er ei waethaf	in spite of him(self)	gwneud môr a mynydd o rywbeth	to make a mountain out of a molehill
er gwaetha	in spite of	gwneud tro da â rhywun	to do someone a good turn
er gwell neu er gwaeth	for better or for worse	gwneud y tro	to be suitable, to make do
erbyn hyn	by now	gwyn fyd…	blessed…
ers meityn	a long time since	gwyn y gwêl y frân ei chyw	a mother sees no fault in her child
ers tro	for a long time	gyda hyn	soon
faint o'r gloch yw hi?	what's the time?	gyda llaw	by the way
fe o bawb	he of all people	haf bach Mihangel	Indian summer
fel cath i gythraul	like a shot	hanner dydd	mid-day
fel y graig	like a rock	hanner nos	midnight
fin nos	at nightfall	heb flewyn ar (ei) dafod	without mincing words
gadael y gath o'r cwd	to let the cat out of the bag	heb siw na miw	without a sound
gair am air	word for word	hel ei bac	to go away
gair i gall	sound advice	hen bryd	high time
gair yn ei bryd	timely advice	hwnt ac yma	here and there
gan bwyll	steadily	i bwrpas	for a purpose
glawio hen wragedd a ffyn	to rain cats and dogs	i'r dim	perfect
go dda	well done		
gobeithio'r gorau	to hope for the best		
gorau po gynta	the sooner the better		

12

i'r pedwar gwynt	*scattered*
igam-ogam	*zig-zag*
law yn llaw	*hand in hand*
liw dydd	*during the day*
liw nos	*during the night*
lol botes	*nonsense, rubbish*
lladd amser	*to waste time*
	intentionally
lladd gwair	*to make hay*
llaesu dwylo	*to make less effort*
llanw a thrai	*ebb and flow*
lled cae	*a field's width*
llinyn mesur	*standard, measuring*
	tape
llusgo traed	*to delay*
llyfu pen ôl rhywun	*to lick someone's arse*
llygad am lygad	*an eye for an eye*
mae chwilen yn ei ben	*he has a bee in his*
	bonnet
mae e'n ei dweud hi	*he's very critical*
mae e'n hen ben	*he's wise, he's*
	experienced
mae e'n newydd i mi	*it's new to me*
mae eisiau bwyd ar	*in need of food*
mae hi ar ben	*it's all over*
mae hi wedi canu arna i	*I'm done for*
mae hi'n dynn arno	*he's short of money*
mae hiraeth arno am…	*he's longing for…, he's*
	nostalgic for…
mae'n dda ganddo fe	*he's glad*
mae'n ddrwg ganddo	*he's sorry*
mae'n flin ganddo	*he's sorry*

maen tramgwydd	*stumbling block*
malu awyr	*to talk nonsense*
man a man	*might as well*
man gwan	*weak point*
man gwyn man draw	*the grass is greener on*
	the other side
mawredd mawr	*heavens above*
meini prawf	*criteria*
menyw a hanner	*quite a woman*
menyw o bwys	*an important woman*
mewn cyfyng gyngor	*in two minds*
mewn da bryd	*in good time*
mewn gair	*to sum up*
mewn gwth o oedran	*of a great age*
mewn llaw	*in hand*
mewn pryd	*on time*
mewn trefn	*in order*
môr o wahaniaeth	*a great difference*
mwyfwy	*more and more*
mynd am dro	*to go for a walk*
mynd i glwydo	*to go to bed*
mynd i oed	*to grow old*
mynd i'r afael â	*to get to grips with*
mynd i'r gwellt	*to come to nothing*
mynd i'r wal	*to go bankrupt, to*
	flounder
mynd o nerth i nerth	*to go from strength to*
	strength
mynd o'r ffordd	*to go to one side, to get*
	out of the way
mynd yn ffliwt	*to fail miserably*
nac yma nac acw	*neither here nor there*

nerth ei ben	*as loud(ly) as possible*
nerth ei draed	*as quick(ly) as possible*
nesa peth i ddim	*almost nothing*
newydd sbon	*brand new*
nid ar chwarae bach	*not without effort*
noson fawr	*a stormy night, a night of heavy drinking, a night of celebration*
o bell ffordd	*by a long way*
o ben bwy'i gilydd	*from end to end, entirely*
o bryd i'w gilydd	*from time to time*
o bwrpas	*on purpose*
o ddrwg i waeth	*from bad to worse*
o dipyn i beth	*gradually*
o dro i dro	*from time to time*
o fewn dim	*very near*
o fewn tafliad carreg	*within a stone's throw*
o flaen ei oes	*avant-garde*
o flaen ei well	*in court*
o gam i gam	*little by little*
o law i law	*from hand to hand*
o le i le	*from place to place*
o oes i oes	*from one age to the next*
o raid	*inevitably*
o ran hynny	*as far as that is concerned*
o ran	*in terms of, as far as…is concerned*
o'i gorun i'w sawdl	*from head to foot*
o'i le	*out of place, wrong*
o'r crud i'r bedd	*from cradle to grave*

o'r diwedd	*at last*
o'r golwg	*out of sight*
o'r gorau	*all right*
o'r newydd	*once again*
ochr yn ochr â	*side by side with*
ôl traed	*footsteps*
pluo ei nyth	*making unfair gain for himself*
plygu glin	*to be servile*
pob bendith	*all the best, all my blessings*
pobl drws nesaf	*next-door neighbours*
pobl fawr	*snobs*
popeth yn ei le	*everything in order, shipshape*
pryd o fwyd	*a meal*
pwyso a mesur	*to consider carefully*
pymtheg y dwsin	*very quickly, twenty to the dozen*
rhag ofn	*in case*
rhoi coel ar rywbeth	*to believe something*
rhoi ei droed i lawr	*to put his foot down*
rhoi pryd o dafod i rywun	*to tell someone off*
rhoi rhywbeth i gadw	*to put something away*
rhoi rhywun yn ei le	*to put someone right, to tell someone off*
rhoi taw ar rywun	*to silence someone*
rhoi trefn ar rywbeth	*to put something in order*
rhoi'r ffidil yn y to	*to give up*
rhoi'r gorau i rywbeth	*to give up something*
rhwng popeth	*all things considered*

12

rhygnu byw	*to eek out an existence*
sefyll arholiad	*to sit an exam*
sefyll ei dir	*to stand his ground*
setlo hen gownt	*to settle an old score*
siarad fel melin	*to talk ceaselessly*
siarad o'r frest	*to speak without preparation*
siarad yn uchel	*to talk loudly, to talk highly of someone*
syrthio ar ei fai	*to accept blame*
taflu dŵr oer ar rywbeth	*to discourage*
taflu llwch yn llygad rhywun	*to throw dust in someone's eyes*
talu ar ei ganfed	*to be extremely profitable*
talu'n hallt	*to pay dearly*
talu'r pwyth yn ôl	*to take revenge*
tamaid i aros pryd	*a taste of things to come*
taro tant	*to ring a bell*
taro'r haearn tra bo'n boeth	*to strike while the iron is hot*
taro'r hoelen ar ei phen	*to hit the nail on the head*
teimlo'n chwith	*to feel sad, to be embarrassed*
tipyn bach	*a little*
tipyn o fenyw	*quite a woman*
tôn gron	*a round (tune), monotonous repetition*
torchi llewys	*to work hard*
torri gwair	*to mow*
torri gwynt	*to break wind*
traed moch	*mess*
troi ar rywun	*to turn on someone*
troi cefn ar rywun	*to turn one's back on someone*
troi dalen newydd	*to turn over a new leaf*
troi'r dŵr i'w felin ei hun	*to turn the situation to his own ends, to turn something to his own advantage*
trwy deg a thrwy dwyll	*by fair and foul means*
trwy gydol y nos	*all through the night*
tu chwith	*inside out*
tu draw (i)	*the other side (of)*
tu hwnt (i)	*beyond*
twll o le	*a miserable place*
tynnu ei bwysau	*to pull his weight*
tynnu nyth cacwn am ei ben	*to create a stir*
tywydd mawr	*stormy weather*
uchel ei gloch	*make a lot of noise*
uffern dân	*hell's bells*
un ar y tro	*one at a time*
un tro	*once*
un wennol ni wna wanwyn	*one swallow does not make a summer*
unwaith ac am byth	*once and for all*
unwaith eto	*once again*
uwchben ei ddigon	*very well off*
wedi blino'n lân	*tired out*
wedi ei gwneud hi	*made a mess of it*
wedi llosgi'n ulw	*burnt to a cinder*
wrth ei fodd	*in his element*
wrth reswm	*of course, naturally*

wrth wraidd rhywbeth	*at the root of something, cause of something*	yn sgil	*in the wake of*
		yn wyllt gacwn	*absolutely furious*
wyneb i waered	*upside-down*	yn wyneb y ffaith	*in the light of the fact*
wyneb yn wyneb	*face to face*	yn y fan a'r lle	*in the very spot, on the spot*
y cant	*per cent*		
y crachach	*the upper class, posh people*	yn y ffordd	*in the way*
		yn y golwg	*in sight*
y cyfan oll i gyd	*the whole lot*	yn y man	*presently*
y drwg yn y caws	*the cause of the trouble*	yn y pen draw	*in the end*
y dydd o'r blaen	*the other day*	yn yr hen ddyddiau	*in olden times*
y filltir	*per/a mile*	yng ngafael rhywun	*under someone's influence*
y lôn goch	*throat*		
y nesaf peth i ddim	*next to nothing*	yr un	*each*
y pwys	*a pound*	ysgol brofiad	*the school of life*
y rhan fwya o	*most of*	ysgwyd llaw	*to shake hands*
y tro diwetha	*last time*		
y tro nesa	*next time*		
ych a fi!	*ugh!*		
yma ac acw	*here and there*		
ymhen awr	*within an hour*		
ymhob twll a chornel	*in every nook and cranny*		
yn awr ac yn y man	*now and again*		
yn ei bryd	*at the proper time*		
yn ei le	*instead of him, in the right place*		
yn ei uchelfannau	*in high spirits*		
yn lle rhywun	*instead of someone*		
yn llygad ei le	*dead right*		
yn ôl ac ymlaen	*back and fore*		
yn ôl	*according to, back*		

12

Termau Gramadeg a Geirfa - *Grammar Terms and Vocabulary*

Ymadrodd	Cyfieithiad
adferf	*adverb*
adolygu	*to revise*
afreolaidd	*irregular*
anghyflawn	*incomplete*
amhendant	*indefinite*
amhenodol	*unspecific*
amser Amhenodol	*unspecific time of verb*
Amherffaith	*imperfect*
Amhersonol	*impersonal*
amodol	*Conditional*
amser	*tense*
anffurfiol	*informal*
ansoddair	*adjective*
anuniongyrchol	*indirect*
araith anuniongyrchol	*indirect speech*
araith uniongyrchol	*direct speech*
arddodiad	*preposition*
arferiadol	*habitual*
atalnod	*punctuation mark*
atalnod llawn	*full stop*
atalnod	*comma*
colon	*colon*
gwahannod	*semi-colon*
gofynnod	*question mark*
ebychnod	*exclamation mark*

Ymadrodd	Enghraifft
cysylltnod	*hyphen*
dyfynnod	*quotation mark*
hanner colon	*semi-colon*
heiffen	*hyphen*
marc cwestiwn	*question mark*
atblygol	*reflexive*
bannod	*definite article*
benywaidd	*feminine*
berf	*verb*
berf gryno	*verb – short form*
berf gwmpasog	*verb – long form*
berfenw	*verb noun*
bôn	*stem*
brawddeg	*sentence*
byrfodd	*abbreviation*
cadarnhau	*to confirm, to strengthen*
cryno	*concise (short form)*
cwestiwn	*question*
cwmpasog	*periphrastic (long form)*
cyfansawdd	*composite*
cyfarchol	*vocative*
cyfartal	*equative*
cyflwyno	*to introduce*
cyfleu	*to express, to convey*
cymal	*clause*

Ymadrodd	Enghraifft	Ymadrodd	Enghraifft
prif gymal	*main clause*	ffurfiol	*formal*
is-gymal	*sub-clause*	genidol	*genitive*
cymal adferfol	*adverbial clause*	goben	*penultimate syllable*
cymal ansoddeiriol	*adjectival clause*	Goddefol	*Passive*
(cymal perthynol)		goddrych	*subject*
cymal enwol	*noun clause*	gofynnair	*question word*
cymharol	*comparative*	goleddfu	*to modify*
cymharu	*to compare*	gollwng	*leave out*
cynnwys	*to include*	Gorberffaith	*Pluperfect*
cynorthwyol	*auxiliary*	Gorchmynnol	*Imperative (command)*
cyplad	*copula*	Gorffennol	*Past*
cysefin	*radical*	gosodiad	*statement*
cystrawen	*syntax*	gradd	*degree*
cysylltair	*connecting word*	gradd gysefin gw. cysefin	
cysylltu	*to connect*	gradd gyfartal gw. cyfartal	
cytsain	*consonant*	gradd gymharol gw. cymharol	
defnyddio	*to use*	gradd eithaf gw. eithaf	
Dyfodol	*Future*	gweithred	*deed*
Dibynnol	*Subjunctive*	gwrywaidd	*masculine*
dibynnol	*dependent*	gwrthrych	*object*
dibynnu ar	*to depend on*	gwrthwyneb	*opposite*
dyfynodau	*quotation marks*	llafar	*spoken*
eithaf	*superlative*	llafariad	*vowel*
elfen	*element*	llunio	*to form, to make up*
enw	*noun*	lluosog	*plural*
enw diriaethol	*concrete noun*	modd	*mood*
enw haniaethol	*abstract noun*	modd Mynegol	*Indicative mood*
ffurf	*form*	modd Dibynnol	*Subjunctive mood*
ffurfio	*to form*	mynegi	*to express*

13

Ymadrodd	Enghraifft	Ymadrodd	Enghraifft
Mynegol	*Indicative*	treiglad meddal	*soft mutation*
pendant	*definite*	treiglad trwynol	*nasal mutation*
Perffaith	*Perfect*	unigol	*singular*
Presennol	*Present*	uniongyrchol	*direct*
pwysleisio	*to emphasise*	ychwanegu at	*to add to*
rhagenw	*pronoun*	ymadrodd	*phrase*
rhagenw annibynnol	*independent pronoun*	ymarfer	*to practise*
rhagenw atblygol	*reflexive pronoun*	ymarferion	*exercises*
rhagenw ategol	*auxiliary pronoun*	ysgrifenedig	*written*
rhagenw blaen	*prefixed pronoun*		
rhagenw cysylltiol	*conjunctive pronoun*		
rhagenw dangosol	*demonstrative pronoun*		
rhagenw dwbwl	*reduplicated pronoun*		
rhagenw gofynnol	*interrogative pronoun*		
rhagenw mewnol	*infixed pronoun*		
rhagenw perthynol	*relative pronoun*		
rhediadol	*conjugated*		
rheolaidd	*regular*		
rhif	*number*		
rhifolion	*numerals*		
safonol	*standard*		
sangiad	*parenthesis*		
tafodiaith	*dialect*		
terfyniad	*ending*		
traddodiadol	*traditional*		
trefnolion	*ordinals*		
treiglo	*to mutate*		
treiglad	*mutation*		
treiglad llaes	*aspirate mutation*		

Mynegai - *Index*

14

14

14

14

14

14

Hefyd ar gael, llyfryn *Ymarferion Cymraeg Da*

sy'n cynnwys 2,000 o frawddegau ymarfer.

ISBN: 0 86243 533 1